U0475525

长三角一体化主题出版工程
丛书总主编 周振华

智观天下：
长三角区域一体化发展资政报告

Think Tank Views:
Policy Consultation Report on
the Development of Regional
Integration
in the Yangtze River Delta

长三角智库联盟
编著

中国出版集团 东方出版中心

图书在版编目（CIP）数据

智观天下：长三角区域一体化发展资政报告 / 长三角智库联盟编著. －上海：东方出版中心, 2021.5
长三角一体化主题出版工程 / 周振华主编
ISBN 978-7-5473-1827-0

Ⅰ.①智… Ⅱ.①长… Ⅲ.①长江三角洲－区域经济一体化－区域经济发展－研究报告 Ⅳ.①F127.5

中国版本图书馆CIP数据核字（2021）第086076号

智观天下：长三角区域一体化发展资政报告

编　　著　长三角智库联盟
责任编辑　肖春茂
装帧设计　钟　颖　陈绿竞

出版发行　东方出版中心有限公司
地　　址　上海市仙霞路345号
邮政编码　200336
电　　话　021-62417400
印　刷　者　山东韵杰文化科技有限公司

开　　本　710mm×1000mm　1/16
印　　张　18.75
字　　数　244千字
版　　次　2021年5月第1版
印　　次　2021年5月第1次印刷
定　　价　78.00元

版权所有　侵权必究
如图书有印装质量问题，请寄回本社出版部调换或拨打021-62597596联系。

长三角智库联盟编委会

主　编：杨亚琴　李清娟
副主编：张来春　胡存峰
成　员：赵　悦　王德培　袁　岳　刘志迎
　　　　汪歙萍　章寿荣　刘志彪　张蔚文
　　　　江若尘　李显波　吴凯之　熊世伟
　　　　徐　建　李　燕　高　平　徐　宁
　　　　时聪聪　王　贞　刘　慧　黄　婷
　　　　孔　雪　张然宇

总　序

中国出版集团东方出版中心策划并组织实施《长三角一体化主题出版工程》是一项有重要意义和重大影响力的出版举措。承蒙出版社的赏识和抬举，让我担任这套丛书的总主编，有点诚惶诚恐，生怕难担此大任，但又感到这是一件非常值得做、必须要去做的事情。为此，欣然作序。

长三角一体化发展上升为国家战略后，不仅国家层面及三省一市的各级政府部门积极行动起来，从战略与空间规划、行动方案及专项举措等方面，组织实施和推进长三角更高质量一体化发展，而且学术界、智库及咨询机构的一大批专家学者高度关注和聚焦长三角一体化发展的理论与现实问题，从不同的视角，采用各种现代分析方法和工具开展了全景式、结构性的深入研究。不管是前瞻性的趋势分析、国际比较及其经验借鉴、历史性的发展轨迹描述，还是专题性的深入分析、解剖"麻雀"的案例研究、历史资料的梳理及总结等，都会对我们推进长三角一体化发展有思路性的启发，为决策提供理论依据，有现实指导意义。

现在是过去的延续，总有着某种路径依赖。推进长三角更高质量一体化发展，其历史基因、文化传统、发展轨迹、基础条件等构成了这一进程的初始条件及基本出发点。更早的不用说，自改革开放以来，长三角的地区合作就一直在市场作用和政府推动下不断往前发展。

20世纪80年代，跨地区的联营企业兴起，这些企业规模不大，并带有一定行政性色彩。例如，沪皖纺织联合开发公司是全国纺织工业第一家跨省市的联营企业。以后，上海和江苏、浙江两省的10家纺织厂联合成立了上海康达纺织联合公司（又称"卡其集团"），成为第一个实行统一经营、独立核算、共负盈亏的紧密型经济联合体。长江计算机（集团）联合公司成为推进跨地区、跨行业的科研与生产、应用与服务相结合的高技术经济联合体。另外，通过地区合作，加强商品出口和扩大国际市场，上海发挥口岸的枢纽功能，为长三角提供进出口方便。各地也纷纷在上海投资建造了一批贸易中心、办公楼等设施，设立了相应机构，到上海举办各种洽谈会、商品展览会、技术交流会，在统一对外、联合对外的原则下，开展对外经济贸易。当时，国务院还确定建立上海经济区，使之成为国内第一个跨省市的综合性经济区。20世纪90年代，长三角兄弟省市的企业共同参与浦东开发开放。截至2000年底，全国各地在浦东设立内联企业6 175家，注册资金284.19亿元，其中大部分是长三角地区的。而浦东开发开放，特别是招商引资方面，则对周边地区形成强大的溢出效应。进入21世纪后，随着我国加入WTO，长三角在融入经济全球化过程中，相互之间的经济联系更加紧密，特别是跨国公司地区总部与生产工厂之间的产业链关联、基于出口导向的大进大出的贸易与航运方面形成内在的一体化联系。2010年前后，以举办中国（上海）世博会为契机，长三角地区合作向更广泛的领域发展，在交通、旅游、文化、科技、教育、医疗、生态环境等方面开展了全方位合作。例如，加快推进长三角协同创新网络建设，大型科学仪器设施实现共建共享；产业园区共建，促进"飞地经济"发展；推进区域社会信用体系建设，营造统一市场发展环境；区域环境治理着力联防联控；推进公共服务联动保障和便利化。随着交通网络发达，长三角同城化半径不断趋于扩展，为区域一体化提供了良好基础。这一系列区域合作的成效，不仅促进了当时各地经济社会发展，而且不断产生放大和延续效应。在此过程中，长三角逐步形成了合作与协同的长效性机制。三省一市建立了以主要领导为决策层、常务副省（市）长为协调层、联席会议办公室和重点专题合作组为执行层的"三级运作、统分结合"区域合作机制，并从三省一市抽调工作人员组建了长三角区域合作办公室，在上海联合集中办公，积极开展新一轮的务实合作。

总之，对长三角过去及现在的审视，我们可以得出一个基本判断：长三角一体化发展有着深厚的基础及良好势头。长三角地区已进入后工业化阶段，经济总量达3.1万亿美元，占全国20%，人均GDP 1.4万美元，三产比重超过50%，城镇化率超过65%，而且区域内市场化程度较高、产业配套能力较强、同城化程度较高、城市结构合理、差异化特色明显、互补性较好等。长三角在国内区域一体化程度是最高的，并具有典型意义；在国际上具有较大的影响力，跻身世界第六大城市群。

在此基础上，长三角一体化发展上升为国家战略，顺应了世界百年之大变局的发展潮流。在当代全球化条件下，随着全球化领域的拓展，经济、科技、文化的融合发展，合作与竞争的多元化等，巨型城市区域越来越成为参与全球合作与竞争的基本单元，改变了过去以企业、城市或国家为基本单元的格局。这种巨型城市区域主要是由两个或两个以上的城市系统结合成一个更大的、单一的城市系统，从而基本特征之一是有若干核心节点城市存在。例如，在世界上最大的40个巨型城市区域中，有24个是通过两大城市联合命名来标志一个巨型区域的。巨型城市区域作为更大、更具竞争力的经济单元，正在取代城市成为全球经济的真正引擎。世界上最大的40个巨型城市区域，只覆盖了地球表面居住的小部分及不到18%的世界人口，却承担了66%的全球经济活动及近85%的技术和科学创新。因此，巨型城市区域作为人类发展的关键性空间组织，在一国的政治经济生活中发挥着日益巨大的作用。为此，这已引起各国政府及学界的高度重视，他们开始研究和促进这一关键性空间组织的发展。例如，欧盟专门立项研究9个欧洲巨型城市区域，美国在"美国2050"规划研究中确定了11个新兴巨型城市区域。长三角一体化发展，包括粤港澳大湾区发展、京津冀协同发展等，正是这种巨型城市区域的空间组织构建，旨在打造对外开放新格局的新型空间载体，以更高效率、更具竞争力地参与全球合作与竞争，在中国崛起及走向世界舞台中心过程中发挥重要作用。

与此同时，长三角一体化发展是我国进入高质量发展新时代的必然要求。出口导向发展模式的转换，基于创新驱动的高质量发展的科技引领、文化融合、国家治理及社会治理能力增强、生态环境优化等，意味着外生的经济空间发散性转向内生的经济空间集中收敛性。构建现代化经济体系，在增强自主核心关键技术和完善强基工程（基础零部件、基础材料、基础工艺、技术基础）的基础上实现产业链升级，增强产业链韧性和提高产业链水平，打造具有战略性和全面性的产业链，意味着各自为战的空间分割转向合作协同的空间集约。这些新的变化势必带来区域政策重大调整和空间布局重构，即从一般区域发展转向以城市群为主体的区域发展，从忽视效率的区域均衡发展转向人口、资源、要素向高效率地区集中和优化配置，从宽泛的区域发展转向重点区域发展。最终，形成以城市群为主要形态的增长动力源，让经济发展优势区域成为带动全国高质量发展的新动力源。长三角是城市群密集、经济发展优势明显和配置效率较高的区域，推进长三角一体化发展势必能带来人口、资源、要素的集中和优化配置，成为带动全国高质量发展新动力源之一。

长三角一体化发展是一个巨大的系统工程，涉及众多领域、各个层面、诸多方面内容。在实际工作中，这很容易引起一体化发展的泛化，不分轻重缓急，"胡子眉毛一把抓"，甚至"捡了芝麻，丢了西瓜"；也很容易把一体化发展扩大化，似乎什么都要一体化，什么都可以一体化。更有甚者，把一体化等同于一样化、同质化。因此，要牢牢把握区域一体化发展的本质，抓住一体化发展的核心问题，才能纲举目张。

长三角一体化发展的本质是市场化，是区域统一市场的问题。区域一体化发展的内在动力在于市场，核心主体是企业，政府的职责主要在于提供公共产品，打造基础设施和载体平台。长三角一体化发展的核心问题有：第一，促进资源要素在区域内的充分流动与合理配置。这是一体化发展的基本前提条件。这要求克服资源要素流动的物理性障碍（如交通等基础设施）、削弱行政性边界障碍（如各地不同政策、管制、执法等）、消除市场准入障碍（国民待遇、竞争中性、权益保护等）。第二，这种资源要素流动的主要空间载体是城市，所以区域内城市之间要形成基于网络连接的合理功能分工。这是一体化发展的显著标志。巨型城市区域呈现出来的强大生命力和活力，关键在于城市间全球生产（价值）网络的高度功能连接与集成，形成所引领的全球范围内"产业都市集中"的扩张和扩散，而不是邻近距离。例如，伦敦通过在英国、欧洲和全球的生产者服务业务流动显示出高度功能连接，在英格兰东南部地区呈现一种功能多中心的城市间关系。相反的案例是，英国的利物浦和曼彻斯特相隔不到50千米，但它们没有群聚效应来形成城市区域。这种城市间高度功能连接与集成的基础，在于区位功能专业化分工。第三，形成有效的区域治理结构，特别是利益协调机制，这是一体化发展的根本保障。行政边界对物理运输模式、基础设施管理、融资的有效性和环境可持续等形成高度挑战性。因此，需要一种区域层面的战略与规划、政策集成以及利益协调机制。第四，促进落后地区平衡发展，促进发达地区充分发展，增强区域整体实力和竞争力。这是一体化发展的目标。区域一体化发展更多地是差异化发展，发挥各自优势和所长，充分放大"借用规模"效应、溢出效应以及网络效应，形成各自功能特色，实现互补共赢。

区域一体化发展的本质及核心问题是共性的，但区域一体化发展的战略定位及模式则不同，具有明显的个性色彩。这需要我们结合时代特征、中国特色、长三角特点进行深入研究，特别是从国家战略的角度，明确长三角一体化发展的战略定位及模式。我个人初步看法是：第一，长三角一体化发展要面向全球，以全球化为导向，成为我国对外开放的新高地，代表国家参与全球合作与竞争。也就是，长三角一体化发展并不限于以区域内联系或国内联系为主导的区域发展，也不仅仅是成为国内高质量发展的一个重要增长极或带动全国高质量发展的动力源，而是要深度融入经济全球化，成为跨国公司全球产业链离岸或近岸布局的理想地区，成为世界经济空间版图中的一个重要发展区域。因此，上海全球城市发展的四大功能（全球资源配置功能、科技创新策源功能、高端产业引领功能、对外开放枢纽门户功能）应该延伸和覆盖到长三角一体化发展之中。第二，长三角一体化发展要有国际高标准的制度创新，营造有利于全球资源要素集聚、流动和配置的良好营商环境，创造能使创新创业活力强劲迸发的各种条件。也就是，长三角一体化发展不仅要有打通区域内资源要素流动与合理配置的制度创新，而且更要有打通区域与全球之间资源要素双向流动与有效配置的制度创新；不仅要营造区域内协调一致的良好营商环境，而且更要营造适应全球化资源配置的良好营商环境。因此，长三角一体化发展的制度创新要有统一的与国际惯例接轨的高标准，以及营造良好营商环境的集体性行动。第三，长三角一体化发展在重点领域、重点部门、重要方面要有高度的系统集成，尽快形成具有重大国际影响力的区域核心竞争力，打造长三角世界品牌。

这种区域一体化发展的战略定位及其模式，意味着长三角不只是三省一市区域，也不只是中国的长三角，而且还是全球的长三角。因此，在我们推进长三角一体化发展进程中必须引入新理念、抱以新胸怀，具有不同于传统做法的落笔手势和手法。

（1）过去，我们只着眼于行政区划内的发展规划，依据自身的自然禀赋和比较优势，在行政边界"一亩三分地"上配置资源，谋求各自发展。区域之间的合作与协同只是作为地方发展的一种外生性补充。这已在我们日常工作中形成了根深蒂固的内向化观念。在长三角一体化发展背景下，我们必须树立起外向化发展的新理念，将地方发展寓于区域一体化之中，将区域一体化发展寓于全球化进程之中。在此过程中，寻求自身发展机遇，发挥各自独特优势，在增强长三角区域的全球竞争力的总体要求下来规划自身发展蓝图，并形成地方发展的内生性需求。

（2）过去，我们都立足于资源要素与大规模投资驱动，从而对资源要素与投资的争夺成为地方政府的一个主题，地方之间的政策竞争成为区域发展的主要动力之一。因此，形成了区域内竞争大于合作的基本格局，合作只有在不影响既有资源要素分配格局的情况下才得以开展。在长三角一体化发展背景下，我们必须树立起以创新发展作为区域一体化发展基本动力的新理念，形成"合作大于竞争"的新格局。区域内的竞争，主要是创新发展方面的竞争。这种竞争将促进更广泛的创新扩散，形成更多的创新群集。而在创新发展中，则可以寻找到更多的合作机会，构筑更多的合作平台，打造更多的合作载体，促进更多的合作项目，形成更多的合作成果，从而也促进区域一体化发展。

（3）过去，我们是在"零和博弈"中追求地方利益最大化，造福一方，保一方平安，"各扫门前雪"已成为一种潜意识。尽管在基于地方利益最大化的目标追求中，一些正的外部性对区域发展有积极作用，但作用相当有限；而更多负的外部性，甚至往往以邻为壑对区域发展产生消极影响。在长三角一体化发展背景下，必须树立起"非零和博弈"的地方利益最大化的新理念，在区域共享收益最大化中获得更多地方利益。这就要求我们服从和服务国家战略，顾全长三角一体化发展的大局，更好地协调发展和做大"蛋糕"，从而在分享更多共赢成果中实现自身发展。

在上述新的发展理念指导下，我们在推进长三角一体化发展的实际操作中，要着手打破传统格局，力争塑造新的发展格局。

首先，要打破沿袭已久的传统中心—外围的区域发展格局。长期以来，上海作为首位城市，在长三角处于中心位置，而周边城市及地区则作为外围。在这样一种等级制的空间结构中，外围的资源大量向中心集聚，而中心对外围的扩散和辐射则相对有限。推进长三角一体化发展，必须构建基于网络连接的区域一体化发展格局，即以城市为载体的各种各样节点相互连接的网络体系。这些节点之间是一种平等关系，只不过是因连通性程度不同而有主要节点与次要节点之分，各自在网络中发挥着不同的作用。而且，节点之间有着多层次的网络连接，存在不同类型的子网络，并非都向首位城市进行连接。因此，在长三角区域中，除上海之外，还应该有以杭州、南京、合肥等为核心的子网络发展。

其次，要打破三省接轨、融入上海的单向关联格局。在这种单向关联格局中，所谓的接轨、融入上海只是单方面、被动地承接上海的溢出效应、产业梯度转移等，同时这也不利于上海有效疏解非核心功能和提升核心功能等级。推进长三角一体化发展，必须构建双向连通的关联格局，特别是上海也必须主动接轨、融入其他城市和地区。这样，才能增强长三角网络连通性并发挥网络化效应，才能促进区域内更多的资源要素流动和合理配置，呈现出区域一体化发展的强大生命力和活力。

最后，要打破长期以来形成的功能单中心和垂直分工的空间格局。以上海独大、独强的功能单中心以及与周边城市及地区的垂直分工体系，不仅不利于增强区域整体竞争力，而且也不利于上海自身发展，因为世界上没有一个城市是全能、超能的。推进长三角一体化发展，必须重构功能多中心及水平协同分工的空间格局，即核心城市发挥龙头带动作用，各地各扬所长，形成专业化功能分工。这就要求上海按照建设卓越全球城市的要求，集中力量提升城市能级和核心竞争力，充分发挥全球资源配置的核心功能，南京、杭州、合肥、苏州等城市依据比较优势和特长发展某些特定功能及产业，形成各具特色功能的中心，甚至在某些功能的发展水平上超过核心城市，从而形成不同城市间的功能互补及相互之间功能水平分工，包括诸如航运、贸易、金融功能的区域水平分工，科技创新功能的区域水平分工以及区域产业链的水平分工等。这样，才能有效整合城市群的资源，形成城市间高度功能连接，从而充分提升长三角地区的国际竞争力和影响力。

为构建长三角一体化发展的新格局，首先需要打造相应的基础设施。这种区域一体化发展的基础设施，既是推进各项长三角一体化发展措施及其工作的基石，又是对长三角一体化发展产生深远影响的硬核。然而，人们通常关注的是交通、能源、信息等硬件的基础设施，这固然是非常重要的，但对于推进区域一体化发展来说是不够的；推进区域一体化发展，还应打造商务的基础设施、政策平台的基础设施。从长三角的现实情况看，在交通、信息等硬件基础设施方面已经有了较好的基础，目前的建设力度也很大，关键是后两个基础设施，目前还比较薄弱。

（1）健全互联互通的交通、信息基础设施网络。围绕建设畅行快捷长三角、安全高效长三角的目标，组织编制和实施各专项规划，以全面提升长三角交通、信息设施互联互通水平和能源互济互保能力。组织编制《长三角区域城际铁路网规划》，统筹都市圈城际铁路规划布局，着力加强地县级主要城镇间快捷交通联系，推进技术制式和运营管理一体化，实现运营管理"一张网"。组织编制《长三角民航协同发展战略规划》，统筹指导区域民航协同发展，科学配置各类资源，全面提升长三角世界级机场群的国际竞争力。率先建设高速泛在信息网络，重点推进5G、数据中心、量子通信等新一代信息基础设施协同建设。实施长三角打通省界断头路专项行动，尽快形成跨省交通网络化，更好发挥同城效应。按照开工一批、竣工一批、储备一批的要求，加快推进建设高铁、高速公路、国省道、天然气管网、电力等基础设施项目。

（2）完善统一高效的商务基础设施。以构建统一开放有序透明的市场环境为目标，重点从促进商务活动互联互通、优化营商环境等方面入手，以重点领域供应链体系、标准体系建设为重点，实现规则对接，进一步消除市场壁垒和体制机制障碍。进一步加强各地信息系统、征信系统建设以及相互衔接和连通，推进实施跨区域联合奖惩，率先在国内形成"失信行为标准互认、信用信息共享互动、惩戒措施路径互通"的跨区域信用联合奖惩模式。打造信用长三角一体化平台，实现三省一市信用信息的按需共享、深度加工、动态更新和广泛应用。在市场监管的基本信息、数据内容互联互通的基础上，共建监管标准衔接、监管数据共享、监管力度协同的合作机制，强化日常监管工作联动，健全市场监管合作体系，提升区域综合监管执法水平。建立长三角城市群间互联互通的工业互联网平台，促进基于数据的跨区域、分布式生产和运营，深入推动长三角智慧应用。建设一批跨区域的技术研发和转化平台，构建区域性的紧密互动的技术转移联盟。

（3）构建政策平台的基础设施。尽管目前长三角已形成了合作与协同的机制，三省一市的相关机构也逐步建立了情况通报机制，比如加强各地方立法的相互沟通，商议立法新增项目、立法的标准等，但这方面的基础设施总体上是薄弱的，甚至某些方面是欠缺的。要在已经形成的决策层、协调层和执行层"三级运作"机制的基础上，进一步深化完善常态长效体制机制，构建协调推进区域合作中的重大事项和重大项目等政策平台，加强跨区域部门间信息沟通、工作联动和资源统筹，推动人才资源互认共享、社会保障互联互通、食品安全监管联动等方面的合作。要构建公众参与区域政策的新型平台，形成公众参与政策制定与实施的作用机制，增强区域合作政策协调机制的有效性。

在构建三大基础设施的基础上，推进长三角一体化朝着四大集成的方向发展。一是经济集成。区域内各类城市之间具有潜在差异化的产业分工，形成开放型的区域产业链，特别是全球城市中的现代服务业与二级城市中其他类型服务活动的分工。二是关系集成。区域内不同城市之间信息、思想、人员、资本的强烈流动，包括由现代服务业日常活动引起的有形和无形流动。三是组织（网络）集成。通过现代服务业网络、产业价值链网络、创新及技术服务网络、交通网络、信息网络、政府网络、非政府组织网络、社会网络等，以不同方向、不同尺度连接区域内城市，并实现其互补性。四是政策集成。在区域层面存在着战略与规划、政策，乃至协调机制。

除了一体化的基础设施外，推进长三角一体化发展还需要有相应的载体。因为在区域一体化过程中，这种资源要素流动与配置并不是随机、无序、发散性的，而是基于相对稳定、固定的组织载体，从而是持续、有序、收敛性的。但这种资源要素流动的组织载体并不仅仅是我们过去通常所说并所做的具体项目，例如周边城市和地区承接上海外移或溢出的具体项目，或跨地区共建的合作项目，包括产业项目、科技项目、文化创意项目、部分社会项目（养老）、教育培训项目、医疗保健项目等。如果把项目比喻为水池子里的鱼，以项目为载体无非就是把这一水池子里的鱼放到另一个水池子里，或者把两个水池子合并为一个水池子来养鱼。这是有一定局限性的。一是从一个水池子放到另一个水池子，并没有增加鱼的数量，反而造成大家"抢鱼"的过度竞争现象；二是强行把鱼换到另一个水池子，有一个能否存活和良好生存的水土服不服的问题；三是鱼换水池子只是"一锤子买卖"，有一个合作可否持续问题。我认为，长三角一体化发展的主要载体是连接各大小水池子的接口（管道及龙头），首先是水的流动，然后是鱼的流动。这一接口越大，水池间有越多的活水，水池里的鱼就越多，鱼也就越能找到自己最理想的栖息地，鱼在水池间的流动也就越可持续。因此，关键在于构建这种基于网络的接口，作为长三角一体化发展的主要空间组织载体。具体来说，有以下主要类型。

（1）大都市区。这是长三角一体化发展的基础性空间组织载体。区域一体化发展的逻辑顺序通常是从大都市区走向城市群，而不是倒过来。这种大都市区由于地理上的毗邻，具有同城化程度高、联系较紧密、经济社会等方面联系的综合性较强、借用规模效应较明显、功能互补性较强等特点。因此，长三角地区各大都市区建设是当前一体化发展的重中之重。长三角一体化示范区建设在某种程度上是缩小版的大都市区建设，主要为大都市区建设提供可借鉴的经验及示范。大都市区建设主要解决城际轨交、不同城市功能定位、资源统筹使用、人员流动自由便利化、大都市区管理机构等问题。

(2) 各种类型的廊道。这是长三角一体化发展的专业性空间组织载体。这种专业性的廊道，通常既源于大都市区，又超越大都市区向外延伸，作为一城市群的中介，诸如目前的G60科技走廊，以及今后需要发展的专业化产业走廊、贸易走廊、生态廊道等。这种空间组织载体的特点是专业性强、以水平分工为主导、集聚密度高、关联紧密、具有品牌形象等。专业性廊道建设重点在于构建共享平台、标准化平台、交易平台，推进联盟化集聚和网络化运作。

(3) 双向飞地。这是长三角一体化发展的重要空间组织载体。这种双向飞地主要基于产业链构造的基本逻辑，母地与飞地之间存在较强的产业关联，诸如在母地进行成果孵化，到飞地进行产业化，或者在飞地进行初级加工，到母地进行深加工等。这种空间组织载体的特点是上下游关联性强、共同参与度较高、经济联系紧密、运作管理较统一等，通常采取不同类型的园区形式。双向飞地建设的重点在于建立产业链分工、发挥园区集聚效应、形成合理的财税分享机制、实行园区统一管理体制等。

最后，特别要指出的是，如何形成有效的区域治理结构，特别是利益协调机制。这是推进长三角一体化发展的重要制度保障。在区域治理中，国内外都共同面临一个重大难题，就是如何处理好地点空间与流动空间之间的关系。因为在区域发展中，同时存在着地点空间与流动空间，除非在一个行政管辖区内。作为地点空间，有明确的各自行政管辖区边界和物理边界；作为流动空间，则是无边界的、是交集的、渗透的。这两个并存的空间具有天生结构性的"精神分裂症"。特别是在我国目前分税制的条件下，难以实行一些跨地区的基本统筹，更加凸显了这一"分裂症"，严重影响资源要素的充分流动和合理配置。因此，这关系到长三角一体化发展能否有实质性推进、能否达到战略定位的目标以及能否取得预期成效。

从国外经验来看，区域治理越来越趋向于既不是一种没有政府的纯粹"民间"治理，也不是政治性地构建一个单一区域空间的政府治理，而是一种国家、地方政府、企业等共同参与的混合治理结构。在这一混合治理结构中，根据各国和各地不同情况，又有所侧重，呈现不同协调模式。

一是以英国英格兰城市群、日本太平洋沿岸城市群为代表的中央政府特设机构主导协调模式。政府主导规划法案的制定和实施，并运用产业政策、区域功能分工、大交通、自然环境等许多专项规划与政策进行协调。二是以欧洲西北部城市群的市（镇）联合体为代表的地方联合组织主导协调模式。其明确了政府不干预规划的具体内容，市（镇）联合体可以对基础设施、产业发展、城镇规划、环境保护以及科教文卫等一系列活动进行一体化协调。三是以美国东北部城市群和北美五大湖城市群为代表的民间组织为主、政府为辅的联合协调模式。其由半官方性质的地方政府联合组织"纽约区域规划协会"（RPA）、跨区域政府机构"纽约新泽西港务局"等和功能单一的特别区共同协调。随着市场化趋势加速，民间组织在区域协调中的地位和作用越来越突出。长三角一体化发展的区域治理结构及其协调模式，可借鉴国际经验，并结合中国特色及长三角特点进行探索和实践。目前，主要是地方政府主导协调模式，成立长三角联合办公室是这方面的一个重要尝试。在保持现有行政区划的条件下，也可构想设立跨地区专业管理局，统筹管理区域某些如港口运输、环境治理等特殊专业事项，类似于跨区域政府机构"纽约新泽西港务局"。另一方面，要积极推进长三角行业协会、智库、企业家联合会、金融公会、教育联盟等跨地区民间组织发展，搭建区域内各种平等对话的平台，让更多的企业和民间组织参与到区域治理中来，形成多种利益集团、多元力量参与、政府组织与非政府组织相结合、体现社会各阶层意志的新公共管理模式。

  在区域治理中，规划引导是一种重要的协调机制。除了国家层面的长三角一体化发展战略和国土空间方面的规划，解决区域的发展定位、城市体系、轴带模式等宏观问题外，区域协调更为关注城市生态发展、环境保护、技术手段等实际的细节问题，更多发挥专业技术的沟通与协调角色，以专项规划研究和引导为重点。这种更容易促成不同利益主体达成共识。这些专项规划研究通常采取大型化策略，即兼顾多种管辖性、考虑多个目的性和强调多种相关问题的综合性（包括环境、经济、生物群落等）、引入多方利益相关者、注重多尺度操作性（在不同的地理尺度采用不同的管制措施和政策）。因此，特别要指出的是，不能单纯由政府部门来研究这些专项规划，而要由利益相关者成立一个多部门的联合机构，包括协会、专业委员会等民间力量，关键是聚焦各方关注的问题，重在建立一个对话和信息交换的有效平台，能够用先进的科学和技术辅助决策，找准各方利益结合点和平衡点，协调多方面利益，就相关问题达成共识。这些专项规划研究要有十分严谨细致的科学方法，保证基础数据的准确性和翔实性，提高研究的细致和深入程度，得出应该如何治理，应该如何进行资源集成的结论，从而具有很强的权威性。但这不是政府权力的权威性，而是技术的权威性。这些专项规划研究的数据和结论都要真实详尽地在网上公布，对全社会开放，供政府、企业和公众随时取用。

在区域一体化发展中，地方利益最大化是客观存在的，地方政府"屁股指挥脑袋"也是一种常态。我们不能忽视这一现实，更不能刻意淡化这种利益存在，而是要建立起一个有效的利益协调机制。其前提是，在各项区域合作中，必须把涉及的不同利益诉求摆到桌面上来，使各地利益及其相关者利益显性化、明晰化、格式化，运用科学的评判标准及方法对利益链进行合理切割，对各方利益诉求进行评估，形成利益识别机制。在此基础上，寻求利益共享和共赢的最大公约数，形成利益分配机制。对于一些可交换的利益，例如水务、碳排放权、排污权、用地指标等，探索建立事权交易制度。对于一些明显受损的利益，建立相应利益补偿机制，诸如生态保护补偿等。为保证合作中的各方正当权益不受侵犯，要探索建立权益保护及解决利益争端机制。目前，这方面工作是比较薄弱的，但也是难度很大的，不仅是硬件建设的问题，而且更是制度、软件建设的问题，甚至会触及深层次的体制机制改革。

长三角一体化发展，是时代的要求，国家战略的需要。它既要有深入的理论研究，找出规律性的东西；又要有创新的实践，走出自己的道路。但愿这套丛书能在理论指导与实践总结中发挥应有的作用。

周振华

上海市经济学会会长
上海全球城市研究院院长
首届长三角一体化发展专家咨询委员会委员
2020 年 5 月

前　言

习近平总书记在首届中国国际进口博览会上宣布,支持长江三角洲(以下简称长三角)区域一体化发展并上升为国家战略。 长三角作为我国经济发展最活跃、开放程度最高、创新能力最强的区域,从此承载起深化改革、扩大开放、建设现代化经济体系、引领全国高质量发展、提升国家竞争力的历史使命,相关研究业已成为长三角地区智库肩负的一项重要任务。

智库是社会公器,更是思想利器、国之重器,具有先导性、引领性。中共十八大以来,智库在国家重大战略决策中的地位和作用日益突出,正成为推进国家治理体系和治理能力现代化的重要力量。 2015 年《关于加强中国特色新型智库建设的意见》出台以来,长三角智库发展驶入快车道,迅速形成了党政军、社科院、高校、企业及民间五路智库大军,为党和国家重大决策提供了一定的智力支撑。 当前长三角高质量一体化发展,已到了非常关键的时刻,改革发展任务更为艰巨繁重,科学决策难度越来越大,迫切需要长三角智库提供高质量的理论与智力支撑。 这不仅需要长三角智库加强自身"单兵作战"能力,更要突出"集群化作战"能力,以形成匹配新时代党和政府决策咨询需求的智库产品供给能力。

习近平总书记在首届"一带一路"国际合作高峰论坛开幕式上的重要讲话中提出,要发挥智库作用,建设好智库联盟和合作网络。 助推长三角区域一体化高质量发展,迫切需要智库间共研共议、共商共建,各展所长、发挥合力。"潮涌长三角,扬帆正当时"。 令人欣喜的是,由沪苏浙皖若干家重要智库机构牵头发起、其他智库机构加盟组建起来的智库联合体——长三角智库联盟应运而生。 它以长三角区域高质量一体化发展为共同目标、以重大问题研究项目为载体搭建交流合作平台,旨在建立合作机制、创新研究模式,促进智库分工合作、研究资源优化配置、平台优势叠加,为加快长三角区域一体化发展提供高质量的智力支撑。

为展示长三角地区智库在决策咨询研究方面的优势,"长三角智库联盟"成员单位围绕"长三角地区高质量发展"主题,聚焦"区域一体化"中的战略规划、政策举措、重点难点问题,集结推出一批决策咨询研究报告。本书不但对长三角地区智库发展作了全景式扫描,还从微观、中观、宏观战略等层面对长三角高质量发展进行了深入研究思考,提出了对策建议。

限于时间和能力,本书难免挂一漏万,真诚地希望广大的智库专家学者和广大读者批评指正,也希望各智库联盟成员单位深入研究,不断提升长三角智库服务党和国家决策、服务长三角高质量一体化发展的能力和水平。

目　录

总　序 / I
前　言 / XIII

第一章　全球视野下长三角地区智库发展研究

第一节　中国特色新型智库的影响力评价体系 / 003

第二节　长三角地区智库发展总量与结构分析 / 008

第三节　长三角地区智库影响力评价分析 / 015

第四节　长三角地区智库发展面临的问题与路径探索 / 029

第五节　全球视野下长三角地区智库发展前瞻 / 033

第二章　全球疫情影响下长三角产业发展战略思考

第一节　全球疫情对世界经济和政治格局的影响 / 039

第二节　长三角已形成世界级产业群 / 044

第三节　国际疫情变化对我国产业带来的影响 / 049

第四节　长三角产业发展面临的新机遇 / 053

第五节　长三角产业发展的方向和重点 / 055

第三章　长三角区域协同打造世界级产业集群的总体思路

第一节　世界级产业集群的内涵特征 / 061

第二节　长三角区域协同打造世界级产业集群的基础条件 / 063

第三节　长三角区域协同打造世界级产业集群存在的问题 / 066

第四节　长三角区域打造世界级产业集群的目标定位和发展思路 / 068

第五节　长三角区域协同打造世界级产业集群的对策建议 / 073

第四章　长三角一体化高质量发展研究

　　第一节　长三角一体化战略背景及发展分析 / 077

　　第二节　长三角一体化发展示范区的战略要点 / 081

　　第三节　对长三角一体化的建议 / 084

第五章　长三角高质量发展评价指数分析及对策建议

　　第一节　长三角高质量发展指标体系的构建 / 093

　　第二节　长三角高质量发展水平稳步提升 / 095

　　第三节　推动长三角更高质量一体化发展的对策建议 / 099

　　第四节　"后疫情时代"长三角高质量发展的新路径 / 104

第六章　长三角港口群协调发展的问题及对策研究

　　第一节　新时代下国内外港口群发展新趋势 / 111

　　第二节　新形势下长三角港口群协同发展现状与问题瓶颈 / 116

　　第三节　长三角港口群协同发展的建议 / 130

第七章　长三角一体化下上海与苏州营商环境互动研究报告

　　第一节　上海营商环境为什么要学习借鉴苏州 / 143

　　第二节　苏州营商环境建设密码解析 / 145

　　第三节　上海进一步优化营商环境对策建议 / 151

第八章　响应国家战略共建长三角沿江滨海城市群研究

　　第一节　为什么要发挥长三角沿江滨海城市群的重要作用 / 157

　　第二节　长三角沿江滨海城市群协作机制是什么 / 161

　　第三节　长三角沿江滨海城市群有哪些共同的优势 / 162

第九章　浦东在长三角一体化国家战略中的作用研究

　　第一节　对区域一体化规律和规则的认识 / 167

第二节　长三角一体化赋予浦东新使命 / 171

第三节　浦东推动长三角一体化具有显著优势 / 173

第四节　浦东在长三角一体化中的定位 / 177

第五节　更好发挥浦东在长三角一体化中积极作用的对策建议 / 178

第十章　江苏融入长三角区域一体化发展的目标定位和实现路径研究

第一节　江苏融入长三角区域一体化发展目标定位的确立 / 187

第二节　江苏实现三大目标定位需要突破的主要障碍 / 194

第三节　江苏融入长三角区域一体化发展的实现路径 / 198

第十一章　长三角区域一体化视角下的江苏商务高质量发展研究

第一节　长三角"一市三省"商务经济发展概况 / 207

第二节　长三角一体化促进商务高质量发展的新机遇 / 214

第三节　江苏商务高质量发展的基本思路 / 215

第四节　长三角一体化视角下江苏商务高质量发展的对策建议 / 220

第十二章　发挥轨道交通枢纽在长三角一体化发展中的作用研究

第一节　梳理机遇挑战 / 226

第二节　分析发展战略 / 227

第三节　界定发展特色 / 227

第四节　厘清功能层次 / 228

第十三章　以智能化推进长三角一体化更高质量发展研究

第一节　如何理解长三角更高质量的区域一体化 / 239

第二节　以智能化开拓长三角更高质量一体化发展的新路径 / 241

第三节　以智能化推进长三角一体化"四高"发展 / 243

第四节　智能化推进长三角地区率先迈向智能社会 / 246

第十四章 长三角一体化背景下大企业竞争力分析与协同发展建议

第一节　引言 / 253

第二节　长三角中国 500 强企业发展现状 / 254

第三节　"上财 500 强"竞争力指数构建 / 255

第四节　长三角 500 强企业竞争力分析 / 256

第五节　长三角大企业协同发展建议 / 261

第十五章 长三角地区特色小镇高质量发展的对策建议

第一节　长三角地区特色小镇高质量发展的目标 / 267

第二节　长三角地区特色小镇高质量发展的现状 / 269

第三节　长三角地区特色小镇高质量发展的路径 / 271

长三角智库联盟简介 / 275

长三角智库联盟成员单位名单 / 276

| 第一章 |

全球视野下
长三角地区智库
发展研究

近年来，智库在国家重大战略和公共政策中的地位作用日益突出，日益成为党和政府科学民主依法决策的重要支撑、国家治理体系和治理能力现代化的重要内容、国家软实力的重要组成部分。作为改革开放领头羊、创新发展先行者，长三角地区（沪苏浙皖"一市三省"）各类智库在咨政建言、理论创新、舆论引导、社会服务、公共外交等方面一直发挥着积极作用，尤其在长三角区域一体化国家战略推进实施中，各智库更是为党和政府重大决策提供有力的智力支撑。当前，根据改革开放发展的新形势新要求，精益求精、注重科学、讲求质量，切实提高服务决策的能力水平，已是长三角地区智库界面临的一项重要使命和任务。

　　本报告着眼国内外智库发展最新趋势，立足长三角区域一体化发展的实际，按照中国特色新型智库建设的要求，依据中国智库影响力评价的五个维度，对长三角地区智库发展图景作一个全面展示。一方面，分析研究长三角地区智库发展的总体状况，包括数量、类别、结构、分布等现状特点，以及在中国智库发展中的地位作用和影响力；另一方面，围绕国内外发展重大事件，聚焦长三角地区智库发展动态、研究议题、重要论坛和智库专家活动等内容，分类评估长三角地区各类智库在决策、学术、社会和国际影响力方面的表现情况，对标国内外顶尖智库，研究提出长三角地区新型智库现代化建设的发展路径和应对之策。

第一节　中国特色新型智库的影响力评价体系

　　智库弥合知识与权力缝隙，是促进知识界、决策层、社会公众沟通交流的桥梁和纽带。影响力是智库的生命线和价值所在，建构智库影响力评价框架是中国特色新型智库发展要求和内在规律，影响力评价是衡量测度智库功能发挥强弱的重要标准，影响力可分解在决策层、学术界、公众媒体和国际社会等不同层面。上海社会科学院智库研究中心一直专注中国智库研究，已构建起一套中国特色新型智库影响力评价指标体系，并连续七年通过主客观相结合的评价方法，测度中国智库影响力排名情况，这构成本报告研究的重要基础。

一、决策影响力

智库影响力的核心，体现为智库介入公共政策过程的深度和广度，也是智库直接发挥功能作用的有效途径。通过与决策机构之间建立各种正式和非正式渠道，把对政策的分析、观点和主张传递给政策制定者，以专题调研报告、内部研究报告、决策咨询活动等方式使研究方案成为政策制定与实施的重要参考，在公共政策形成的不同阶段影响决策过程。

二、学术影响力

智库影响力的基石，体现为智库传播和使用公共知识的能力，是支撑公共政策研究权威性、公信力的重要依据。学术是智库从事决策咨询服务的基本功，高质量智库成果需要学术支撑。学术影响力表现为智库在相关专业研究领域的前沿性和先进性，包括研究方法、分析工具、技术手段创新性，多层次、跨学科的学术交流平台和成果转化载体等。

三、社会影响力

智库影响力的关键，体现为智库引导媒体和公众舆论的能力，反映了智库与媒体和公众的关系、社会的关注度以及公众对智库的态度等。智库借助于发布会、研讨会、广播电视、网络传媒和新媒体等多种传播手段，牵引社会热点、引发公众热议，解读公共政策、开展政策评估、积极引导社会舆论，把潜在的公共问题转化为公共政策需求，间接影响决策层。

四、国际影响力

智库影响力的扩展，体现为智库在国际社会拥有足够的话语权，突出智库的国际视野、开放思维和"二轨外交"功能。国际影响力反映在开展国际合作研究、参与国际智库网络、提升国际议题设置能力、国际规则制定水平与国际协商谈判技巧等方面。智库通过举办国际学术会议、接受访谈、发表演讲、开办外文网站等多种方式，在国际舞台上扮演着幕后"助推器"的角色。

五、智库的成长能力

智库影响力实现的重要条件和支撑要素，主要在于智库属性、组织形式、管理模式、已掌握的社会资源，以及专业领域、业务绩效、未来的成长前景等。

总之，智库影响力是其决策影响力、学术影响力、社会影响力和国际影响力的综合体现，加上智库影响力实现的支撑机制，即智库的成长能力，共同构成中国智库影响力的评价标准与指标体系。具体如表1-1所示，包含5个一级指标（即智库影响力评价的五个维度，也是智库的主要评价标准）、12个二级指标和33项可计算测度的三级指标。表1-2是智库机构基本背景情况的主要信息表。

表1-1　中国智库影响力评价指标体系

一级指标	二级指标	三级指标
1 决策影响力	1.1 领导批示	国家级领导批示（件/年）、人均批示量（件/年）
		省部级领导批示（件/年）、人均批示量（件/年）
	1.2 建言采纳	全国政协、人大及国家部委议案采纳（件/年），人均采纳量（件/年）
		地方政协、人大及委办局议案采纳（件/年），人均采纳量（件/年）
	1.3 规划起草	组织或参与国家级发展规划研究、起草与评估（件/年）
		组织或参与省部级发展规划研究、起草与评估（件/年）
	1.4 咨询活动	国家级政策咨询会、听证会（人次/年）
		省部级政策咨询会、听证会（人次/年）

续表

一级指标	二级指标	三级指标
2 学术影响力	2.1 论文著作	人均智库与学术论文发表数（篇/年）①
		人均智库与学术论文转载数（篇/年）
		公开出版的论文集或智库报告（册/年）
	2.2 研究项目	国家社科/国家自科重大（重点）项目数（项/年）
		中央和国家交办的研究项目（项/年）
		地方政府交办的研究项目（项/年）
3 社会影响力	3.1 媒体报道	在国家主流媒体发表评论文章（篇/年）
		在地方主流媒体发表评论文章（篇/年）
		参与主流媒体的访谈类节目（次/年）②
		具有重大影响的媒体报道（次/年）
	3.2 网络传播	智库主页点击率（累计，次）
		移动公众平台（微信）关注度（累计，人次）
4 国际影响力	4.1 国际合作	理事会/学术委员会中聘请外籍专家的人数占比（%）
		在世界主要国家设立分支机构（是/否）
		与国际智库合作项目数（项）
	4.2 国际传播	在国际主流媒体发表评论文章（篇/年）
		被国际著名智库链接（是/否）
		智库英文名在主要搜索引擎上的搜索量（次/年）
5 智库的 成长能力 （参考指标）	5.1 智库属性	智库成立时间（年）③
		智库性质（机关/事业/民非/企业）
		所属区域（全球/全国/区域/地方）
		研究专业领域
	5.2 资源禀赋	研究人员规模（领军人物、团队结构合理性等）
		研究经费规模（万元/年）
		研究经费来源中财政资助占比（%）

① 含中外文，独立发表或第一作者；第二作者以半篇计；第三作者以 1/3 篇计。
② 访谈类节目播出时间一般在 20 分钟及以上；电视、电话、网络等各种形式。
③ 三年及以上。

表1-2　智库评估的基本指标采集表

评估年份区间（1）—（2）	_____年至_____年
机构名称（中文）（3）	
成立时间（年/月/日）（4）	
改现名时间（年/月/日）（5）	
是否为独立法人（6）	□否；□是
是否为高端/重点智库（7）	□否；□国家级；□省部级； □地方委办（地市）级
拥有研究人员数量（8）	_____人
主要研究领域 （最多选3个）（9）—（11）	□综合（此选项排他）； □经济金融；□社会发展；□能源科技； □生态环境；□政治法律；□国际关系； □教育文化；□区域发展；□公共卫生； □其他（　）
主要资政对象 （最多选6个）（12）—（17）	□中办、国办；□国家部委办；□省（市）党委、政府；□省（市）委办局；□地市（区县）党委、政府；□乡镇党委、政府；□国企集团；□其他（　）
负责人（法人代表）姓名（18）	
联系人姓名（19）	
联系方式（邮箱/手机/地址）（20）	

根据中国智库特点并参考国内外智库学者的研究，我们将决策影响力、学术影响力、社会影响力、国际影响力的权重分别界定为40%、20%、20%、20%（见图1-1），基于影响力评估采用主客观相结合、以主观评估为主的方式（见图1-2），一般采用主观评估权重80%，客观数据权重20%，在影响力评价过程中，四大影响力会存在一定的交叉和重复，但不影响整体结论。

鉴于智库发展多元化、多样化以及智库功能侧重点不同，可以对智库进行分类分级评价，相应的权重设置也需要体现其功能的差别化。比如：

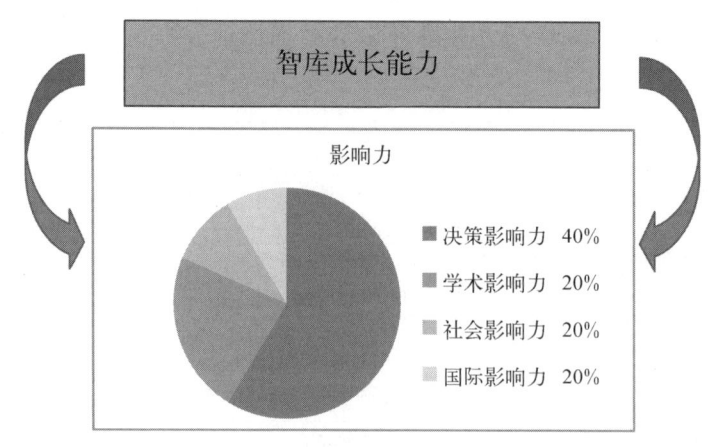

图 1-1 智库影响力评估五个维度及相关权重

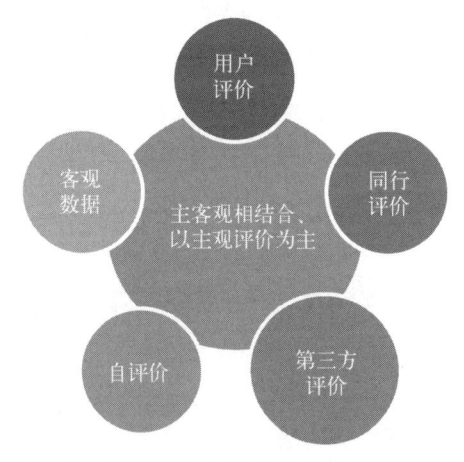

图 1-2 智库影响力评估的主体和相关方法

党政智库的决策影响力权重较高（60%），社会智库的社会影响力权重较高（50%），高校智库的学术影响力（30%）和国际影响力（30%）权重高，科研院所智库影响力权重则介于其间，决策影响力占 40%，其余三个影响力分别占 20%。

第二节　长三角地区智库发展总量与结构分析

长三角地区是我国经济发展最活跃、开放程度最高、创新能力最强的区域之一，在国家现代化建设大局和全方位开放格局中具有举足轻重的战略地位。长三角地区智库发展在全国处于领先地位，除了北京作为国家政治中心，重要智库机构比较集中外，长三角"一市三省"的智库机构从成立时间、数量规模、功能作用以及发展水平等来看，都具有其独特的先发优势。

一、长三角地区智库的区域分布

根据上海社科院智库研究中心"中国智库备选池"及南京大学智库评价中心的"中国智库索引"等相关材料，结合课题组近两年在"一市三省"范围的摸底调查情况，形成表1-3长三角地区智库的统计数据，其中可能存在一定的疏漏和误差，但基本覆盖到90%以上的智库机构。智库入选标准主要依据"中国特色新型智库指导意见"对智库的界定，即是以战略问题和公共政策为主要研究对象，以服务党和政府科学民主依法决策为宗旨的非营利性研究咨询机构，体现在政治要求、组织形式、成果支撑、资源保障等方面。同时，参考国外智库研究专家对智库的界定，适当扩大放宽企业（民间）智库入围。

表1-3　长三角地区智库数量情况（截至2019年底）

	智库总量/家	国家级重点智库/家	省级重点智库/家
全国	856	37	295
上海	116	2	25
江苏	39	1	26
浙江	32	1	21
安徽	18	无	15
北京	245	26	14
长三角占比	24.0%	10.8%	29.5%
北京占比	28.6%	70.0%	4.7%

总体来看，长三角地区经济发达、高校云集、研究力量雄厚，入选智库205家，占全国智库总量的24.0%，居全国前列，但弱于首都北京的

28.6%（见表1-3）。从省级行政区划的角度看，长三角地区智库总量分布呈现不均衡发展状况，上海市智库数量最多（116家），江苏省（39家）、浙江省（32家）次之，安徽省（18家）最少。上海市的智库数量是江苏省的2.97倍，浙江省的3.63倍，安徽省的6.44倍。

从城市分布的角度看，长三角地区主要智库的总量分布也呈现出不均衡状态，上海市智库数量最多，其次为南京市（30家），再次为杭州市（25家），第四为合肥市（16家），这表明长三角地区"一市三省"的智库在省会城市较为集中，这与省会城市的经济发展水平和行政级别有着密切的联系。在非省会城市中，排名前三的分别为宁波市（5家）、苏州市（2家）、徐州市（2家），这表明在非省会城市智库数量主要与地级市的经济体量密切相关，经济体量越大，城市发展所需的智库数量越多。

综上所述，智库数量总量的区域分布与经济发展水平、科教资源分布基本一致，一方面由于智库发展需经济基础和高素质人才支持，另一方面经济社会发展对智库研究需求也不同，决策咨询市场需求越大，越能吸引优质人才，进而形成良性循环的有利局面。

二、长三角地区智库的类型结构

长三角地区205家智库中，高校智库109家，占53.2%；社会智库32家，占15.6%；科研院所智库31家，占15.1%；党政智库26家，占12.7%；企业智库7家，占3.4%（具体见表1-4、图1-3）。长三角地区高校数量众多[①]，科教资源丰富，人才优势突出，国际交流频繁，高校智库占据总量的半壁江山，是长三角智库体系的主力军，与党政智库相比，高校智库研究内容相对自主独立，与社会智库相比，其财政资金来源和研究人员稳定、研究基础扎实，能支撑相对长期稳定的研究，不仅为党和政府提供了决策咨询服务，还可为企业等提供智力支持。

---

① 上海市有74所高等院校，其中"双一流"建设高校有14所，哲学、政治学、统计学等57个专业入选国家"双一流"重点建设专业；江苏省有139所高等院校，其中"双一流"建设高校有15所，41个专业入选国家"双一流"重点建设专业；浙江省有88所高等院校，其中"双一流"建设高校有3所，20个专业入选国家"双一流"重点建设专业；安徽省有110所高等院校，其中"双一流"建设高校有3所，13个专业入选国家"双一流"重点建设专业。

表 1-4 长三角地区五类智库类型结构

智库类型	数量/家	占比/%
党政智库	26	12.7
科研院所智库	31	15.1
高校智库	109	53.2
社会智库	32	15.6
企业智库	7	3.4
合计	205	100

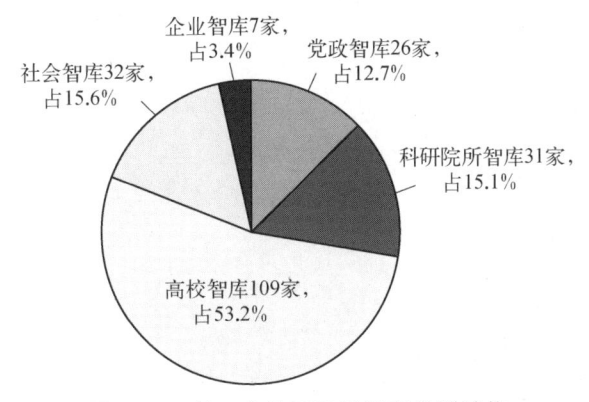

图 1-3 长三角地区五类智库类型结构

党政智库、科研院所智库依托党政机关，接受政府财政经费支持，其数量占总量的近三成，大多属于事业单位，是服务党委、政府决策咨询的主力和核心，在智库体系中占据重要地位，主要承担着党政机关各类政策咨询研究、理论创新等方面的任务，聚焦国家战略、立足地方实际，发挥长期跟踪研究的优势特点，为中央和地方党委、政府提供有价值的智库成果。社会智库、企业智库相对独立于传统体系之外，不论经费来源、人员构成和研究内容都直接面对政策咨询市场，其运作机制具有较强的灵活性，研究方式手段也较为先进，是推动我国智库体系不断完善和新型智库建设不可或缺的重要力量。近年来，长三角地区社会智库和企业智库发展异军突起，其数量占总量的近二成。以上情况表明长三角地区智库体系构成呈现多元多样化格局，一个丰富多样的政策思想供给体系已初步形成。

三、长三角地区智库的能级水平

长三角地区智库数量众多,但是国家级高端智库和省级重点智库的数量相对较少。据统计,全国有37家国家级高端智库,26家集中在北京,4家在长三角地区(上海市2家、江苏省1家、浙江省1家),占总量的10.8%。同时,根据《全球智库索引报告》和有关国家部委办等决策机构的情况反馈,上海国际问题研究院、复旦发展研究院等多家智库机构的服务对象、能级水平也达到国家级。据全国16个省市重点智库的数据统计,全国共有省级重点智库295家,其中上海市25家,江苏省26家,浙江省21家,安徽省15家,长三角地区的省级重点智库数量占全国的29.5%(见图1-4)。

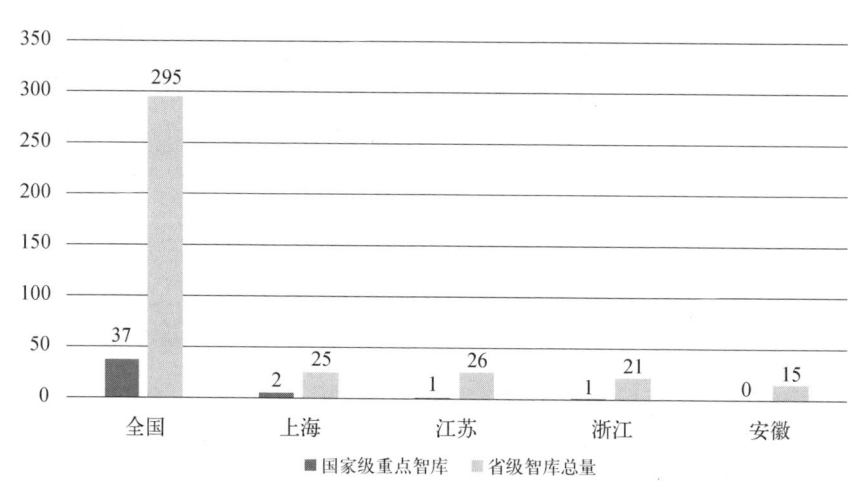

图1-4 长三角地区国家级高端智库和省级智库统计条形图

长三角地区国家级高端智库的数量占全国高端智库的比重较低,70%(26家)的国家级智库集聚在北京,这与北京作为我国政治中心和决策中心的地位是相吻合的,就如美国智库主要集中在华盛顿是一样的。但鉴于长三角地区经济规模、科教资源、人口发展、国际化水平等在全国的比重和地位,长三角地区高水平高能级智库数量确实是不相匹配的。长三角地区省级重点智库的数量相对较多,高于智库总量占全国的比重,但也没有明显的优势。总之,长三角地区的智库数量虽然不少,但是国家级高水平的智库数量明显不足,而国家级高端智库在发展过程中所发挥的作用要远高于其他能级的智库,因此,长三角智库发展结构有待进一步优化,智库能级有待进一步提升。

四、长三角地区智库研究领域分布

长三角地区的智库数量众多、类型广泛,在咨政建言、理论创新、公共外交、社会服务等方面都发挥着积极作用。从长三角地区智库成长发展的规律特点和研究领域来看,分布在经济管理、国际关系、国际贸易、金融、法律、教育、情报信息、城市规划等诸多方面。

从现有智库备选池样本来看,上海市智库研究领域最为广泛,其中以经济管理为研究对象的智库数量最多,高达 42 家;数量次之的是以国际关系研究为主的智库,数量为 12 家;数量第三的是以研究金融为主的智库,数量为 7 家;随后是研究社科综合和教育的智库,数量均为 5 家(见图 1-5),这与上海这座国际大都市发展密切相关。

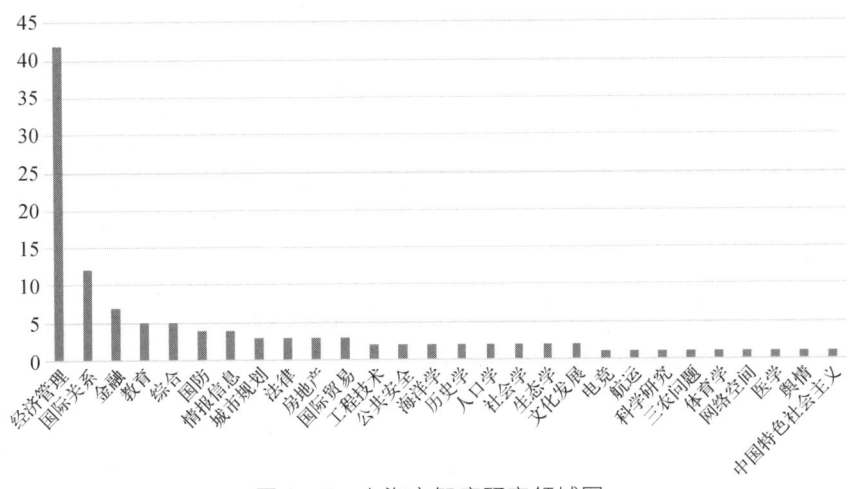

图 1-5 上海市智库研究领域图

江苏省智库研究领域以经济管理为主要研究对象的智库数量最多,为 16 家;紧随其后的是以社科综合为研究对象的智库,数量为 5 家;再次之是以社会学为研究对象的智库,数量为 3 家(见图 1-6)。浙江省的智库研究范围少于上海市和江苏省,研究领域最突出的特点是以社会综合为研究对象的智库数量较多(见图 1-7),这表明浙江智库虽然数量较少,但智库在经济社会发展中所承担的任务更多,责任也更加重大。安徽省在长三角地区中不论是经济规模还是社会发展方面都是最弱的,与之相应的智库数量最少,研究范围也最窄(见图 1-8),与其他省市之间存在着不小的差距。

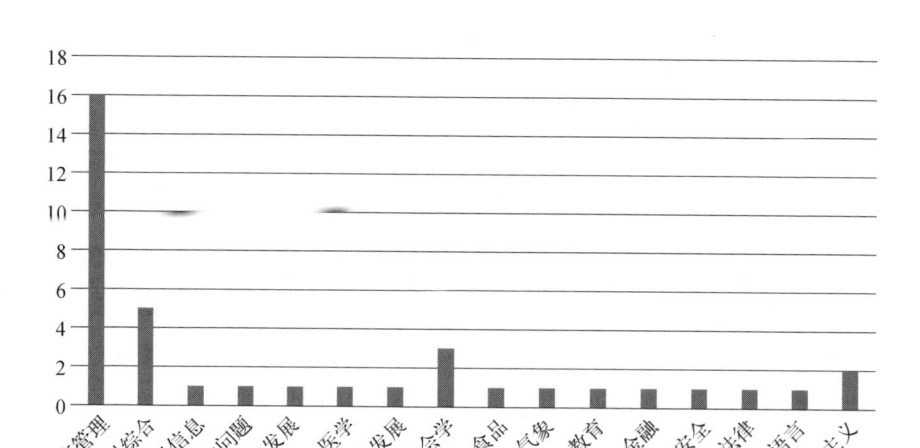

图 1-6　江苏省智库研究领域图

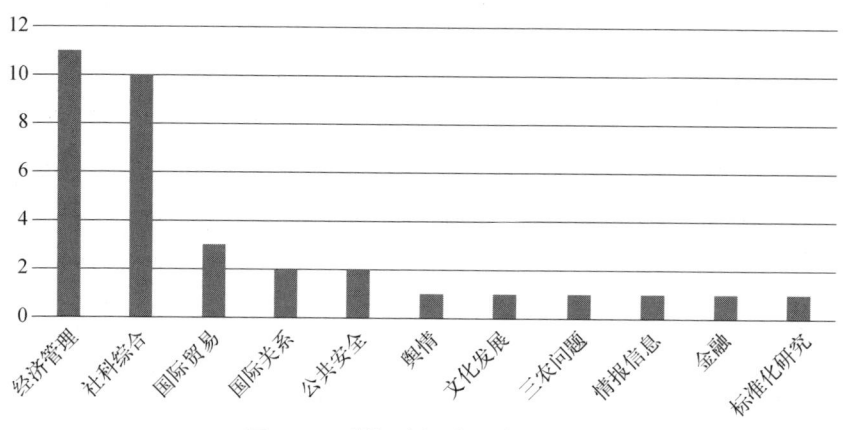

图 1-7　浙江省智库研究领域图

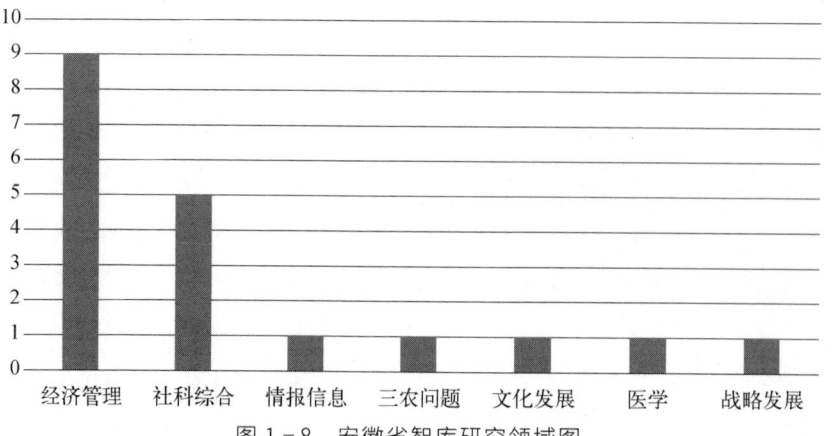

图 1-8　安徽省智库研究领域图

综上所述，长三角地区智库在数量和规模上居于全国智库发展的前列，但国际级、国家级高端智库和省级重点智库的数量较少，智库的能级水平有待提高。同时，长三角地区智库类型多样，结构体系完备，研究领域较为丰富，不同层次、不同类型的智库在经济社会发展过程中发挥的作用也不同，是长三角地区党委、政府科学民主法治决策的重要力量，也是推动长三角地区改革开放发展和提升区域治理现代化水平的重要智力支撑。

第三节　长三角地区智库影响力评价分析

根据美国宾夕法尼亚大学麦甘博士发布的《2019年全球智库索引报告》和上海社会科学院《中国智库报告：影响力排名与政策建议》（2013—2018）的评价情况，课题组将中国思想市场中的"头部智库"，即第一阵营的158家智库中属于长三角"一市三省"地区的智库进行梳理，加上近年来课题组对长三角地区智库发展及主要成果的跟踪调研情况，就智库影响力情况作如下评价分析。

一、长三角地区智库综合影响力评价情况

按照长三角地区205家智库机构数量的15%计算，课题组对长三角地区智库综合影响力进行优秀、优良、良好三个等级排名（AAAAAA、AAAAA、AAAA）。表1-5反映的是名列前30位的智库机构，其中6A有5家，5A有12家，4A有13家。

表1-5　长三角地区智库综合影响力排名TOP30

序号	智库名称	评价等级	所属省市	性质
1	上海国际问题研究院	AAAAAA	上海	党政智库
2	上海社会科学院	AAAAAA	上海	科研院所智库
3	复旦大学中国研究院	AAAAAA	上海	高校智库

续表

序号	智库名称	评价等级	所属省市	性质
4	长江产业经济研究院	AAAAAA	江苏	社会智库
5	浙江大学区域协调发展研究中心（中国西部发展研究院）	AAAAAA	浙江	高校智库
6	复旦大学复旦发展研究院	AAAAA	上海	高校智库
7	上海交通大学中国城市治理研究院	AAAAA	上海	高校智库
8	杭州国际城市学研究中心	AAAAA	浙江	社会智库
9	上海市人民政府发展研究中心	AAAAA	上海	党政智库
10	江苏省社会科学院	AAAAA	江苏	科研院所智库
11	南京大屠杀史与国际和平研究院	AAAAA	江苏	党政智库
12	中共上海市委党校	AAAAA	上海	党政智库
13	中共浙江省委党校	AAAAA	浙江	党政智库
14	上海市发展和改革委员会	AAAAA	上海	党政智库
15	中共江苏省委党校	AAAAA	江苏	党政智库
16	浙江省人民政府发展研究中心	AAAAA	浙江	党政智库
17	零点有数	AAAAA	上海	企业智库
18	中国浦东干部学院	AAAA	上海	党政智库
19	上海市科学学研究所	AAAA	上海	科研院所智库
20	安徽省人民政府发展研究中心	AAAA	安徽	党政智库
21	上海市教育科学研究院	AAAA	上海	科研院所智库
22	福卡智库	AAAA	上海	企业智库
23	安徽省经济研究院	AAAA	安徽	党政智库
24	浙江师范大学非洲研究院	AAAA	浙江	高校智库
25	华东师范大学中国现代城市研究中心	AAAA	上海	高校智库
26	江苏省苏科创新战略研究院	AAAA	江苏	科研院所智库
27	中共安徽省委党校	AAAA	安徽	党政智库
28	知远战略与防务研究所	AAAA	江苏	社会智库
29	南京市社会科学院	AAAA	江苏	科研院所智库
30	浙江大学公共政策研究院	AAAA	浙江	高校智库

从表1-5中可分析发现：上海为14家，占比46.7%，江苏和浙江分别为7家、6家，占比23.3%、20%，安徽为3家，占比10%，这与各省市智库总量分布情况基本吻合。从智库属性看，其中党政智库12家，占比40%；科研院所智库6家，占比20%；高校智库7家，占比23.3%；社会企业智库5家，占比16.7%，这与智库数量分布存在一定差异，影响力评价居前的党政智库占比要远高于其数量占比，科研院所智库和社会企业智库影响力评价居前的占比与其数量占比差异不太明显，高校智库影响力评价居前的占比要大大落后于其数量占比，这说明当前长三角智库中高校智库发展积极性很高，但其影响力还不高，主要是决策和社会影响力等方面还较薄弱。

表1-6反映的是各智库机构分项影响力排名前10名，主要是依据综合影响力的具体分解，并结合专家评议打分和相关客观信息资料进行综合测定，基本与综合影响力排序吻合。

表1-6 长三角地区智库的分项影响力排名TOP10

序号	决策影响力	学术影响力	社会影响力	国际影响力
1	上海社会科学院	上海社会科学院	复旦大学中国研究院	上海国际问题研究院
2	上海国际问题研究院	上海国际问题研究院	上海社会科学院	上海社会科学院
3	复旦大学中国研究院	复旦大学复旦发展研究院	上海国际问题研究院	复旦大学中国研究院
4	浙江大学区域协调发展研究中心	复旦大学中国研究院	上海市人民政府发展研究中心	复旦大学复旦发展研究院
5	长江产业经济研究院	上海交通大学中国城市治理研究院	复旦大学复旦发展研究院	浙江大学区域协调发展研究中心
6	上海市人民政府发展研究中心	长江产业经济研究院	杭州国际城市学研究中心	上海市人民政府发展研究中心
7	复旦大学复旦发展研究院	浙江大学区域协调发展研究中心	长江产业经济研究院	江苏省社科院
8	杭州国际城市学研究中心	江苏省社科院	上海交通大学中国城市治理研究院	南京大屠杀史与国际和平研究院

续表

序号	决策影响力	学术影响力	社会影响力	国际影响力
9	中共上海市委党校	中共浙江省委党校	零点有数	浙江师范大学非洲研究院
10	江苏省社会科学院	杭州国际城市学研究中心	浙江大学区域协调发展研究中心	中共上海市委党校

二、长三角地区智库专业影响力提名

长三角地区智库机构研究领域大多集中在社会经济等领域的综合类，为突出智库发展专业性研究的要求，课题组将智库分为经济、社会、国际、科技、生态等五大类，按照专家提名的方式对相关专业影响力比较突出的智库进行列举，按时间成立先后进行排序，不作排名，相关综合类智库不列其中（见表1-7）。

表1-7 长三角地区智库专业影响力提名TOP10（按成立时间排序）

序号	经济金融类	社会政法类	国际防务类	生态科技类
1	复旦大学中国经济研究中心	复旦大学人口与发展政策研究中心	复旦大学美国研究中心	上海交通大学国家海洋研究战略基地
2	上海WTO事务咨询中心	浙江大学公共政策研究院	华东师范大学周边合作与发展协同创新中心	同济大学可持续发展与新型城镇化智库
3	江苏省宏观经济研究院	上海大学基层治理创新研究中心	上海外国语大学中东研究所	上海市科学学研究所
4	浙江大学金融研究院	零点有数	同济大学德国学术中心	智江南智库（浙江省科技信息研究院、浙江省科技发展战略研究院）
5	上海海事大学上海国际航运研究中心	南京师范大学中国法治现代化研究院	浙江师范大学非洲研究院	上海科学技术情报研究所

续表

序号	经济金融类	社会政法类	国际防务类	生态科技类
6	上海财经大学上海国际金融中心研究院	中共江苏省委党校党的建设理论与实践创新研究院	上海东亚研究所	南京信息工程大学气候与环境治理研究院
7	浙江省工业和信息化研究院之江产经智库	复旦大学政党建设与国家发展研究中心	南京大屠杀史与国际和平研究院	上海交通大学医学院医疗健康和医院发展智库
8	上海财经大学自由贸易区研究院	华东政法大学中国法治战略研究中心	知远战略与防务研究所	南京医科大学健康江苏研究院
9	江苏省社科院区域现代化研究院	上海外国语大学中国国际舆情研究中心	上海美国问题研究所	中国科学技术大学科技创新与区域发展研究中心
10	安徽省发展战略研究会	中共浙江省委党校全面从严治党研究中心	宁波海上丝绸之路研究院	南京农业大学金善宝农业现代化发展研究院

从智库专业影响力的提名来看，上海仍占有绝对优势，经济金融类、社会政法类、国际防务类、生态科技类都占到50%以上；浙江和江苏基本各占20%以上；安徽相对较弱，在国际防务类、社会政法类都没有相关智库获得提名。

三、长三角地区智库的议题影响力排名TOP10

根据近年国家重大战略规划和长三角地区经济社会发展情况，聚焦长三角地区智库研究的三个重点议题，包括"区域一体化高质量发展""自贸区与改革开放深化发展""城市发展与城市精细化治理"，分析梳理了近三年长三角地区各智库机构相关的研究活动和相关成果，以及在决策和社会影响力等方面表现比较突出的10名智库机构。

（一）长三角区域一体化高质量发展：活动、成果与影响力

1. 2018年度

中国社会科学院-上海市人民政府上海研究院等机构主办"长三角的一

体化与一体化的长三角"论坛,探讨长三角在国家现代化建设大局和全方位开放格局中举足轻重的战略地位。中国区域经济学会与江苏省社会科学院区域现代化研究院联合举办首期"中国现代化策论"智库研讨会,合作成立"中国区域现代化研究中心"。解放日报社、上海社会科学院等机构共同主办"服务长三角,产业再升级"主题论坛,多个领域的专家共同围绕长三角一体化、园区产业升级等话题展开探讨与交流。长三角"一市三省"人保局联合发起、上海社会科学院举办"长三角一体化"博士后论坛,围绕"新时代的长三角一体化:创新·超越·链接"会议主题进行研讨。上海社会科学院与广东社会科学院联合主办"长三角与珠三角区域发展研讨会",围绕"长三角一体化发展"和"粤港澳大湾区建设"两大国家战略实施推进和实践开展研讨。

上海市世界经济学会等机构联合主办第三届"一带一路"与中国发展治理学术研讨会,会议以"全球城市背景下'一带一路'与长三角合作共赢"为主题。中共江苏省委党校等党校联合主办、中共上海奉贤区委党校承办"新时代长三角高质量一体化发展"专题研讨会。复旦大学经济学院等机构共同主办"长三角更高质量一体化发展:新动力·新亮点"暨 2018 第二届复东发展论坛,凝心聚力共同助推宁波加速融入长三角一体化进程。宁波市政府主办、宁波市社科院(社科联)等机构承办 2018 宁波发展论坛(冬季会),"长江三角洲区域一体化国家战略与宁波发展"成为本次论坛的主题。

江苏省苏科创新战略研究院撰写的《以更高质量视角认识长三角区域一体化》《长三角区域一体化发展的江苏担当》等原创性成果先后在《新华日报·思想周刊》发表。南京大学和光明日报社联合主办,长江产业经济研究院和光明日报智库研究与发布中心承办"东部地区高质量发展联合调研"启动仪式,发布《中国经济增长动能指数》与《中国经济全球化》两份研究报告。

2. 2019 年度

安徽省发展战略研究会举办的长三角更高质量一体化发展研讨会在合肥市召开。上海财经大学举办"长三角一体化发展高端论坛暨长三角与长江经济带发展研究院成立仪式"。中国社会科学院-上海市人民政府上海研究院承办的"中国城市百人论坛 2019 春夏研讨会"在上海举行,主题为

"长三角一体化：理论与对策"。安徽省委宣传部和安徽省社会科学院联合举办"2019长三角更高质量一体化发展研讨会"，为安徽打造长三角强劲活跃的科技创新策源地、战略性新兴产业高质量发展的增长极、生态优先绿色发展的大花园、承东启西的内陆开放新高地贡献智慧。华东师范大学和零点有数集团联合主办"长三角高质量一体化发展"高端研讨会，来自长三角地区的多名专家、学者和企业家围绕长三角一体化发展示范区建设和长三角区域一体化发展规划纲要这两个核心议题展开研讨和交流。中国社会科学院-上海市人民政府上海研究院等机构联合举办的"长三角一体化发展与政协传播"研讨会在上海举行，就凝聚长三角一体化发展共识、创造高质量政协传播等展开研讨。江苏省社会科学院等机构主办的江苏省社会科学院江海论坛在南京举行，围绕"长三角区域一体化发展：打造高质量发展样板区"主题展开研讨。

上海交通大学中国城市治理研究院、上海交通大学国际与公共事务学院共同承办的"长三角一体化·城市治理"研讨会在上海交通大学举办。中国社会科学院-上海市人民政府上海研究院召开"长三角一体化的不同视角"研讨会，分别从体制机制、思想观念、干部培训、生态环境等方面对地方深度融入长三角一体化展开讨论。苏州大学东吴智库和中国特色城镇化研究中心联合举办"长三角一体化与苏州选择"论坛，旨在通过对话交流为长三角一体化发展中探索苏州的选择提供智力支撑。上海财经大学长三角与长江经济带发展研究院联合浙江省嘉兴市嘉善县政府举办"2019长三角一体化发展建设高端论坛"，创新探索新型智库服务地方发展的路径。安徽创新发展研究院和安徽财经大学安徽经济社会发展研究院主办的"2019安徽县域经济创新发展峰会"在安徽省旌德县举办，以"聚焦长三角一体化发展打造县域特色产业高地"为主题，为县域经济创新发展献计献策。南京大学长江三角洲经济社会发展研究中心主办"长三角经济社会发展论坛"，围绕"长三角区域一体化与中国经济高质量发展"主题展开研讨。第四届杭州湾湾区论坛（2019）在浙江慈溪举行，论坛以"长三角一体化国家战略背景下的浙江大湾区建设"为主题。

2019中国浙江"星耀南湖·长三角精英峰会"暨第二届G60科创走廊人才峰会举行，清华大学经济管理学院互联网发展与治理研究中心、上海科学技术政策研究所等机构发布合作成果《长三角数字人才与制造业数字化转型研究报告》。上海财经大学长三角与长江经济带发展研究院联合上海市委党校、上海行政学院举办"长三角一体化发展和城市群联动"研讨会。澎湃新闻与新加坡《联合早报》联手合办论坛以"数字经济、智慧创联"为主题，聚焦金融科创与长三角一体化，对长三角区域一体化的国际互联合作展开深入讨论。嘉兴学院长三角一体化发展研究中心和浙江大学区域与城市经济发展中心主办的"长三角一体化发展与嘉兴战略选择"高峰论坛在嘉兴学院举行。长三角"一市三省"农业科学院主办，以"科技创新助力乡村振兴"为主题的长三角农业科技一体化发展研讨会暨乡村振兴科技成果路演活动在上海举行。由上海市体育局、上海体育学院等机构主办的第二届长三角体育产业高峰论坛在温州举行，论坛旨在加强资源共享，进一步深化区域合作，促进长三角区域体育产业的高质量发展，会中揭牌成立"长三角体育一体化研究中心"。

上海市人民政府发展研究中心联合上海国际智库交流中心成员单位，共同举办了"2019年上海国际智库高峰论坛"，论坛主题为"长三角一体化与高质量发展"。上海财经大学长三角与长江经济带发展研究院承办长三角国际论坛"世界级城市群建设与长三角一体化发展"分论坛，探讨从世界城市群建设和国内城市群联动的视角共议长三角一体化发展，会中发布了长三角一体化与高质量发展系列指数。上海华夏经济发展研究院、上海社会科学院智库研究中心等机构联合举行2019年"华夏经济论坛——长三角高质量发展指数发布会"，共同发布全国首个《长三角高质量发展指数报告（2018）》。南京大学长江产业经济研究院发布了《长三角地区高质量一体化发展水平研究报告（2017）》，该报告从空间、市场、产业、创新、交通、信息、贸易、公共服务和生态环境等九个一体化的维度，构建了长三角地区高质量一体化发展的评价指标体系。

南京大学长江产业经济研究院和光明日报智库研究与发布中心承办的《长三角地区高质量一体化发展水平研究报告（2018年）》发布会在京举行，报告分别从长三角地区一体化发展进程、存在的问题等维度深入剖析，为深入推进长三角地区高质量一体化发展建言献策。上海市科学学研究所发布《2019长三角一体化区域协同创新指数》报告，报告显示长三角区域协同创新水平稳步提升，发展势头良好。围绕长三角一体化如何高质量发展，福卡智库实地调研深入了解了示范区在税收、基金、土地、专项资金等方面存在的问题，为长三角一体化相关课题的研究提供了诸多思路。华东师范大学中国现代城市研究中心学者的《都市圈是一体化的"硬核"》《多中心治理是制度基础》《科技创新突破，促进产业分工协作》以及《长三角一体化，借鉴德国、新加坡、日本哪些经验？》等长三角一体化主题成果在澎湃新闻以及上观新闻等媒体上发表。上海财经大学自由贸易区研究院中标上海市决策咨询重点课题——《长三角一体化发展示范区制度创新研究》。上海财经大学上海国际金融中心研究院报送的3份成果被市领导和政府相关部门采用：《进一步强化上海的"市场辐射"功能，引领长三角科创一体化建设》《关于长三角地区科技成果转化一体化的体制机制探索》《发挥长三角金融协同的示范作用》。华东师范大学中国现代城市研究中心的研究成果——《长三角更高质量一体化发展研究》获"第十二届上海市决策咨询研究成果奖"一等奖。江苏省苏科创新战略研究院撰写的《推动长三角更高质量一体化发展政策建议》入选2019年度江苏智库研究十佳成果。上海华夏经济发展研究院编制的《长三角高质量发展指数报告（2019）》正式对外发布。长三角一体化高质量发展议题影响力提名如表1-8所示。

表1-8 长三角一体化高质量发展议题影响力提名（排序不分先后）

序号	智库名称	研究特色（代表性论坛或报告）
1	中国社会科学院-上海市人民政府上海研究院	"长三角的一体化与一体化的长三角"论坛（2018）
2	上海社会科学院	"服务长三角，产业再升级""新时代的长三角一体化：创新·超越·链接"等系列论坛（2018）
3	南京大学长江产业经济研究院	《长三角地区高质量一体化发展水平研究报告（2018）》
4	华东师范大学中国现代城市研究中心	《长三角更高质量一体化发展研究》
5	江苏省苏科创新战略研究院	《推动长三角更高质量一体化发展政策建议》入选2019年度江苏智库研究十佳成果

续表

序号	智库名称	研究特色（代表性论坛或报告）
6	上海财经大学长三角与长江经济带发展研究院	长三角一体化与高质量发展系列指数"长三角产业地图、教育地图、文化地图"
7	上海市科学学研究所	《2019长三角一体化区域协同创新指数》
8	安徽省社会科学院	"2019长三角更高质量一体化发展研讨会"
9	嘉兴学院长三角一体化发展研究中心 浙江大学区域与城市经济发展中心	"长三角一体化发展与嘉兴战略选择"高峰论坛
10	上海华夏经济发展研究院	《长三角高质量发展指数报告（2018）》 《长三角高质量发展指数报告（2019）》

（二）自贸区与改革开放深化发展

2016年12月28日，由复旦大学上海自贸区综合研究院、复旦大学经济学院主办，浦东新区区委党校、中国（上海）自由贸易试验区管委会政策研究局协办，上海市浙江商会支持的复旦自贸论坛第8期自由贸易试验区的创新实践暨《中国（上海）自由贸易试验区制度创新与案例研究》新书分享会在复旦大学经济学院举行。2017年，长三角地区就有智库围绕自贸区主题开展课题研究，上海财经大学自由贸易区研究院中标上海市政府决策咨询研究重点课题《上海实施区港一体化推进自贸试验区建设研究》。2017年12月，以"新理念、新趋势、新物流"为主题2017博鳌国际物流论坛隆重举行，论坛由上海海事大学联办，由界上传媒、中国物流城市联盟组织承办，由中国（上海）自贸区供应链研究院等协办。

2018年1月6日，上海社科院世界经济研究所所长权衡接受《人民日报》（海外版）采访，指出探索建设自由贸易港是新时代中国经济的新动力之一，上海自由贸易港的建设将进一步加快中国改革开放步伐，促进离岸贸易发展，进而带动区域仓储、物流等行业快速发展，形成内外联动趋势。2018年4月13日，复旦大学上海自贸综合研究院秘书长尹晨在南海网特别推出的专栏《自贸区专报》上发表自贸区建设需解决好系统集成问题的谏言，指出系统集成是改革难点痛点，制度创新是自贸区各项探索和试验的核心。11月14—15日，上海社会科学院举行《海南自由贸易港发展报告（2018）》重点课题签约开题会。2018年4月28日，中国高校自贸区研究联盟、复旦大学上海自贸区综合研究院和复旦大学经济学院联合主办"专家学者纵谈新时代自贸区和自贸港建设"论坛。2018年中国浦东干部学院以"改革开放再出发 自贸试验区建设在行动"为主题举办了中浦自贸论坛。浙江舟山市社科联等机构共同举办第二届"蓝色经济"发展论坛，就舟山新区发展和自贸试验区建设过程中面临的新情况新问题进行探讨交流。江苏紫金传媒智库撰写的决策咨询报告《学习借鉴 探索创新 高标准高质量建设江苏自贸试验区》获省领导批示。上海财经大学自由贸易区研究院中标上海市政府决策咨询研究重点课题《上海自由贸易港产业发展研究》和专项课题《新时期长三角一体化行政治理模式研究》。

2019年，上海财经大学公共政策与治理研究院等机构举办"中国自由贸易试验区政府职能转变与治理创新"论坛，研讨自贸试验区政府职能转变。上海社科院世界经济研究所沈玉良教授在海南省商务厅举办的"商务自贸讲坛"上，作"海南自贸试验区条件下的离岸贸易发展研究"报告。复旦大学上海自贸区综合研究院秘书长尹晨接受《财经时报》在线访谈，指出临港新片区整体面积较大，且都是连片开发，有利于重大投资项目落地。上海对外经贸大学自贸港战略研究院副院长、教授文娟在首届中国自由贸易试验区服务贸易开放与制度创新论坛上，结合新加坡、中国香港、阿联酋迪拜自贸区等国际上竞争力最强的几个自由港，从实践案例角度介绍了自由贸易港的税收制度。

南京大学自贸区综合研究院等多家机构联合主办以"制度型开放与江苏自贸区高质量建设"为主题的自贸区发展论坛。中国（浙江）自由贸易试验区研究院召开2019年度发展研讨会，为促进浙江自贸试验区建设提供强有力的智库支撑。南京大学长江产业经济研究院和光明智库等机构联合主办《2019中国进口发展报告》发布会，围绕国际经贸新规则发展的新趋势以及中国与江苏当如何应对TPP等议题展开研讨。上海财经大学自由贸易区研究院中标上海市政府《"上海自贸试验区临港新片区"课题研究》，与福建省自贸办等联合主办"构建开放型经济新体制与深化自贸试验区改革"研讨会。上海财经大学上海国际金融中心研究院中标上海市政府决策咨询课题《上海自贸区新片区发展跨境金融服务研究》，报送专报

《深化自贸区国际船舶登记制度改革，推动航运产业高质量发展》。江苏紫金传媒智库撰写的《兄弟省市自由贸易试验区制度创新研究》入选2019年度江苏智库研究十佳成果。自贸区与改革开放深化发展议题影响力提名如表1-9所示。

表1-9 自贸区与改革开放深化发展议题
影响力提名（排名不分先后）

序号	智库名称	研究特色（代表性报告或论坛）
1	上海财经大学自由贸易区研究院	《上海实施区港一体化推进自贸试验区建设研究》
2	复旦大学上海自贸区综合研究院	《中国（上海）自由贸易试验区制度创新与案例研究》
3	上海社会科学院世界经济研究所	《海南自由贸易港发展报告（2018）》
4	江苏紫金传媒智库	《学习借鉴 探索创新 高标准高质量建设江苏自贸试验区》
5	南京大学自贸区综合研究院	"制度型开放与江苏自贸区高质量建设"论坛
6	中国浦东干部学院	中浦自贸论坛
7	上海财经大学上海国际金融中心研究院	《上海自贸区新片区发展跨境金融服务研究》

（三）城市发展与城市精细化治理

2017年，在中国大数据应用最佳实践案例论坛的颁奖仪式上，零点有数智库的两个参选案例——"大数据提升城市公共自行车效率"和"大数据助力蔬菜生鲜零售终端标准化选址"获颁"中国大数据应用最佳实践案例"，这为城市的精细化管理提供了重要思路和启示。

2018年，同济大学成立"超大城市精细化治理研究院"，重点研究上海作为超大城市如何从"建设改造"转向"有机更新"，从"传统管理"转向"精细化管理和风险管理"，助推上海成为未来城市更新的策源地和总部。同济大学可持续发展与新型城镇化智库等多家智库联合主办"全球化时代的城市发展与合作治理"研讨会，分别就城市治理、空间治理、交通治理、社区治理等问题进行讨论，并宣布成立同济大学全球城市与合作治理研究中心。上海金融与法律研究院举办"城市峰会2018：平台·城市暨上海金融与法律研究院2017年报发布会"，在互联网平台模式下探讨城市如何让生活变得更美好。中共杭州市委党校举办"改革开放40年：社会治理改革的杭州实践与经验"研讨会，对杭州社会治理领域基本经验和城市精细化管理进行研讨。

上海交通大学中国城市治理研究院和上海交通大学国际与公共事务学院联合主办"首届全球华人城市治理研讨会"，为系统总结和思考中国城市治理的经验和教训，提供华人学者的思考、洞见与智慧。由上海市大数据社会应用研究会主办、上海交通大学中国城市治理研究院等多家机构承办的"首届上海市大数据社会应用研究会年会暨智慧城市建设与风险治理的中国方案高端论坛"在上海举行。中国浦东干部学院举办"《深化供给侧结构性改革，推动区域转型升级，重塑城市发展新动能》暨2014—2017年度中国城市转型升级能力指数研讨会"，发布《中国城市转型升级能力指数评价报告》。

2019年，上海大学基层治理创新研究院召开"城市化背景下的社会建设与基层治理"理论政策研讨会。上海金融与法律研究院举办城市峰会，以"城市·连接"（Cities Connection）为主题，探讨在数字经济化背景下，城市要素的重新排列组合带来的挑战与机遇。上海财经大学长三角与长江经济带发展研究院举办"智慧城市建设与社会治理创新"内部研讨会。上海发展战略研究所举办全球城市营商环境评价体系构建研究研讨会，提出未来上海应当分阶段、分重点、精准化地持续改善符合全球城市功能要求的营商环境，不同阶段应采取差异化的政策措施。同济大学超大城市精细化治理研究院举办《"十四五"期间上海加强城市管理精细化的目标、思路和重点举措研究》课题开题会。杭州国际城市学研究中心（浙江省城市治理研究中心）主办"中国城市学年会·2019暨第九届城市学高层论坛"，论坛以"高质量发展、高品质生活、高水平治理"为主题，就城市发展中的人口流动、交通、教育、文化遗产保护、环境保护、卫生健康等问题进行探讨。宁波市鄞州区社科院（社科联）等机构举行"城市精细化管理"专题研讨会，从城市精细化管理热点难点问题入手，探讨了城市精细化管理的内涵、路径、问题和发展思路。上海市人民政府发展研究中心和上海交通大学中国城市治理研究院等机构举办 2019 全球城市论坛，围绕主题"城市转型·创新发展"，对建设宜居及可持续发展的城市、超大型城市安全与危机管理、无障碍城市——新技术如何让城市生活更便利等涉及城市精细化管理部分进行了深入讨论。同济大学可持续发展与新型城镇化智库等机构联合举办首届"新技术·新治理·新城市"论坛，旨在通过新技术、新方式、新载体的有机整合来进一步推动经济高质量发展，推动城市治理迈上新台阶。中共上海市宝山区委党校和上海发展研究院等机构联合召开"长三角沿江滨海城市协同创新发展论坛"，围绕如何响应长三角一体化国家战略、提升沿江滨海城市发展新动能、共建长三角沿江滨海城市群、服务长三角一体化等话题展开讨论。同济大学可持续发展与新型城镇化智库完成的《中国城市可持续发展绿皮书——中国 35 个大中城市可持续发展评估（2017—2018）》发布，同时揭晓 35 个大中城市可持续发展评估成果。

2020 年 1 月，首届全球城市发展研讨会暨全球城市指数报告和中国都市圈发展报告发布会在上海社科会堂举行，上海全球城市研究院编制的《全球城市发展指数报告》正式发布，发布会上还同时宣布成立了"全球城市国际智库联盟"。表 1-10 为城市发展与城市精细化治理议题影响力提名。

表 1-10　城市发展与城市精细化治理议题影响力提名（排名不分先后）

序号	智库名称	研究特色（代表性产品）
1	上海全球化城市研究院	《全球城市发展指数报告》
2	上海交通大学中国城市治理研究院	举办主题为"城市转型·创新发展"的 2019 全球城市论坛
3	同济大学可持续发展与新型城镇化智库超大城市精细化治理研究院	《中国城市可持续发展绿皮书——中国 35 个大中城市可持续发展评估（2017—2018）》
4	杭州国际城市学研究中心	《新型智慧城市产业委员会组建方案》
5	零点有数智库	中国大数据应用最佳实践案例

续表

序号	智库名称	研究特色（代表性产品）
6	上海发展战略研究所	全球城市营商环境评价体系构建研究研讨会
7	中国浦东干部学院	《中国城市转型升级能力指数评价报告》
8	上海金融与法律研究院	城市峰会（2018，2019）

第四节 长三角地区智库发展面临的问题与路径探索

改革开放以来，作为我国经济社会发展热点地区和全国哲学社会科学研究重镇，长三角"一市三省"（沪苏浙皖）在决策咨询研究和智库建设方面一直走在全国前列。为党和政府重大决策及长三角一体化发展战略提供有力理论支撑和智力支持，一直是长三角各类智库的社会责任和历史使命。2015年国家出台《关于加强中国特色新型智库建设的意见》以来，长三角区域智库发展驶入快车道，智库机构、研究成果数量不断增长，业已形成各地党政直属研究机构、科研院所、高校、企业及社会等"五路智库大军"。根据前面分析，长三角"一市三省"智库在全国智库发展中的决策影响力和社会影响力总体较好，智库建设成效也是非常明显的。但是，与国内外形势发展急剧变化下党委、政府对智库的要求来看，当前长三角地区智库发展中还存在产品质量不高、成果转化率低、影响力不强等问题，思想引领不足、决策先导不强、政策策源不够，为此，亟待提升智库的决策咨询能力和社会影响力，以便更好地发挥智库对我国科学决策的支撑作用。

一、面临的主要问题

目前以"长三角研究中心"命名的各类智库机构，以长三角名义开展的各项课题研究和报送的材料前所未有地多，这既是智库专家参与国家重大战略研究积极性的体现，但客观上也是各智库为争夺研究资源、抢占话语权、盲目跟风研究的反映。由于智库组织管理体制上的问题，各智库机构之间缺乏有效的信息沟通和资源共享机制，造成智库资源分散化、研究成果碎片化、决策咨询市场无序化的局面，已成为制约智库研究高质量发展的明显"短板"。

（一）长三角智库资源趋分散化

由于各类智库分属于不同系统、不同部门，客观上存在"条条"与"块块"之间的分割和壁垒，研究资源分散于不同部门、不同区域。随着长江三角洲区域一体化发展上升为国家战略，长三角区域内各类政府决策部门如教委系统、发改委系统、科委系统等等，纷纷在各自范围内安排研究经费、组织智库机构就"长三角一体化发展"相似或相同议题展开研究，而各智库为了争夺研究资源、抢占话语权，也由于缺乏智库间信息沟通和交流合作的机制，各自为政关门研究，由此出现大量同质化、低水平重复的资政内参、研究报告、学术会议，造成研究资源的浪费和低效率使用。要改变智库资源分散无序这种态势，亟待构建起一套有效的组织机制统筹协调，有效配置研究资源。

（二）长三角智库成果呈碎片化

由于各类智库机构均面临着上级考核、市场竞争的生存压力，以及服务本区域、本部门的相关利益驱使，"一市三省"各类智库大多会推出基于本区域、本部门视角出发的短平快决策咨询报告，以期获得各区域省市领导肯定性批示。纵观这些研究报告，虽然不乏从科学客观角度所作出的高质量资政建言，但由于很多研究报告背后隐藏着各自区域和部门利益的影子，"碎片化"、利益导向明显的资政建言较多，而基于全球化、系统性和国家整体发展视角的全局性、战略性、长期性的资政建言较为少见，纯粹出于第三方视角的客观、公正、独立的决策咨询建议较少，系统性、专业性的意见较少。为此，在长三角一体化发展战略深入推进过程中，智库要发挥好独立客观专业第三方的作用，亟待构建一种智库协同研究机制加以引导。

（三）长三角智库市场仍无序化

当前长三角决策咨询市场发展还很不成熟，供给与需求二者的协同市场效应没有得到充分发挥。一方面智库产品市场供需对接不通畅，尽管各类智库通过各种渠道和联络机制加强与政府"上下通气",但出于保密、政治利益等因素考虑,政府与智库之间的对话和信任基础仍较薄弱,内参报送渠道管制严控,政府的决策咨询信息还无法准确地传递给智库,而大多数智库成果仍缺乏报送渠道。另一方面智库产品市场的价格机制失灵,政府购买决策咨询服务的机制没有建立完善起来,决策咨询成果缺乏统一的评价标准,成果价值(智力报酬)在长三角不同区域的市场认同度差异较大,这既不利于激发智库从业者创造高质量研究成果的积极性,也影响需求方的市场信任基础。

长三角一体化国家战略,是党中央基于更高起点上深化改革、扩大开放、提升国家竞争力的重大战略考量。当前长三角高质量一体化发展已经到了关键时刻,改革发展任务更为艰巨繁重,科学决策的难度也越来越大,迫切需要长三角地区各类智库机构提供高质量的智力支持。这不仅需要长三角"五路智库大军"加强自身"单兵作战"能力,更要突出长三角智库集群化作战能力,各大智库机构要在发挥自身专业化优势的基础上,加强彼此间信息沟通和交流合作,凝聚更多智慧服务党和政府的重大决策。

二、发展路径的探索

构建"长三角智库联盟",加强智力资源共享、探索研究组织模式创新,目标就是为实现区域内各类智库机构、智库专家、智库资源的有效使用,全面提升智库服务党和政府决策咨询、服务长三角高质量一体化发展的能力水平,为中国特色新型智库建设探索一条有效的路径。为此,要充分利用现有长三角智库资源优势,在组织模式、运行机制和研究方式等方面积极探索创新,着力构建长三角智库协同作战的发展格局。

(一)探索社会化、市场化组织模式

当前长三角一体化发展中政府主导作用非常突出,市场化、社会化机制的作用还不十分明显。成立长三角智库联盟,就是要探索一种社会化、市场化的组织模式,通过智库的合作和交流,凝聚社会共识、加强政策沟通,破解体制和政策障碍,构建起长三角社会各界,特别是政产学研沟通交流的桥梁纽带。因此,长三角智库联盟,就是基于共同的发展目标、以重大议题项目为载体搭建研究平台,按照一定的规则和章程,由若干家重

要智库机构牵头发起、其他智库机构自由加盟而组建起来的联合体。智库联盟以理事会架构组建，由理事会议事决策、各理事单位轮换执行主席。

（二）建立长三角智库协同的运作机制

优化配置长三角区域研究力量与资源，关键在于突破条块分割，解决各智库间的分工合作、各要素资源的优化组合、各平台的优势叠加等问题，有效提升智库的集中度、协作性，形成"1+1＞2"效应。一是合作研究机制，通过智库联盟平台公开发布、招标和筛选研究选题，针对重大战略课题，组建跨单位跨学科研究团队联合攻关，实现资源共享、优势互补，提升长三角智库决策咨询研究能力；二是常态化交流机制，通过智库联盟平台组织举办各类重大论坛活动，加强成员单位间的联系和交流，并就联盟重大工作事项进行沟通协调、督促落实，研究制定智库共同发展的规制和标准；三是资源共享机制，基于联盟单位之间的长期交流、持续滚动的合作关系，建立联盟研究资源大数据平台，共同开展政策解读、决策评估等，依托媒体联合发布重要研究成果。

（三）积极发挥"长三角区域合作办公室"的组织协调功能

2018年2月成立的"长三角区域合作办公室"（简称长三角办），主要职责之一就是负责研究拟定长三角协同发展的战略规划和重大政策建议，协调推进区域合作中的重要事项和重大项目，统筹管理合作基金、长三角网站和有关宣传工作。作为上下协同、四方联动的枢纽平台，"长三角办"对决策咨询需求是最直接、最关键的。为此，建议由"长三角办"作为"长三角智库联盟"业务指导单位和统筹协调机构，一方面由其统筹布局、明确智库决策咨询研究方向，加强对智库的管理引导，另一方面由其主导推动智库展开实地调研和协调研究，均具有高度的契合和便利性，有利于加强决策咨询供需对接，提升智库决策咨询服务水平。

（四）形成长三角智库自我管理的约束机制

目前长三角产业创新智库联盟、西浦长三角智库联盟、长三角地区党校智库联盟、金鸡湖智库联盟等形式已经出现，如何加以规范和自我管理尚处于探索阶段。"长三角智库联盟"拟实现理事会模式管理，制定联盟章程，实行动态调整，由具有权威性的中国智库第三方评估机构全程参与监督。一方面设置一定的进入门槛，对长三角区域内各类智库进行筛选甄别分类，保证有资质的优秀智库加盟；另一方面通过成果评估和惩戒机制对各类会员智库进行自我约束和淘汰净化，以期在逐步培育和营造良好的智库发展生态环境过程中，协同推进长三角一体化高质量发展的研究。

第五节　全球视野下长三角地区智库发展前瞻

美国宾夕法尼亚大学麦甘博士发布的《2019年全球智库索引报告》，就全球智库发展提出了一个非常现实的严峻问题：我们所处的是一个充满不确定和不安全感的时代，世界发展秩序急速转变，新技术出现颠覆性发展，全球治理模式也在发生变革，急需要智库站在时代前沿，作出科学、前瞻的研判，提出有效的应对策略。

第一，全球智库发展已滞后于新科技革命。全球智库发展总态势显然已跟不上时代步伐，智库现有的发展理念、组织结构、运营模式，都无法回应新科技革命的要求，不能帮助决策者充分了解新科技革命产生的风险和回报，也提不出有效防控风险、推动利益最大化的对策。如果智库不进行一场自我革命，只是因循守旧，其在当今公共决策中的核心角色，很难不被其他更具竞争力的专业机构取代。智库是跻身前沿还是被边缘化，关键在于能否跟上时代发展、充分利用好新技术。

第二，新时代发展对全球智库研究提出一些新命题。新科技革命正在重塑全球经济，从根本上改变着教育、就业以及生活本身的意义与目的，而世界秩序的调整也正在改变着全球经济结构，由此对智库发展也提出了许多新的命题：① 如何分析研判新科技革命、新世界秩序变革的趋势及其带来的重大影响；② 如何快速、精准、有效地将新技术、新规则、新方法运用于公共政策研究中去；③ 如何帮助决策者和公众了解新技术给政治经济与社会生活方式带来的影响，引导决策者和社会公众采取措施更好应对新技术新秩序变革；等等。

第三，智库发展的核心竞争力在于更好地利用新技术。智库需要利用人工智能等新技术来拓展自己的研究能力。目前国际上已经有一批智库，尝试通过人工智能技术来拓展自身的数据采集能力、强化分析研判能力、提高传播交流能力、探索防偏纠错能力，尤其是高校智库依托强大的财力、人力，较好地利用人工智能技术进行智库研究工作。2019年，全球有44家智库运用了人工智能技术，其中19家是美国智库。由于中国在人工智能和新兴5G发展中已处于世界前沿，中国智库在运用人工智能技术方面的潜力会对西方智库构成有力竞争。

站在全球发展新时代，对标国际顶尖智库，应该清醒地认识到，长三角地区智库发展仍存在不小差距，特别在发展理念、研究方式、产品成果影响力、运行管理机制等方面仍面临不少问题和挑战。2018年5月，上海市委书记李强调研上海智库与智库专家座谈时，特别强调智库要有"高见、先见、远见、创见"。智库要服务党委、政府决策，就要紧扣中心，围绕大局，谋划重大举措，提供科学分析、精准研判的高质量研究成果。为此，在全球视野下，如何更好地提升长三角地区智库的决策咨询服务能力、形成高质量的研究成果和社会影响力？我们认为，当前关键要从五个方面推动智库现代化建设。

第一，转变研究方式，优化资源配置，建立跨部门跨领域的研究团队。目前长三角地区智库大多脱胎于高校、传统研究机构，受原有研究方式和管理体制惯性影响较多，以单打独斗研究为主，内部体系相对封闭，没有向真正现代意义上的新型智库转型。为此，我们认为，长三角地区智库发展要打破传统研究模式，改变原有条块分割的智库资源投入方式，更多采用政府项目采购或后资助的方式，应以重点研究项目为载体，协同决策部门、党政智库、科研院所、高校智库、社会智库的专家及媒体共同参与，实现跨部门跨领域合作，建立高效精干、快速反应、分工合作的集体作战的专题研究团队，避免重复研究、过度竞争，推动智库研究方式创新，更多体现现代智库的开放性。

第二，创新发展理念，聚焦重点内容，形成有影响力的高质量研究成果。智库弥合知识和权力之间的鸿沟，在欧美发达国家被看成除政府、议会、法院、媒体之外的第五种权力，智库需要科学理性的独立思考能力、公正客观的第三方态度，摆脱传统思维惯性。因此，我们认为，长三角地区智库要有高度的政治觉醒和科学的研究态度，改变那种把工作重心放在如何获得领导关注、获取领导批示上，而要真正聚焦研究当前长三角一体化发展过程中的"真问题""难问题""大问题",在科学研究的基础上提出具有针对性的决策建议。在这个过程中,切忌"一窝蜂"研究一些表面问题,切忌发表没有深入研究的臆断观点,以免误导决策者和社会公众。

第三,运用新技术,采用新方法,切实提高决策咨询研究的精准度。将大数据、人工智能等新技术引入政策研究的做法,可以提高决策咨询研究工作的效率和精准性,这在国外许多智库实践中已经有比较好的经验。例如,美国城市研究所开发的税收政策微观模拟模型,利用云处理能力,分析新税法对联邦政府税收、纳税人税后收入、每次迭代的税收收入带来的影响,并快速对9 000多个替代方案进行利弊分析,供决策者选择最优的方案。再如,约翰·霍普金斯大学公共卫生与人权中心设计了一款移动调查工具,专门用来追踪冲突爆发对卫生设施、医护人员、患者和运输设施的攻击行为,具备安全防护、数据库、报告生成等多种功能。长三角地区科学技术发达,特别是高校云集,智库机构应依托强大的人力、财力资源,尽快运用新技术手段,借助信息技术、人工智能开发各种政策分析软件,利用各种专业数据库,提高决策咨询研究的精准性。

第四,改革管理方式,加快制度建设,推动现代智库运行机制的建立。国外顶级智库大多采用扁平化的组织结构和管理方式,在很短的时间内,就可以对突发事件进行集体研讨,发挥组织优势,作出一系列高质量研究。相比之下,我国大部分体制内智库机构庞杂、研究队伍臃肿,对突发事件的响应速度较慢,冗长的内部流程与部门协调过程,使得智库失去了宝贵的发声机会,这导致在一些重大事件中体制内智库陷入集体失语困境。为此,我们认为,要推动长三角地区智库研究范式转型、发展路径转换,关键是要形成以问题为导向、以人力为中心、以项目为纽带的管理方式,建立符合决策咨询规律、体现现代新型智库特点的运行机制,在中国特色新型智库建设的道路上探索一条新路子。长三角地区是改革开放重镇,国际化水平高、市场开放意识强,长三角地区智库现代化发展是题中应有之义。

第五,培育智库专家,优化人才结构,积极打造独特的智库文化品牌。人才是智库竞争力的核心,尤其是理论扎实、实践丰富的高层次智库领军人物,结构合理、团结协作的专业人才队伍,还有新技术和新媒体应用人才等,由此打造出智库系列产品以凸显智库生命力,也是智库文化品牌的标志。长三角地区人才荟萃，政府决策部门、经济金融实业界集聚了大量智库人才，如何促使研究机构和决策部门人才通过有效的旋转门机制，实现有序流动？这需要建立独特的人才培养和人才评价的机制，如将高校智库人员和委办局工作人员互相交流的"旋转门"机制制度化，定期开展人员交流，实现行政级别与研究员职称之间的相互套用，不断为智库人才队伍注入源头活水。

（单位：上海社会科学院　执笔：杨亚琴、刘慧）

| 第二章 |

全球疫情影响下
长三角产业发展
战略思考

第一节　全球疫情对世界经济和政治格局的影响

自2020年1月下旬中国采取了最全面、最严格、最彻底的疫情防控措施之后，国内新冠疫情得到好转，与其他各国开始抗疫的局面相比，国内疫情防控更多的是面临境外输入压力。国际上疫情呈现加速扩散蔓延态势，尤其是3月中旬以后，确诊人数激增（见图2-1），世界经济贸易增长受到严重冲击，这对世界各国来说都是一次重大的考验。新冠疫情打击的不仅是人类的身体健康，对社会各方面的冲击都是巨大的，实体经济停摆、金融市场动荡、管理体制非正常运转、产业链恢复面临新的挑战、宏观经济指标持续恶化等都阻滞了世界各国的经济发展。以抗疫救灾为首要目标，同时维护金融和经济稳定是当前的重要任务。

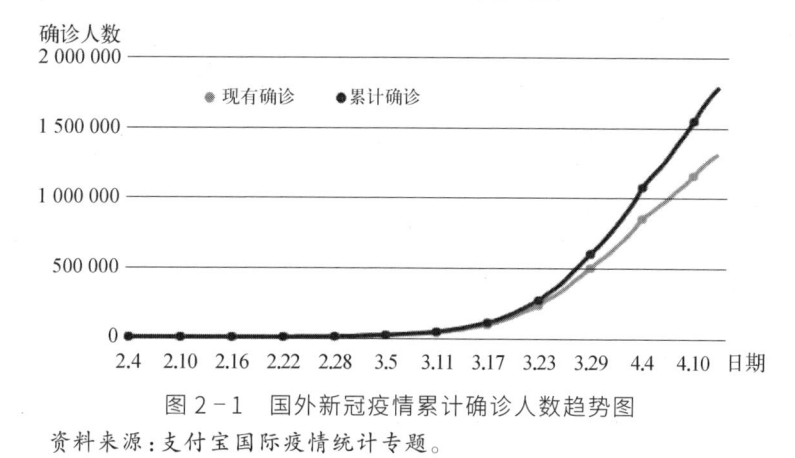

图2-1　国外新冠疫情累计确诊人数趋势图

资料来源：支付宝国际疫情统计专题。

一、本次疫情凸显出中国战胜疫情的基础优势

中国举全国之力快速高效地整编医疗救援团队、搭建方舱医院、建设

"雷神山"医院、限制人员过度流动等紧急措施，最终夺取了这次抗击新冠肺炎疫情的决定性胜利，究其原因主要有以下几点。

一是中国特色社会主义制度的优越性。在党中央坚强有力的领导下，形成从中央到地方的联动抗疫，由习近平总书记亲自部署、亲自指挥，地方政府积极配合。10天之内建成雷神山、火神山2座共有2600张床位的医院并交付使用，数天之内全国各地4万多名医护人员、数以万吨计的医疗和生活物资驰援武汉……创造了抗疫"中国规模"和"中国速度"的奇迹。①

坚持以人民为中心的执政理念，高度重视和不惜一切代价保护人民的生命安全，在危机时刻并没有为强行保经济而大范围地复产复工。一方面，为了遏制疫情向世界各地蔓延，对湖北实施全面"封锁"，牺牲局部利益，保全全局利益；另一方面为了维护企业的稳定运行，中国政府发布一系列救市措施，通过免税减费减轻企业生存压力，循序渐进地恢复市场健康运转。

二是中国工业实力的提高。我国在医疗领域实现的弯道超车是此次疫情防控重要的助力，作为最大的呼吸机生产国和出口国，中国承担着极大的国家责任。此外，通过支付宝、阿里健康等APP即可实现数字化医疗，为全民医疗提供了最为便捷的方式。

三是移动互联网的普及。近年来发达的基础设施，如基站、公路、铁路、电力等基础设施快速全面发展，极大地推动了移动互联网在日常生活中的普及，移动支付、无人商超、无人配送、直播销售等线上生态模式的崛起促进了生产和生活效率的提高。同时，高效率的社会沟通使得正确信息在民众中迅速传播，科学抗疫知识得以普及，十几亿人自觉居家隔离，疫情防控的成本从根本上得以控制。

二、世界各国主要的金融与财政政策

虽然国内经历了艰难的抗疫行动，但未受新冠疫情波及的国家并未真正意识到此次疫情的严重性，因此，早期全球各主要经济体对抗疫情时采取的是以稳定金融和经济为主要目的的方式，其后疫情肆虐才转变为以抗击疫情为首要任务，兼顾稳定金融和经济。各主要经济体的货币金融与财政政策紧密围绕"1+5"的目标，即首要目标是支持抗疫救灾，然后加以5

---

① 肖志夫：《世界大变局之中国战略思考》，载昆仑策网，http://www.kunlunce.com/gcjy/quanqiuzhanlue/2020-03-21/141662.html。

个经济目标：保障民生、纾困企业、稳定金融、降低经济危机风险、引导市场预期和准备经济复苏。①从表2-1详细的政策措施可以看出，各国抗疫的各方面政策以财政政策为主，即向市场"撒钱"，来引导企业、居民、市场形成合理稳定的市场环境，降低大众的恐慌情绪，从而达到稳定市场和经济的作用。

表2-1 主要经济体应对疫情政策

经济体	公共卫生应急管理	稳定金融市场	保障民生	纾困企业
中国	旅行和入境限制；商业社会活动临时中止；投入资金和设施在公共卫生和医疗领域；人员流动监控；等等。	大幅降低政策利率；加大公开市场操作规模，向市场注入流动性资金；加大对银行的贴现窗口投放；设立多种紧急信贷计划。	通过财政政策来增加居民收入和降低居民支出（提供救助以及扩大失业保险等）。	阶段性减免企业社会保险费，对中小微企业贷款实施临时性延期还本付息，以及人民银行实施的普惠金融定向降准和运用再贷款再贴现支持企业复工复产等。
美国	为医院、州和市政当局提供更多的医疗资源。	启动购债计划，美联储推出无限量QE，并通过设立SPV购买商业票据、企业债券和信贷、ABS向金融市场注入大量流动性资金。	直接救助、更强有力的失业保险。	企业的贷款和补助（退税或邮寄支票等方式）。
德国		放松银行业监管政策，支持银行放贷。	联邦劳工部放宽领取社会援助金的相关政策，采取分级分类的紧急援助方案。	对受疫情影响的个体自主经营者及其他小型企业提供至少500亿欧元的援助预算，其中一部分以补助金的形式发放。

① 上海交通大学上海高级金融学院、上海交通大学中国金融研究院课题组：《全球应对新冠肺炎疫情影响的经济政策分析》，载中国证券网，https://news.cnstock.com/news, yw-202004-4516102.htm。

续表

经济体	公共卫生应急管理	稳定金融市场	保障民生	纾困企业
日本		央行加大购买风险资产ETF（交易型开放式指数基金）。	向符合条件的家庭、个人发放现金。	投入26万亿日元允许企业和个人延后缴纳税款和社会保险费，对于按带薪休假处理该情况的企业给予补助，向中小企业、个体户提供补贴。
加拿大			投入820亿加元（约合560亿美元）保障民生和维护经济稳定，并通过工资补贴法案。	直接帮助受疫情影响的加拿大工人和企业，帮助其渡过现金短缺难关，减少疫情对加拿大经济的冲击。
欧盟		收紧卖空规定。	1 000亿欧元的紧急状态下减轻失业风险援助。	让每家小企业能获得资金18 591英镑，后续会根据疫情追加财政补助。

三、国内外应对疫情的方式呈现出较大差异，中国式治理、美国式治理哪个更有优势

本次疫情是对国家治理能力的一次大考，简单运用"二分法"将中国社会主义制度与西方资本主义制度进行优劣对比是不恰当的，国家治理能力的提升才是关键所在。所有的政治制度都需要将自由裁量权下放给行政部门，尤其是在危机时期，任何一套现有的法律或规则都不可能预见到各国将面临的一切快速变化的新情况。①及时、有效的行政治理模式是每一个国家在面对灾难时最有力的武器，而想要达到高效的治理模式必须建立足够的信任感，民众相信政府具有专业知识、技术和能力，全国上下拧成一股力量就是对抗灾难的必胜法宝。

---

① 弗朗西斯·福山（Francis Fukuyama）：《应对新冠危机，亟须破除"唯体制论"》，朵悦译，载新浪网，https://news.sina.cn/global/szzx/2020-04-01/detail-iimxyqwa4438663.d.html。

四、长三角地区外贸经济在本次疫情中受到的冲击

受国际疫情的影响,全球贸易投资都发生了较大变化。据海关总署数据显示,2020年第一季度我国货物贸易进出口总值比上年同期下降6.4%,出口下降11.4%,波动最为明显(见图2-2)。长三角地区占据全国出口贸易总额约40%,出口对长三角地区的自身发展尤为重要(数据见表2-2)。总体来说,数据比总体经济预期要好,且3月份进出口总量有回升趋势。随着我国复工复产的推进和居民生活逐步恢复,长三角地区各港口日吞吐量均已恢复到正常水平的90%以上。长三角地区受国际疫情影响与国际订单的大量取消和延迟交付有关,外贸结构单一造成企业之间竞争性较大,对外贸易的规模性发展较差都是影响长三角一体化发展的因素。

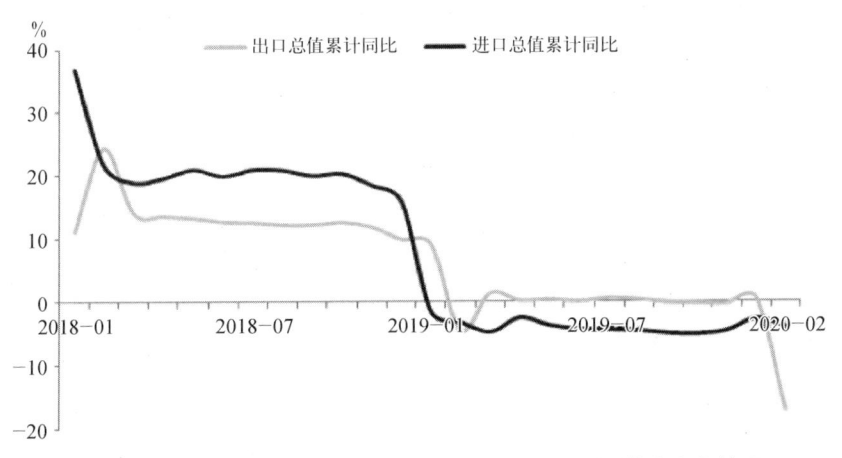

图2-2 2018年1月—2020年2月中国进出口额增速变化情况
资料来源:华通行业研究。

表2-2 2020年第一季度长三角地区出口同比情况

	上海	江苏	浙江	安徽
出口同比	－7.9%	－18.5%	－17.6%	－14.6%
出口机电产品	－5.5%	－17.7%	－16.8%	－12.9%
出口高新技术产品	－5.9%	－17.7%	－2.9%	－19.1%

资料来源:海关总署。

第二节　长三角已形成世界级产业群

目前，我国制造业增加值约占全球制造业的 30%，位列全球第一。制造业一直是中国的经济支柱，制造业约占中国 GDP 的 30%。按照工业体系完整度来看，目前我国已拥有 39 个工业大类、191 个中类、525 个小类，是全世界唯一拥有联合国产业分类中全部工业门类的国家。长三角是中国制造业的半壁江山，目前已是世界制造业的主要基地。

根据中智科博对中国五大城市群城市产业地图的系统梳理，长三角城市群形成了以电子、汽车、现代金融等产业为核心，致力于成为具有全球影响力的科创高地和全球重要的现代服务业和先进制造业中心。上海的优势是创新能力强、服务业发展水平高、科技人才集聚，以汽车、电子、金融为支柱，三者占 GDP 的 58%；A+H 股上市公司 367 家，约占全国的 1/10。未来上海仍将聚焦总部经济、金融、科创等功能，向外疏解非核心功能。江苏制造业形成集群；浙江民营经济发达；安徽有充足的劳动力资源，新兴产业发展迅猛。具体来看，杭州民营经济占 GDP 的比重达到 61%，以信息软件、电子商务、物联安防等为代表的数字经济发展全国领先。苏州凭借紧挨上海的区位优势，深化与上海的对接，并善于引进外资，已有 90 家世界 500 强企业在苏州投资。制造业基础雄厚、门类齐全、企业众多是苏州经济的优势，苏州的发展在于借助创新进行传统产业改造提升和推动产业价值链的上移。南京作为老牌工业基地，以电子、石化、汽车、钢铁为支柱，致力于打造"芯片之都"。家用电器和装备制造是合肥的优势产业，洗衣机和冰箱产量分别占全国的 1/5 和 1/3。其余城市支柱产业集中于电子信息、汽车、石油化工等。

长三角城市群未来主导产业关键领域创新方向主要包括电子信息、装备制造、钢铁制造、石油化工、汽车、纺织服装、现代金融、现代物流、商贸以及文化创意等 10 个方面。长三角城市群基于创新链的新兴产业发展方向主要有 6 个，分别为新一代信息技术、生物产业、高端装备制造、新材料、北斗产业以及光伏产业。

一、制造业产业集群形成国际优势

《长江三角洲区域一体化发展规划纲要》及"一市三省"实施方案都已陆续发布，推进长三角一体化的"施工图"都已在各地开花，沿海、沿江联动协作的航运体初见成效，产业联动的基础已基本搭建完毕。共同打造世界级产业集群，提升长三角在全球价值链中的位势，"一极三区一高地"的战略定位是"一市三省"的发力点。①全球供应链已经从美、德、日三大中心，转向了中、美、德（见图2-3）。不可否认的是我国目前仍处于制造业的中下端，制造业在未来仍是我国经济发展的基础，而长三角地区作为我国制造业的核心区、产业转型升级交会融合点，制造业门类全、基础好、规模大，拥有强大的制造基础和全国领先的科研实力与创新能力。在国家战略加持下，长三角地区十大世界级产业集群将以制造业转型升级、新旧动能转换为依托，迈向全球价值链中高端。

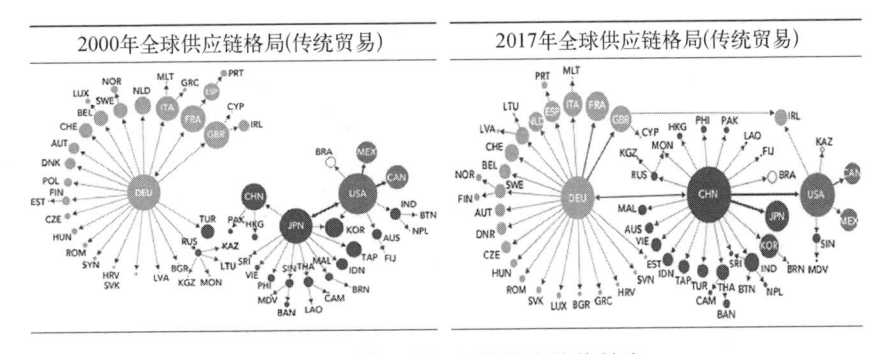

图2-3　近二十年全球供应链的转变

资料来源：WTO，中泰证券研究所。

注：气泡大小表明出口增加值在全球总出口增加值中所占的份额；方向指的是增加值的流向，下同。

二、以数字经济为代表的新经济产业国际优势

长三角地区在数字经济发展上领先于全国水平，且各有特色。根据阿里研究院与21世纪经济研究院联合撰写的报告显示，长三角地区数字经济总量达到8.63万亿元，占全国的28%，数字经济占经济总量的比重达

---

① 胥会云：《应对全球化变局，长三角将制定实施"制造业协同发展规划"》，载《第一财经》，2020-04-01。

到了41%。①大数据、人工智能、工业互联网、高端装备、新能源、新材料等新经济全面渗透到长三角地区经济发展之中,传统制造业数字化转型升级成为长三角新旧动能转换的重要领域,贯穿营销、服务、生产、研发等各个环节。同时,依托本地约占全国1/4的"双一流"高校、国家重点实验室、国家工程研究中心等优秀的科教资源,奠定了雄厚的产学研基础,资本、产业、科创的集聚带动人才的"虹吸效应",为长三角高质量一体化发展提供动能。

三、长三角现代服务业国际地位

产业融合是我国制造业与服务业发展的新方向,长三角作为我国全球先进制造业和现代服务业基地,以上海为龙头,形成了完善的现代服务业产业链。在自由贸易试验区、中国国际进口博览会、"一带一路"建设等多重战略叠加下,生活服务业、生产性服务业、基础服务业等现代服务业的辐射力、影响力和品牌竞争力逐渐凸显。有了现代服务业发达的中心区域上海的助推,长三角地区的现代服务业在世界服务业总格局中处于重要的一环。受疫情影响,全球经济急速下行,服务业更是受到了重创,我国的现代服务业在经过了第一季度的沉淀后,需要加大政策支持力度,促进快速发展。

四、长三角产业链与国际比较存在的差距和短板

中国已经由原来的人口红利向劳动力成本和土地成本上升的方向转变,劳动密集型产业已经不再适应国内的经济发展形势。这客观上为长三角制造业企业的发展带来不利影响,企业的营业收入和净利润增长均不能达到理想的状态。同时高端制造业的规模并不能与发达国家的制造业相比肩,相较于美国、英国、德国、日本等国家,我国的制造业在"高、精、尖"上还有很长的路要走。正如工信部前部长苗圩所说,在全球制造业的四级梯队中,中国还处于第三梯队,而且这种格局在短时间内难有根本性改变。

产业集聚的规模效应并未凸显,在国际产业链回撤的影响下,长三角

---

① 明文彪、吕淼、吴慧玲:《2020年长三角区域经济六大判断》,载《浙江经济》,2020(1)。

地区的产业发展明显受到了国际大环境的打击。加快和完善区域内产业链的完整，形成具有全球竞争力的完整产业链中心是长三角产业发展的重中之重。

发达国家经济发展的一个明显特征是服务业比重大于制造业，而长三角地区经过努力在现代服务上虽然已小有建树，但是依旧面临较大的环境压力。

长三角产业集群发展过程中存在供应链缺失或不足：

（一）制造业产业价值链有待提升

集成电路价值链包含设计、生产、封测、分销等一系列环节，但价值链中每个环节的利润水平各不相同，其中 IC 设计环节处于产业上游，毛利率较高，以美国为主的公司处于领先地位，国内起步较晚，公司数量多但规模小，目前仍然处于追赶地位；IC 制造环节科技含量高、资本投入大，中国台湾、美国、韩国的企业处于领先地位，中国大陆的龙头企业目前落后世界领先水平工艺一代约五年时间；封装测试环节属于产业下游，目前国内封测领域已经处于世界第一梯队，但产生的价值较低。近年来，中国集成电路产业链结构逐步向上游扩展，结构更加趋于优化，但产业价值链仍有待整体提升。在新能源汽车行业，由于我国处于起步阶段，整车和部分核心零部件技术有待突破，完全自主研发周期较长，成本较高。在航空装备行业，航空装备供应链研发环节零部件供应受制，航空发动机研发壁垒极高，难度体现在性能要求高、材料制备难和加工技术复杂。

产业面临供应链安全风险，我国大多数制造型供应链发展仍然比较缓慢，重要材料、零部件多依赖美国进口，而中美贸易摩擦逐渐激化，为避免华为的困境，需要及时作出对策。在集成电路材料领域，高端产品市场技术壁垒较高，国内企业长期研发投入和积累不足，在国际分工中多处于中低端领域，高端产品市场主要被美、日、欧、韩等少数国际大公司垄断，国内大部分产品自给率较低。在集成电路制造领域，国内大部分企业仍未掌握部分产品的核心技术，核心部件、生产设备等与世界先进制造水平仍存在差距。如大尺寸硅片生产是我国集成电路发展最薄弱的环节，目前 12 英寸（约 30 厘米）大硅片几乎 100% 依赖进口。未来如果中美之间的贸易摩擦进一步加剧，美国限制高端芯片出口到中国或者对相关产品征收高额关税，会对产业链公司产生一定影响，技术和产能缺失将使中国集成电路产业面临供应链安全风险。

（二）服务供应链与制造业在全球的地位不相适应

生物医药供应链物流支撑服务体系落后，医药企业普遍规模小，市场占有率低，加之药品体积小、价值高，所以总体上发货量偏小，运输操作以零担为主，物流费用比较高。并且医药物流对及时性的要求极高，既要保证速度，又要保障安全，对医药物流建设提出了巨大的挑战。同时，由于药品安全监管要求严格，尽管现在已经有一些药企和第三方物流公司开始着手布置专业医药物流产业，但大部分第三方物流公司都还不具备药品配送资质，企业自建物流成本较高，覆盖能力较低。

供应链整合能力较差，不能在芯片与整机之间形成联动。在生物医药供应链中，药品、医疗器械和医疗服务三大供应链各自为政，各决策主体在战略制定、计划制订和需求响应等方面的机制障碍，妨碍了生物医药行业整体效率的提高。同时，行业内缺乏覆盖研发—生产—流通—使用全供应链环节的信息管理系统，难以实现信息共享，导致物流、资金流和信息流处于分散状态，无法进行资源整合。

供应链资金流动管理有待加强，在制造供应链系统成员中，除核心企业外，上下游配套企业几乎都是中小企业。但目前在制造领域各行业中，中小企业仍然存在融资难和融资成本高的问题。

供应链科技创新服务能级有待提高，目前，制造行业供应链各环节资源分散，在进行供应链整合时，全流程数字化、互联协同、自动化、智能化等要求供应链上企业具备较高的信息化水平及统一的供应链管理流程、标准。但目前为制造企业提供科技创新服务的供应链服务平台有限，其服务能级有待进一步提高。

服务备件供应链亟待引起重视。作为制造服务体系的一个重要组成部分，服务备件供应链直接影响制造供应链的运作效率。尤其在航空装备、集成电路等重点行业，由于生产设备投资巨大，设备故障导致停机将带来较大损失，因此对设备零部件售后服务要求很高。服务备件供应链具有需求的强随机性，零部件品类繁多、金额高、库存计划与调配要求较高，多数由发达国家进口，服务送达时间严格等特点。目前对零备件等服务不够重视，配套政策尚不完善。

第三节 国际疫情变化对我国产业带来的影响

根据国家统计局初步核算，2020年第一季度国内生产总值206 504亿元，按可比价格计算，同比下降6.8%。分产业看，第一产业增加值10 186亿元，下降3.2%；第二产业增加值73 638亿元，下降9.6%；第三产业增加值122 680亿元，下降5.2%。

疫情之下，2020年第一季度的GDP在意料之中同比下降了，受波动较大的第二、第三产业中，可以看出第三产业的波动比经济学家的预期情况要好，也与SARS时第三产业下跌严重的情况不同。可以说，网络办公、网络教育、远程医疗、无人零售、无人餐饮、无人机配送等线上服务业的繁荣成为产业发展的新动力，为稳定第三产业GDP创造了价值（见表2-3、图2-4、图2-5）。

表2-3 2020年我国第一季度各项经济指标

经济指标	3月（同比）	第一季度（同比）	上年同期
GDP	—	-6.8%	6.4%
CPI	4.3%	4.9%	1.8%
PPI	-1.5%	-0.6%	0.2%
规模工业增加值	-1.1%	-8.4%	6.5%
城镇固定资产投资（实际增长）	—	-16.1%	6.3%
民间固定资产投资（实际增长）	—	-18.8%	6.4%
房地产开发投资（实际增长）	—	-7.7%	11.8%
社会消费品零售	-15.8%	-19.0%	8.3%
居民收入（实际增长）	—	-3.9%	6.8%
出口	-3.5%	-11.4%	6.7%
进口	2.4%	-0.7%	0.3%
贸易顺差（人民币）	1 300亿元	983.3亿元	5 296.7亿元

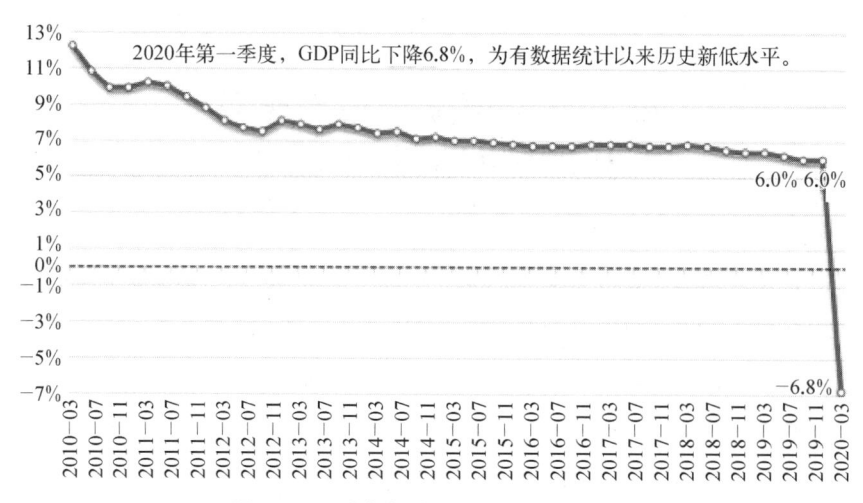

图 2-4　近十年我国单季度 GDP 走势

资料来源：格隆汇。

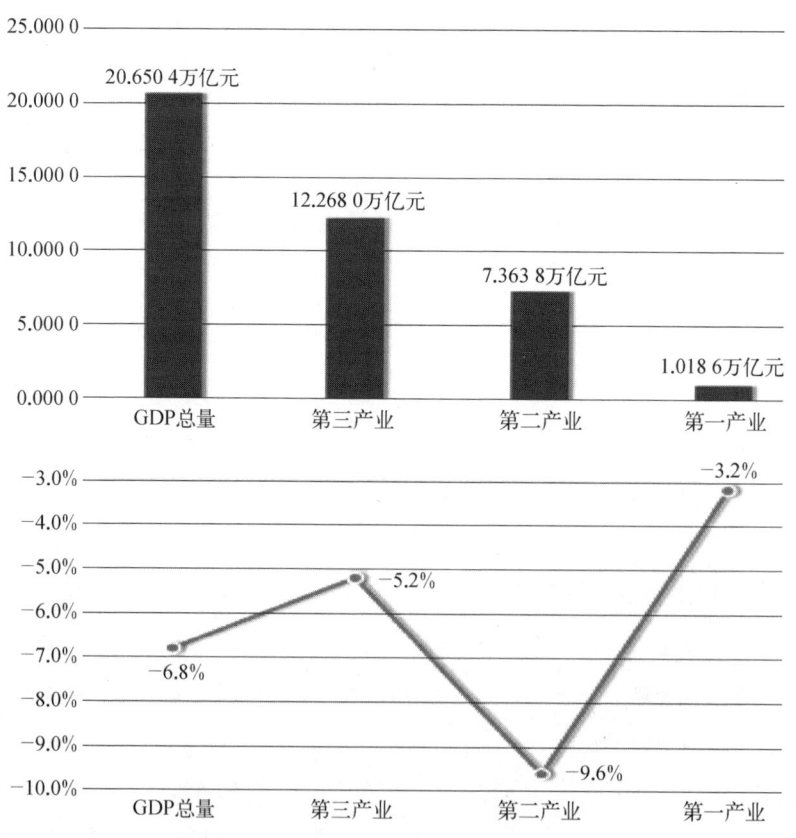

图 2-5　2020 年第一季度我国各产业 GDP 总量、增速及其分解

资料来源：格隆汇。

一、在疫情期间快速发展的产业

(一)基础原材料和新产品生产保持增长

天然气、无纺布、化学药品原药、原油、十种有色金属、乙烯和粗钢产量分别增长9.1%、6.1%、4.5%、2.4%、2.1%、1.3%和1.2%,自动售货机和售票机、电子元件、集成电路、城市轨道车辆、太阳能电池产量分别增长35.3%、16.2%、16.0%、13.1%、3.4%。2020年3月份,高技术制造业同比增长8.9%,其中计算机、通信和其他电子设备制造业增长9.9%。工业机器人和发电机组产量分别增长12.9%和20.0%。

(二)服务业生产下滑,新兴服务业增势良好

第三产业增加值2020年第一季度同比下降,其中信息传输、软件和信息技术服务业,金融业增加值分别增长13.2%和6.0%。3月份,全国服务业生产指数下降9.1%,降幅较1—2月份收窄3.9个百分点。1—2月份,规模以上服务业企业营业收入下降12.2%,其中互联网和相关服务、软件和信息技术服务业营业收入分别增长10.1%和0.7%。3月份,服务业商务活动指数为51.8%,比上月回升21.7个百分点。其中交通运输、仓储和邮政业,零售业和货币金融服务等行业商务活动指数相对较高,分别为59.3%、60.6%和62.9%。从市场预期看,服务业业务活动预期指数为56.8%,比上月回升17.1个百分点,企业对市场发展信心增强。

(三)投资活动放缓,电子商务、专业技术服务和抗疫相关行业投资增长

2020年第一季度,全国固定资产投资(不含农户)84 145亿元,同比下降16.1%。分领域看,基础设施投资下降19.7%,制造业投资下降25.2%,房地产开发投资下降7.7%。全国商品房销售面积21 978万平方米,下降26.3%;商品房销售额20 365亿元,下降24.7%。分产业看,第一产业投资下降13.8%,第二产业投资下降21.9%,第三产业投资下降13.5%。民间投资47 804亿元,下降18.8%。高技术产业投资下降12.1%,降幅小于全部投资4.0个百分点,其中高技术制造业和高技术服务业投资分别下降13.5%和9.0%。高技术制造业中,计算机及办公设备制造投资增长3.2%。高技术服务业中,电子商务服务投资增

长39.6%，专业技术服务投资增长36.7%，科技成果转化服务投资增长17.4%。社会领域投资下降8.8%，其中卫生领域投资下降0.9%，生物药品制品制造业等与抗疫相关行业投资保持增长，重点防疫工程建设快速推进。

小型家电产品行业快速增长。苏宁公布的数据显示，2月份小家电品类中，与疫情相关的消毒机、电热饭盒等类目增长幅度较大，分别为13 777%和2 612%，其次是挂烫机、空气炸锅、吸尘器等长期热门产品。天猫公布的数据显示，2020年"三八妇女节"里三明治机首小时销量同比大增1 500%，厨师机38分钟的销售额超过上年同期全天。①

二、在疫情期间受到最大冲击的产业

旅游、餐饮、娱乐、房地产、外贸等行业受疫情冲击最为明显。根据中国旅游研究院测算，预计2020年第一季度和全年，国内旅游人次分别负增长56%和15.5%，全年同比减少9.32亿人次；国内旅游收入分别负增长69%和20.6%，全年减收1.18万亿元（见图2-6、表2-4、图2-7）。中国烹饪协会发布的《2020年新冠肺炎疫情对中国餐饮业影响报告》显示，近80%的餐饮企业遭受营收损失几乎达100%，疫情让抗风险能力相对较弱的餐饮行业陷入前所未有的困境。随着全球抗疫形势的严峻、国际贸易的暂停、需求订单的骤减，经济下行的压力恐怕要持续一段时间，活下去成了企业面临的最大挑战。

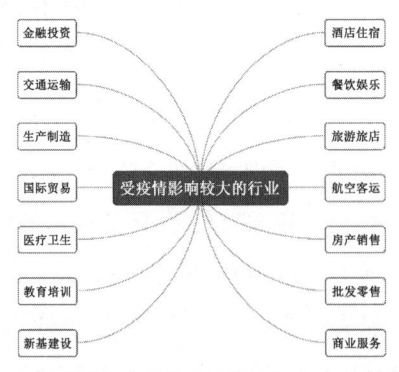

图2-6 新冠疫情期间受到最大冲击的行业
资料来源：中国舆情数据中心。

---

① 梁睿瑶：《疫情之下消费市场普遍疲软，为何主打年轻化、宅经济的小家电一枝独秀？》，载《上海转型发布》，2020-04-03。

表 2-4 新冠疫情对旅游业的影响

行业	类别	国内游	出境游
游乐	旅游景区	景区关闭，客流量受冲击	出入境客流量减少
出行	旅行社、在线旅游企业	团队旅游及"机票+酒店"旅游产品暂停，企业现金流受到"退改潮"影响
住宿	酒店及民宿	国内酒店及民宿客人多为旅游出行，受冲击	目的地住宿预订量受影响
餐饮	旅游景区及周边餐饮服务	出行意愿低，受冲击	
购物	旅游消费	线下旅游消费受冲击	出、入境客流锐减，免税商品消费受影响

资料来源：中国舆情数据中心。

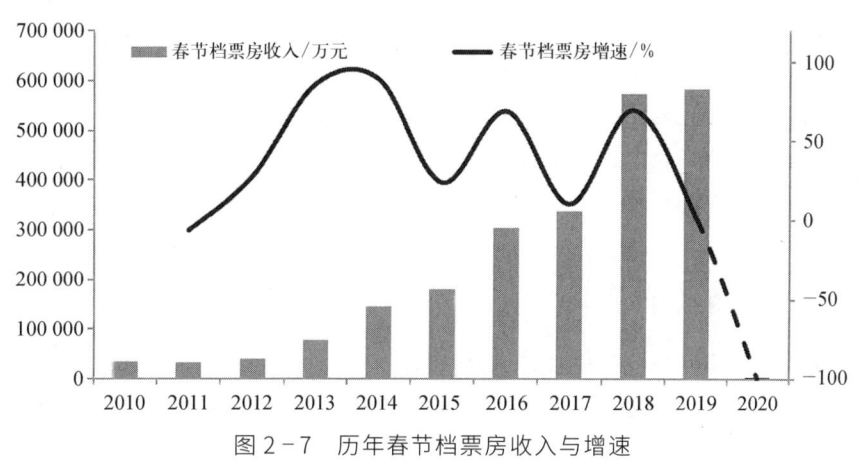

图 2-7 历年春节档票房收入与增速

资料来源：梁中华宏观研究。

第四节　长三角产业发展面临的新机遇

一、国家增强治理能力提升的机遇

疫情防控集中展现了我国国家制度的优越性和政府治理能力的出众，值得一提的是在这次突发公共卫生事件大考后，国家抓住"危"中有"机"的机遇，将完善治理体系、提升治理能力作为工作的目标。疫情给了我们反思的机会，科学管理、依法治国、政府职能转变等等都被赋予了新的内涵，精简的行政模式、大数据应用等为长三角产业发展提供了新的机遇。

二、国家提高产业链安全的机遇

产业链解构与重构，外链损失内链补。全球疫情引发产业链搬迁、供应链中断等风险不断升级，全球产业之间的依存度在这次疫情中得以具体化展现，我国对日、韩、美、意、德依赖程度较高，产业链安全被放到一个更高的层级。一方面，为维护自身产业链的安全，稳步推进我国经济发展和产业韧性，缓解全球供应链中断带来的风险，加强城市群产业带之间的协同共振，长三角地区责无旁贷地成为优选之地；另一方面，国内疫情趋于稳定，全面的复产复工为我国建设全球产业链和重构世界产业链分配发挥了重要作用。

三、宽松货币和财政政策的机遇

政府通过宽松的货币和财政政策对市场进行干预，确保货币信贷稳定增长及金融体系流动性充足，稳定经济和占据发展先机，盘活市场运作，增强市场主体参与竞争的信心。

四、新基建的机遇

改革开放初期，新基建意味着铁路、公路、桥梁等基础设施建设，而现在新基建的含义已经演变为科技端的基础设施建设，还包括数字化升级下的医疗体制改革、加大汽车金融电信电力等基础行业开放、改善营商环境等制度建设。通过智慧城市的搭建服务人口和产业，在长三角、珠三角等城市群形成集聚效应，从而实现经济社会效益最大化。抗击疫情的特殊时期，新基建项目的建设为企业转型升级提供了方向依据，华为、腾讯、阿里等企业依托自己强大的实力走在新基建的前端，而具体到长三角产业中，中小企业以高端制造业和现代服务业为切入点加入到新基建产业链中。

五、人类命运共同体和"一带一路"加速发展的机遇

围绕着构建人类命运共同体、高质量"一带一路"建设等国家重要方略、战略部署，上海大力引进高质量的境外跨国公司地区总部，引进我国经济发展急需的高技术、创新等稀缺要素，引进能培育我国经济建设急需

的稀缺要素、能创造高附加值的价值链环节等，同时积极利用境外跨国公司的全球生产网络和国际分工格局构建全球贸易网络中心，在世界各地有效集成、整合资源，打造世界总部服务贸易高地，使上海成为全球价值链治理中心，从而辐射带动长三角地区、长江流域、中西部地区。

六、第三届进口博览会举办的机遇

新零售、新消费、新生活的转变不仅带动了产业的升级，也带动了中国的消费升级。中国国际进口博览会意味着中国将主动扩大进口，坚定不移推动全球贸易自由化与便利化，同时为各国提供展示国家发展成就、开展国际贸易的开放型合作平台，也为各国开辟中国市场提供了更多机会。第三届进口博览会进一步健全了会展产业链，形成了知名企业总部集聚地、商贸流通服务业集聚区，打通了供应链金融，作为主办城市上海也将继续发挥进博会的溢出效应，将开放成果辐射整个长三角地区。

第五节 长三角产业发展的方向和重点

一、全球产业链重塑下的长三角产业结构调整

（一）提高长三角地区产业链的网络化、智能化、数字化水平

5G 作为我国重要的新基建项目，是支撑经济社会数字化、网络化、智能化转型的关键，其优势在国内抗击疫情、复工复产等方面已经凸显，在工业互联网、制造业产业链重构与裂变、消费升级、培植经济发展新动能等方面更是潜力巨大。未来产业生态的稳定，应在提升工业互联网"网络化、智能化、数字化"上加速发展，充分发挥其在"补短板、强弱项、促新兴"中的作用，深化产业融合，完成制造业产业链现代化进程。

（二）联合抗疫，参与国际合作，支持企业引进来和走出去

中国已宣布对 83 个国家以及世卫组织、非盟等国际组织提供紧急援助，包括检测试剂、口罩等医疗物资。[①]通过联合抗疫，中国再一次向世

---

① 央视新闻：《中国积极参与全球抗疫　开展国际合作》，载《中国统一战线》，2020-03-26。

界展示了一个勇于担当的大国形象,中国经济"新常态"、供给侧结构性改革等经济发展成果也为中国企业走出去奠定了坚实的发展基础。未来长三角地区企业要树立国际视野,以国内市场为支撑,以全球视野、全球资源市场为坐标,坚持构建人类命运共同体,实现资源整合全球化,更加积极主动地去参与国际化,实现管理本土化、经营本土化。

(三)补齐产业链短板,发挥长三角地区产业链集群的作用

打造世界级产业集群,促进我国在全球产业链的位置稳步提升,发挥长三角地区产业链集群的作用,需要促进产业高质量发展和追求区域高质量发展。我国整体科技实力确实在不断提升,但从存量来看,高新技术相关行业在全球产业链中仍有较大进步空间。[①]因此,必须依靠科技创新打破前沿瓶颈,搭建研发与转化功能型平台,为高新技术行业转型、培育提供关键举措。产业创新发展带动高端产业在长三角地区产生区域和科创要素集聚,实现长三角高质量一体化的发展目标。

二、振兴长三角地区实体经济

(一)在释放内需的基础上加强长三角地区实体经济建设

国内消费市场潜力不断被扩大,内需潜力持续释放,人民群众对美好生活、品质生活的期待进一步激发了市场的活力,扩内需、稳就业、促进高质量发展都离不开消费的助力。长三角地区作为中国消费市场的重镇,应该从整体消费向服务消费升级、商品消费向中高档升级、服务消费向提质增效升级以及线下消费向线上线下结合升级等方向上发力,借助长三角产业集聚的优势提升产品供给能力,推动智能家居、智慧医疗、智慧广电、智能网联汽车和智能可穿戴设备等产品研发和产业发展。

(二)加强供给侧改革,提升实体经济的活力

人工智能、工业互联网、物联网等新型基础设施建设是长三角地区供给侧改革的重点领域,移动支付、网络金融、共享经济等领域在杭州、苏

---

① 梁中华、李俊:《全球供应链图解:对中国影响几何》,载新浪网,http://finance.sina.com.cn/zl/china/2020-04-13/zl-iircuyvh7489749.shtml。

州、上海等高新技术发达地区持续为中国实体经济供能,应继续投入研发力量,为数字经济发展提供条件。同时,加大对外合作中新型基础设施建设的投入,向"一带一路"沿线国家开展新基建投资,调整国家"走出去"的产业模式。

(三)优化实体经济的制度供给,发挥金融的支撑作用

宏观上,要靠行业、秩序以及产业链上的好表现来促进经济发展。微观上,要让企业能够尽快恢复生产,实现生产要素的合理配置和正常流通。政策的制定上,需与要素市场和企业紧密相关,既要有短期刺激功效,同时又要能够提供中长期助力,这是一键重启的方向。①要发挥政府和企业的双方优势,认真做好对长三角地区实体经济的金融支持工作,提供有力的金融支撑。

三、推动长三角新兴产业发展

(一)长三角产业跨界融合激发新的增长点

聚焦当代视野下金融服务、科技驱动和经济增长的互动关系,打造一个"通过科技助力金融智变,产业依托金融发展,三者之间协同创新互为驱动"的长三角地区良性发展完整闭环。②加快产业结构调整,推广柔性化定制,提升总集成总承包水平,加强全生命周期管理,优化供应链管理,发展服务衍生制造向产业价值链高端迈进。推动先进制造业与现代服务业深度融合,聚焦重点领域、产业链的关键环节,建立产业链、价值链与供应链的协调共享机制,提升企业核心竞争力和高端制造能级。

(二)增加长三角智能产业人才的供给

长三角地区要坚持"以市场需求为导向,以商业化运作为准则,以产业化为最终目标",建立资本、学术、企业三位一体的循环运作模式③,鼓励智能企业为高校学生提供更多的专业实习岗位,实现"产学研"的同步发展。制定合理的海外人才招聘策略,转变招聘理念,将人才吸引、人才

---

① 陈诗一:《疫情是补短板的最佳时机,也是转型升级的最佳契机》,载复旦大学泛海国际金融学院网站,https://fisf.fudan.edu.cn/show-101-3957.html。
② 方堃、李典:《长三角一体化下"跨界融合"金融·科技·产业赋新能》,载中国新闻网,http://district.ce.cn/newarea/roll/201911/04/t20191104_33511993.shtml。
③ 《上海市扩展现实产业研究院第一次筹备大会圆满召开》,载新浪VR,http://vr.sina.com.cn/news/hz/2020-03-30/doc-iimxxsth2640544.shtml。

储备、雇主品牌建设作为长期的招聘理念；鼓励并资助成立基金会、促进会、民间社团等联络机构，及时办妥工作和定居手续，为海外人才回流提供快速的通道。

（三）以创新为动力推动核心技术研发

创新是长三角产业发展的灵魂所在，从国家和"一市三省"的产业政策来看，"提高创新能力""建设创新性国家""创新驱动"等一系列产业措施都聚焦在创新上，创新是研发的血液。长三角地区向国际研发实力靠拢需要一套成熟的、系统的、高效率的研发管理解决方案，向国际创新型企业的研发管理模式学习。通过公共平台向科技型企业输出系统性研发管理模式，搭建企业交流共享平台，避免智能产业布局的同质化，真正实现智能经济的创新发展。

四、扩大开放，增强国际合作，打造国际营商环境新优势

第一，在实体经济和科技发展过程中形成全球性的资本和技术良好结合的平台。作为引领未来的战略性平台，在 4G、5G 新技术新革命的时代，全面赋能各行各业智能化建设，通过"一带一路"对外开放这条线拓展长三角地区的发展。

第二，要提高对国企竞争中立的认识，把改革、开放与市场经济的要求进一步结合起来，完善外商投资的便利化。外资政策不能满足于在准入、登记注册、破产清算等时间长度缩短上来衡量，而要更多关注在制造和服务的数字化融合背景下，推动政府职能机构之间的协作，推动市场监管方式的创新，加快贸易便利化安排，打破跨区域、跨行业、跨领域经营许可和审批瓶颈。

第三，长三角产业链恢复为国际合作奠定基础，规避供应链外部风险能力更强。要进一步优化长三角地区的外商投资环境，促进投资的便利化，加强金融业的对外开放，引导和支持金融机构加大对外商投资企业的金融扶持力度，进一步拓展金融机构的业务范围，助力长三角产业链的完善。

（单位：复旦大学泛海国际金融学院　执笔：李清娟）

| 第三章 |

长三角区域协同
打造世界级产业集群的
总体思路

"长三角一体化战略"始于1982年,至今已走过了38年概念和空间蜕变的风雨历程。站在新时代的新起点上,牢牢把握长三角区域一体化上升为国家战略的重大机遇,以长三角区域一体化产业协同为发展战略空间、以重点区域和园区以及企业为发展主体、以产业资本合作为发展纽带、以产业创新为发展源动力、以产业服务平台建设为发展通道、以打造"立得住、打得响、传得远"的具有全球影响力的世界级产业集群高地为发展目标,推进长三角一体化进程走向高质量的发展阶段,既可以满足实现有速度的增长、实现有质量的发展的中期需求,也能进一步提升长三角参与全球资源配置和竞争能力,增强远期对全国经济发展的影响力和带动力。

第一节　世界级产业集群的内涵特征

"集群"是源于生态学的一个概念术语,原意指各种生物以"共生"关系生活在同一栖所中所形成的结构单元。迈克尔·波特在《国家竞争优势》(1990)中基于竞争力研究框架首倡"产业集群"概念。

一、内涵界定

世界级产业集群是指突破城市群和园区界限,以国际先进产业发展和科技创新、空间创新理念为引领,具备引领未来科技新方向的核心技术、突破产业发展关键共性技术的持续创新能力,按照产业专业分工要求,组建目标一致、互惠互融、彼此衔接的先进制造业网络,叠加产业链条完整、分工明确、布局合理的协同创新网络,并在世界范围内形成竞争力和影响力的产业集群高地。世界级产业集群的核心在集群,由涵盖产业链上中下游的成千上万家企业组成，围绕着龙头（核心）企业，中小企业可以提供互补的、专业化的配套产品和服务，这些企业突破地域限制结成利益共同体，一起把产业做大做强，从而成长为具有全球影响力的世界级产业集群。

二、主要特征

（一）具有世界领先的核心技术和持续创新能力

世界级产业集群具有"先进性"，具备世界级先进水平，且能够突破产业发展关键共性技术、能够引领未来科技新方向。持续创新能力有赖于产业集群内部"自循环"机制，促进产业集群保持提高自我创新能力的内在动力。

（二）具备不定型和集聚性的空间创新组织形态

世界级产业集群具有"集聚性"，体现虚拟集聚与地理集聚融合的空间组织形态。打破空间束缚和园区界限，由多个城市组建的世界级城市群，核心城市起到带动辐射的增长极核作用，其他城市提供有效的配套和支撑服务，区域内各城市立足自身资源禀赋，拥有各占优势的细分产业部门，而且彼此间又相互关联，通过引导相关产业转移集聚，形成与资源要素、环境承载力相适应的产业空间布局。

（三）具备世界性的竞争力和影响力

世界级产业集群具有"世界性"，在全球分工和世界经济格局中具有重要地位。拥有世界一流的产业核心（龙头）企业和知名品牌产品，在行业领域享有世界声誉；产出、资产等总量规模指标在全世界细分行业中排名前列，而且技术、品牌、利润、市场份额等绩效指标要居于全世界同行业前列，能够主导行业国际标准。

（四）围绕产业核心（龙头）企业形成世界级协同网络

世界级产业集群具有"链条性"，围绕产业核心（龙头）企业拥有较为完整的产业链、供应链和服务链。通过产业核心（龙头）企业的跨区域布局和深层次的产业协作机制，促进各种生产要素在城市群中流动，与产业链上下游大量中小企业形成明显的分工协作关系，建设完整的产业链条；产业核心（龙头）企业控制整合资源要素，构建起优势互补、合理分工的一体化产业格局，对整个产业链产生较强辐射、控制、影响力。

第二节　长三角区域协同打造世界级产业集群的基础条件

长三角区域人口密集，经济发达。以 2019 年为例，长三角区域"一市三省"以占全国不到 4% 的土地面积，集聚了占全国约 16% 的常住人口，产出了占全国约 24.1% 的经济总量，是国际公认的六大世界级城市群、"一带一路"建设和长江经济带发展的重要交会点（见表 3-1）。

表 3-1　2019 年全国及沪、苏、浙、皖主要经济指标

指标	项目	全国	上海	江苏	浙江	安徽
地区生产总值	绝对数/亿元	990 865	38 155	99 631.5	62 352	37 114
	增长率/%	6.1	6	6.1	6.8	7.5
	占全国比重/%	100	3.9	10.1	6.3	3.8
规模以上工业增加值		5.7	0.4	6.2	6.6	7.3

长三角区域产业体系各具特色和优势。如，上海综合基础好，科技创新资源密集，创新能力强，试验平台多，国际化水平高，在先进制造业等领域具有雄厚研发基础和产业化能力；江苏经济实力强，制造业发达，科教资源丰富，开放程度高，有苏南国家自主创新示范区；浙江民营经济比重大，体制机制较活，市场活跃，数字经济发展特色鲜明、发展领先，生态环境优美；安徽创新潜力足，生态资源丰富，内陆腹地广阔，战略性新兴产业呈后发趋势，其中安徽合肥和上海张江同为综合性国家科学中心。

打造世界级产业集群在长三角的布局中，初步形成以上海为创新要素资源集聚平台、以苏浙皖为制造基地的模式，凸显出上海在长三角一体化发展中的龙头地位，并且这种跨地域合作模式绝非简单的"总部与分部""核心与从属"的关系，而是长三角地区基于各自优势结成一个协同并进、极富张力的区域创新集群，这已经具备了打造世界级产业集群的基础条件。

一、先进制造业全国领先发展

　　长三角整车产能占全国的比重超 22%，零部件企业数量和产量占全国的比重均超过 40%，新能源汽车市场份额超 1/3，其中以上海–江苏为中心的新能源汽车产业长三角集群聚集了 100 多个年工业产值超过 100 亿元的产业园区，包括上汽集团、吉利集团、万向集团、长江汽车、众泰集团以及东风系客车、卡车、乘用车等在内的数千家大型企业。近几年，长三角集群的 30 个城市中，有超过 14 个城市已经拿到或规划有新能源汽车项目，涉及新能源汽车项目超过 20 个，累计计划产能超过 300 万辆，累计计划投资超过 1 000 亿元。长三角汽车产业集群呈现国际资本和民间资本快速积聚，并且吸引着更多的新能源汽车资本与技术在此集聚的特征。该地区的汽车工业基础、新能源汽车产业政策和当地的经济发展水平，使其成为最具吸引力的新能源汽车产业集聚地。

　　长三角是我国民族医药工业的发源地，也是我国医药工业的核心区域之一，江苏、浙江、上海的医药制造业企业已占全国企业数量的 26.6%，其占比 25% 的主营业务收入实现了全国 37% 的利润总额，显示出长三角地区医药制造业强大的规模效应和竞争优势。上海张江、江苏泰州、浙江杭州等地形成了以国家级研发中心为核心，以跨国研发机构为重点的医药产业技术创新体系，涵盖了基础研究、临床研究、应用开发、工艺优化等环节。在许多指标上，明显优于全国其他主要制药工业集中区域，为长三角地区制药工业转型发展奠定了扎实基础。

　　长三角集成电路产业规模占全国的比重达到 45%，集聚了中芯、华虹等一批龙头企业，形成了设计—制造—封测—设备—材料完整的产业链。此外，沪苏浙三地造船产量占全国 2/3，软件信息服务占全国 1/3。长三角地区的工业互联网、人工智能等新兴领域发展也走在全国前列；全球机器人巨头及国内龙头品牌均在长三角地区设有总部基地或研发中心，由此集聚了一批国内国际知名机器人制造企业和应用企业，机器人产能占全国 50% 以上，已形成了从上游减速器制造、零部件控制系统生产到中游本体制造和下游系统集成服务较为完备的机器人产业链。

　　长三角绿色化工产业中精细化工与新材料企业集聚的园区数量也占到了全国化工园区总数的 1/6 以上，2018 年度"中国化工园区 30 强"榜单中14家即接近半数的化工园区来自这一地区，上海1家、江苏省7家、浙江省5家、安徽省1家。江苏化工园区数量众多，具备雄厚产业基础和产业特色，竞争力较强。浙江省化工园区数量体量和质量都具有较强竞争力，仅宁波地区就拥有3个国家级经开区。

二、产业创新资源竞争优势明显

长三角地区创新资源丰富，拥有众多科研院所、外资研发中心和本土企业研发总部，引进了一批高水平的创新创业人才，并且各类天使投资、风险投资等创新资本密集。据不完全统计，长三角区域聚集了全国1/4的"双一流"高校、国家重点实验室、国家工程研究中心，全国1/3的研发经费支出和有效的发明专利（见表3-2）。

表3-2 2018—2019年全国及沪、苏、浙、皖相关创新指标

类别	年度	全国	上海	江苏	浙江	安徽
国家科学技术奖/个	2018	278	47	50	25	13
	2019	308	52	55	27	5
全社会R&D支出占GDP的比重/%	2018	2.18	3.98	2.70	2.57	2.16
	2019	2.19	4	2.72	2.6	—
高新技术企业数量/家	2018	18.1万	11 346	13 278	新3 187	5 403
	2019	—	12 848	10 689	新4 700	新1 200
GDP/亿元	2018	900 309	32 680	92 595	56 197	30 007
	2019	990 865	38 155	99 631.5	62 352	37 114

三、区域产业合作已具备较好基础

长三角区域的产业合作由来已久。早在2009年，安徽正式成为长三角成员后，就提出建设皖江城市带承接产业转移示范区。2013年，产业专题合作被正式确立为长三角12个合作专题之一，产业合作逐渐常态化。2018年初，长三角区域合作办公室正式在上海成立，标志着长三角产业合作等一体化进入了一个新阶段。长三角地区也在不断创新产业合作模式。一方面，上汽、上海电气、吉利汽车、阿里等行业龙头企业积极布局长

三角，通过总部-生产基地、兼并重组等方式，跨区域构建完整的产业链条；另一方面，"一市三省"也在不断探索园区合作方式，通过"飞地"建设（如，江苏大丰"飞地"）、跨区域园区共建（如，中新苏滁现代产业园、中新嘉善现代产业园）和园区品牌输出（如，上海张江高科技园区和上海漕河泾新兴技术开发区走出去布局）等方式，实现跨区域的产业合作。

四、长三角生态绿色一体化示范区建设蓄势待发

长三角生态绿色一体化示范区突出科技创新支撑产业发展，准备建设成为长三角区域经济增长极中的集中极。以绿色、高端、新兴为导向，促进三次产业协同发展、融合发展，重点发展"四大经济"。融合型数字经济，聚焦"AI+""5G+""大数据+""物联网+"等数字经济新产业、新业态和新模式，重点发展智能高端软件、智能芯片器件、智能新硬件、智能集成服务等，赋能传统产业转型升级。集群型创新经济，瞄准世界科技和未来产业方向，服务国家战略需求，重点发展集成电路、生命健康、前沿新材料、绿色新能源、高端智能装备等，突破"卡脖子"技术，共建共享产业集群。特色型服务经济，推动区域打造具有鲜明特色的现代服务业，重点发展商贸物流、特色金融、科技服务、专业服务、教育服务等，全面提升服务业发展质量和水平。生态型湖区经济，对标世界级著名湖区，整合河流湖荡、水乡古镇、文化遗址、名人故居等资源，重点发展湖区文体旅游、医疗康养、文化创意、生态绿色农业等，实现生态、人文和创新的有机融合。

第三节　长三角区域协同打造
世界级产业集群存在的问题

除了长三角区域"一市三省"经济自身存在发展不平衡的问题（如，从人均GDP来看，长三角地区省际梯度差异明显，2018年上海市人均GDP超过12万元，江苏省人均GDP超过11万元，浙江省人均GDP接近10万元，均超过全国平均水平，安徽省人均GDP不足5万元，尚低于全国平均水平），实际推进过程中还存在以下问题：

一是产业链上下游关键环节布局亟待优化，尚未形成纵深连接，跨区域的高效协同机制有待完善。长三角地区各城市的重点产业同质化竞争态势较为严重，低水平重复性建设、比拼优惠政策招商等问题突出，资源配置效率较低，具有全球影响力产业集群的规模化趋势和产业基地的核心优势仍不突出，竞争力分散，存在产能过剩风险。跨区域深层次的产业联动机制和信息共享机制还需进一步深化，产业创新力和全球竞争力有待提升，区域合理分工、优势互补的产业格局尚未充分形成，区域数据共享互通仍缺乏有效机制保障，如，中心节点城市以战略性新兴产业推进布局，面临平行竞争，而中小城市的产业布局主要集中在制造加工组装等低端环节和低附加值产品，尚未突破核心技术和基础零部件、关键元器件制约。核心（龙头）企业、产业链配套中小企业、行业协会及国家安全信用评级等关键环节未实现有效协同，具有全球影响力的产业集群产业链纵深未实现有效连接。

二是具有全球影响力产业集群的协同效应亟待增强，高层次人才、土地储备创新不足，跨区域利益共享机制有待探索。具有全球影响力产业集群的跨区域协作机制和利益共享机制的建立，跨园区、区域联动发展的合作意愿面临多重障碍，行政区划分割和地方利益保护等政策性壁垒降低了资源利用、要素配置和流通的效率，难以形成区域统一的要素市场，不利于资源要素的优化配置和产业功能的整合联动，"飞地经济"、共建园区涉及不同行政区的合作，经济指标统计、农用地占补平衡以及税收分成等利益关系尚缺乏一套行之有效的制度性安排。面对具有全球影响力产业集群的产业培育土地资源储备，虽然前期通过土地征用、依法回收、预约收购等方式把城市闲置土地、郊区农用地等收储在土地储备中心，但将其待条件成熟时推向市场的固有机制有待进一步创新，有待建立具有全球影响力产业集群的产业培育所需土地资源的有效储备机制。

三是具有全球影响力产业集群的集聚度亟待提高，创新要素配置滞后，跨区域重大项目投融资机制有待创新。与全球范围内产业集群相比，目前长三角地区制造业服务化、服务型制造仍滞后于具有全球影响力产业集群产业的发展步伐，其在服务效率、服务质量、服务成本、产品多样化、集聚程度等方面亟待提升。一部分企业缺乏科技创新的战略远见和创新动力，在智能化改造、工业机器人应用等方面反应迟缓，产品缺品质、企业缺品牌、行业缺标准、产业缺地标，特别是缺乏有影响力的终端产品、标志性的核心产品。具有全球影响力产业集群产业发展缺少"创新源"，产业领军人才少、"双创"团队少，且大多技术在本地转化难或不具备科技前沿引领能力。公共性、基础性、通用性的跨区域产业和信息化建设项目，尚缺乏有效投融资机制保障，建设运营机制有待创新完善。

第四节　长三角区域打造世界级产业集群的目标定位和发展思路

一、目标定位

通过五到十年的努力，将长三角区域打造成"产业更集聚、技术更创新、企业更卓越、链条更完备"的具有全球影响力的产业创新策源地、全球竞争力的先进制造业集群、世界一流先进制造业企业汇聚地。

全球影响力的产业创新策源地。充分发挥"一市三省"科技创新优势和创新要素活力，共同突破产业发展关键共性技术，掌握一批具有国际领先水平和自主知识产权的产业核心技术，引领未来科技新方向，培育产业升级新动能，在全球产业链、价值链、创新链中具有重要地位。

全球竞争力的先进制造业集群。长三角产业一体化程度明显加深，产业链上下游配套协作更加紧密，产业集群组织、集群服务、集群生态更加完善，搭建具有全球竞争力的先进制造业集聚平台，打造若干全球产业集群。

世界一流先进制造业企业汇聚地。整合配置全球资源，引入和培育一批具有国际影响力和竞争力的行业龙头骨干企业，形成一批专注细分领域、协作配套能力强的单项冠军企业，打造一批市场认可度高和具有核心竞争优势的名品，持续提升长三角区域制造业企业竞争力。

二、发展思路

（一）协同跨区域产业链，培育创新内容

从偏向先进制造业的"单一化发展"，转变为注重先进制造业与现

代服务业的"融合化发展"。基本思路是，一方面鼓励和支持外资企业在华设立研发、设计、销售中心等，吸引跨国公司把技术含量高的生产制造环节、研发中心和营销服务中心转移过来；另一方面引导制造业企业沿着价值链从概念设计、原型开发到资源管理、订单管理、生产制造，再到物流管理和营销售后，按照产品附加值的新型创造方式进行整合，推动"制造+服务"融合，拓展制造企业盈利的新空间，形成产业竞争新优势。

（二）整合配置全球要素资源，培育创新机制

从注重吸引国际产业转移和集聚，转变为强调"虹吸"全球创新要素集聚传统开发区的产业集聚，依靠强大内需市场"虹吸"全球创新要素集聚。立足本土市场需求规模和结构优势，通过国内营商环境优化和创新创业平台建设，吸引全球人力资本、技术资本和知识资本在产业集群内"落地生根"，将全球创新人才、技术知识和智力成果为我国所用，促进本土产业技术水平的提升和生产效率的提高。

（三）联动全球产业资本土地人才，培育创新主体

传统产业集群蕴含丰富的跨产业、产业资本、高层次人才、土地资源，但仅仅作为区域城市经济发展的重要引擎和载体，在空间属性上归于某个区域或城市，而且在行政属性和经济属性上也归于该区域或城市。联动全球产业资本、土地、人才，就是要将其转为在区域权利和效益上具有协同性或共享性。基本思路是从单个区域或城市的产业"孤军奋战"，转变为区域间和城市间的、市区间的产业链上下游的"协同作战"。

（四）携手打造全球一流营商环境，培育创新战略

从单纯依赖外需市场的外向型集群发展战略，转变为基于内需市场的开放型集群发展战略。在全球化背景下，以工业园区、产业社区为载体的产业集群是集聚全球要素促进经济增长的重要载体和强大引擎。基本思路是打造全球一流营商环境，摆脱以往单纯依赖外需市场、专注国际代工的外向型集群发展战略，转向立足内需、面向世界的开放型集群战略，充分利用国内外市场，集聚和配置全球智慧和资源，发展基于内需的全球化经济和本土创新型产业集群。

三、重点领域

深化供给侧结构性改革，瞄准国际先进标准提高制造业高质量发展水平，壮大发展先进制造业和前瞻布局新兴产业并重，以"一群一措"（一个产业集群，一个推进举措）打造若干世界级产业集群。

（一）壮大发展先进制造业集群

互补联动汽车制造。一是突破核心技术，加快构建创新链。上海、南京、杭州、合肥、芜湖侧重提高整车和关键零部件创新能力，浙江、安徽着力建设零部件生产基地，重点提升动力系统、传动系统、汽车电子等关键系统、零部件的技术和性能，形成品牌汽车核心关键零部件自主供应能力。二是推进重大项目，加快完善产业链。合理整合利用"一市三省"要素资源，整合联系不同城市不同区域内新能源汽车生产制造及研发，形成区域性集中的完整产业链。三是建设重大平台，加快形成服务链，做好长三角区域汽车产业规划布局，协同建设具有全球影响力汽车产业集群，创建国家级新能源和智能网联汽车创新中心，打造世界一流的智能网联汽车综合测试评价平台。四是集聚国际资源，加快建设人才链。五是深化产城融合，加快吸引资金链，推动新能源汽车制造向电动化、低碳化、智能化、网联化、共享化发展。

创新协同集成电路。一是优先发展集成电路设计业，形成核心竞争力产品，联动长三角地区高校、科研机构和中芯、华虹等企业，协同研发5至3 nm技术的新一代元器件和共性技术。二是集中发展集成电路制造业，提升产能规模及工艺能力，依托"国家集成电路创新中心""国家智能传感器创新中心"平台，搭建长三角集成电路创新公共服务平台，创设国产工艺设备和新材料的工艺验证平台/中试线和国产封装设备和材料验证平台/中试线，打造国产设备和材料验证及应用示范基地。三是突破发展装备材料业，以点带面推进产业化应用。四是联动发展封装测试业，推动上海、南京、杭州、无锡、苏州、合肥集成电路产业协同合作。协调"一市三省"的集成电路产业政策，成立长三角集成电路高质量一体化发展协调小组，制定长三角区域国产设备首台套、国产材料首订单、国产软件首版次的协同政策，出台专门的集成电路引才育才政策等。

延伸协作民用航空。一是将航空产业打造成经济新增长点。实施"主制造商-供应商"联动发展模式，推动长三角、全国潜在供应商对接和深度参与大飞机总装生产协作，逐步提升国内供应商占比，产业链上下游联动，构建长三角"一市三省"所有符合大飞机项目供应商入门条件的企业信息库，推动形成长三角具有全球影响力民用航空产业集群。二是优化延伸航空制造产业链布局，以上海C919试飞取证和CR929研制、航电系统研制和集成验证、航空维修为契机，促进南京、镇江、常州、嘉兴、丹阳、盐城、合肥等长三角多地积极发展民用航空产业。

融合优化生物医药。一是营造更加良好的区域人才发展环境，打造形成竞合差异化的长三角具有全球影响力生物医药产业集群。二是提升自主创新能力，协同推动产业化落地落实，细化长三角区域生物医药产业链分工，在生物制药、化学制药、高端器械领域，上海市处于产业链的研发环节，江苏省和浙江省研发和生产并重，安徽省加强研发和生产方面，因地制宜，发挥地方优势，优化要素资源配置协同推进。

焕新关联高端装备。一是焕新持续智能制造装备发展的领先优势，创建"国家级高端装备创新中心"，围绕智能机器人、精密仪器仪表、高端能源与环保装备及先进船舶与海工装备等领域，打造世界一流水平的沿江沿海先进高端装备产业带，延展G60科技创新走廊，同时加快上海、南京、杭州、宁波等产业数字化和数字产业化示范基地建设。二是以高端能源装备关键技术突破为引领，推进长三角高端能源装备技术创新平台建设，促进创新链和产业链融合，推进生产性服务业发展，为长三角高端装备制造业发展提供支撑。

合作突破绿色化工（新材料）。一是实行绿色化工全过程的环境影响评价，打造"特色鲜明、产品高端、安全绿色"的具有全球影响力绿色化工（新材料）产业集聚区。从长三角区域一体化视角出发，依托上海化工区、宁波石化区、南京江北新材料科技产业园、杭州湾上虞经开区加快创新发展，细分基础无机化工、精细化工、有机合成、高分子新材料、电子信息材料、高端金属材料等领域，抢占产业制高点，构建循环经济核心竞争力。二是选择重点领域进行绿色化工技术的开发。突破飞机机身及舰船船体所用的各类合金（高强合金钢、钛合金、镁合金等）、航空发动机所用高温合金、特种结构陶瓷、复合材料（按基体分为金属基、陶瓷基、聚合物基等）等；功能材料主要用来实现非力学功能，如吸波隐身材料、红外光学材料、耐磨材料等。

（二）前瞻布局前沿新兴产业

开放集聚人工智能。突出应用场景主导、核心技术支撑、跨领域全面赋能。依托上海张江综合性国家科学中心、合肥综合性国家科学中心的科研优势，瞄准人工智能基础理论、核心算法，引领重大原创科技成果。加快长三角数据的跨区域共享开放，率先打通上海、杭州、合肥等地的公共数据机构，构建人工智能数据跨区域共享的新生态。进一步发挥上海人工智能产业的龙头引领作用，以上海的应用场景优势，进一步发挥世界人工智能大会的溢出效应，集聚世界人工智能企业落地长三角，推动人工智能产业区域一体化。推动人工智能伦理规范制定，建立"一市三省"多方联合的研究机构，成立跨学科、多样性的AI伦理审查制度，建立健全的人工智能标准体系，增强人工智能技术领域国际发言权，加强国际合作，探讨人工智能前沿立法，创设足够宽松的市场准入，以法律保障人工智能创新发展。

攻坚协同工业互联网。建设长三角工业互联网一体化发展示范区，打造长三角工业互联网大数据平台，提升一体化发展格局。开展工业互联网网络体系、平台体系、安全体系三大功能体系建设，打造创新驱动、融合应用"生态区"。开展工业互联网关键技术攻关，加快关键工业软件突破，建设工业APP和微服务资源池，推动建立标准及区域监管体系，夯实产业支撑体系，打造技术牵引、机制创新"试验区"。坚持应用牵引导向，推动工业企业和工业设备上云，培育工业互联网系统解决方案，发展基于工业互联网的新模式新业态，打造聚焦痛点、精准发力"攻坚区"。打造工业互联网公共服务体系，开展工业互联网示范区品牌活动，营造开放包容环境，打造协同共促、先行先试"样板区"。

辐射联动氢能源。围绕"长三角氢经济一体化"发展目标，以长三角地区高速公路网络为纽带，串联沿线氢能与燃料电池汽车产业发展较好的上海、苏州、南通、如皋等地推动建成氢高速网络，打造世界上独一无二的氢能与燃料电池汽车产业经济带——"长三角氢走廊"，促进整个长三角地区氢能基础设施与燃料电池汽车的协调发展，进而辐射并带动山东半岛、京津冀、珠三角都市圈和华中地区的氢能基础设施建设。

第五节　长三角区域协同打造世界级产业集群的对策建议

一、加大聚焦支持，推动长三角产业协同高效发展

按照国家推动要素资源向中心城市集聚的政策趋势，争取国家部委在重要政策举措、重大项目安排等方面，给予长三角更多倾斜支持。支持长三角建设工业互联网平台国家先行区、"非接触式经济"应用场景国家实践区。支持长三角在制度改革上先行先试，如智能网联汽车领域，支持长三角率先开展高速公路的智能网联汽车测试应用，试点突破《公路法》《道路交通安全法实施条例》等的制约；在数字跨境流动方面，支持上海依托自贸试验区率先探索对标国际的规则体系，努力为全国创新发展蹚出新路。

二、加强顶层设计，建立长三角产业集群协同机制

争取国家部委加强指导支持，"一市三省"加强规划对接和产业协同，共同编制"长三角产业地图"，引导产业特色发展、错位竞争、互补合作，依托现有优势产业基础，瞄准未来前沿领域，深化重点产业布局研究，加强长三角产业集群协同机制建设，推进各类产业集聚区之间的协同发展，共同打造竞争新优势。

三、聚焦"卡脖子"技术，加强长三角企业协同创新

瞄准当下国家最急需的领域，争取国家部委加强统筹指导，"一市三省"组织需求侧和供给侧领域知名专家、核心企业、关键平台等，联合开展重点领域技术研发，聚焦制造业"卡脖子"领域，推动关键核心技术攻坚和产业化，打造若干产业创新示范区、创新平台、创新突击队，完善人才、技术、资金等要素的流动机制，坚持市场化方向，通过市场主体的竞争、市场主体的选择，利用市场的价值、供求和竞争规律，用利益诱导、市场约束和资源约束的"倒逼"机制引导、产业创新活动等重要途径来实现，实际实施效果则需要通过市场评价机制来检验。

四、加快合作载体建设，构建长三角组织网络体系

发挥区域内重点机构的协同作用，建设一批国家级创新中心平台，推进一批标志性区域共建平台，打造一批新兴产业创新中心。争取国家部委支持，完善园区共建、园区托管、异地孵化、"飞地"经济等合作模式，鼓励园区探索"共建共享共赢"的合作新模式，支持张江、漕河泾、市北高新、临港等品牌园区开展跨区域园区建设，探索产业合作载体进行产业跨省市迁移的财税分成和产业增加值统计机制的试点；探索组建若干长三角重点发展领域的产业基金，建议国家制造业转型升级基金加大对长三角相关产业合作基金的支持力度。

（单位：上海市经济和信息化发展研究中心　执笔：熊世伟、王建）

| 第四章 |

长三角一体化
高质量发展研究

第一节　长三角一体化战略背景及发展分析

一、一体化战略提出背景解读

2018年11月5日，首届中国国际进口博览会开幕式上，国家主席习近平正式提出支持长江三角洲区域一体化发展并上升为国家战略，着力落实新发展理念，构建现代化经济体系，推进更高起点的深化改革和更高层次的对外开放，同"一带一路"建设、京津冀协同发展、长江经济带发展、粤港澳大湾区建设相互配合，完善中国改革开放空间布局。从此次国家战略的提出意图来看，主要在于解决以下三个层次的诉求。

一是产业优化。尽管从经济规模上看，长三角城市群已跻身国际公认的六大世界级城市群，但由于经济发展程度、资源禀赋和制度环境接近，发展机遇相仿，且在技术、要素、产品等的交换互动中形成紧密的经济联系，导致地区产业结构高度相似[1]，造成长三角各个城市在经济发展中形成"诸侯经济""同门竞争"的局面，难以实现全面、有效的分工协作。事实上，产业同质化已成为中国各个区域板块发展共同面临的问题，在此意义上，推动长三角深度一体化首先就是要打破现有尴尬局面，通过错落有致的产业梯度和产业分工协作，形成彼此功能强化的产业集群，为中国经济结构调整和产业转型提供融合发展的样板。

二是模式探索。改革开放以来，在先行先试的主导思想下，部分城

---

[1] 中国社会科学院财经战略研究院课题组的一组数据显示，2004年之后，长三角整体的产业结构相似度系数均值连续7年上升，2010年达到0.795，而上海与江苏、江苏与浙江的产业结构相似度系数更高，近年来分别保持在0.9和0.85左右；安徽与江苏、浙江的相似度系数也在这几年快速上升，目前已经达到0.8以上。

市在政策红利下得以率先发展起来，但随着时间推移，非均衡国策下城市间发展落差的矛盾在全国范围内已日益突出，甚至多个地区出现了一个省份只有一个增长极的不平衡。在此意义上，推动长三角一体化发展代表着中国将由非均衡国策向均衡国策转变，将驱动中国发展的载体由点状发展升级为面上整体发展，即从此前若干个点突击、突进的格局调整到通过区域内的协同发展兑现整体发展的格局，为全国融合发展做排头兵和探索者。

三是国际竞争。当下国际竞争已不只是表现在一技一业，也不仅是一城一市，单个城市甚至特大城市在规模和功能上已难以有效承载国家间竞争的战略要求，作为城市发展到成熟阶段的高级空间组织形式，城市群成为担当国家综合竞争力、创新能力、管理水平、资源配置力的重要载体。特别是随着中美贸易摩擦的不断升级，世界进入战略碰撞期，长三角一体化升级为国家战略很大程度上就是要利用长三角地区人流、物流、信息流、资金流的集聚优势，通过区域分工协作在核心技术领域和尖端制造环节集中力量取得突破性进展，形成更大能量的国际竞争台柱。

二、长三角产业格局变化趋势

长三角的产业分工总体上将呈现出与纽约城市群类似的金字塔层级结构，即上海是龙头，苏浙是两翼，安徽是腹地的态势。但随着高速铁路、高速公路、机场、互联网等无形配置手段对特大城市有形要素集成和配置能力的替代作用日渐显现，长三角地区的产业生态将出现去中心、扁平化、分布式的倾向，因此，各地区如何在产业布局（特别是在制造业相关的高端产业领域）上避免内耗，形成错位发展将是未来一体化过程中的核心问题。从现有产业基础和资源禀赋来看，未来苏浙沪皖虽然在国家战略指向的重点领域将不可避免地存在一定程度的竞争，但在制造业总体定位的侧重上将呈现不同的趋势。

（一）上海将打造极端制造的制高点

上海作为全国的人才高地和金融中心，资金充裕，集聚了大批顶尖人才，仅张江就拥有上海60%的世界顶尖创新人才和"千人计划"创业专家，并基本形成了集成电路等优势领域的世界级科学家集群。这也意味着，未来上海不仅要向高端制造拓展，而且还将依靠市场力量挖掘高端制造的潜力，打造极小型、极大型、极精密型等极端条件下的制造业战略制高点，如极小型制造中的芯片制造，极大型制造中的飞机模锻框架制造、万吨水压机加工模锻框架制造，极精密型制造中的发动机旋流槽制造、血管扩张器制造等。此类制造需要强大的科技支撑体系，这正吻合上海科创的资源禀赋，上海的研发投入强度已超美国和德国，即便无法在短时间内完成自主创新，也能够做到科技的集成与应用；上海已有大飞机、中核建、中芯国际集成电路、中车城市交通、微电子装备光刻机等产业项目基础，这些都有利于上海成为全国极端制造业的制高点。

（二）江苏将是先进制造的主战场

从战略职能看，未来先进制造业将成为我国参与国际竞争的先导力量，江苏作为国企占比较高的省份（国企资产排名全国前二），肩负着行使国家意志、落实国家战略的重任，将成为担当先进制造业的排头兵。从资源禀赋看，江苏拥有良好的制造业规模化发展基础和人才资源集聚优势，有超过300家世界500强企业集聚于苏南地区，其中大部分集中于制造业。在体量上，现阶段以新材料、医疗器械、新能源为代表的江苏先进制造业在规模、体量上不断壮大，过去5年占比从38.7%增长至45%，根据规划，未来还将侧重于产业竞争力、创新性发挥引领作用，推进创新链和产业链融合，以及加快高新技术产业、战略性新兴产业部署等方面发展，重点通过智能化、信息化推动传统制造业转型升级。

（三）浙江将成为数字制造的发源地

区别于上海的极端制造和江苏的先进制造，浙江将在数字制造领域发挥自身优势。一方面，数字经济作为浙江的"一号工程"，与之相关的人工智能、物联网、云计算、大数据、网络安全、集成电路以及场景应用等领域将成为浙江制造的重点方向；另一方面，以民营经济为主、块状经济突出的浙江制造大多是与生活息息相关或与上下游零部件制造等紧密配套的商品，在消费升级和产业链重构的趋势下，通过数字化赋能实现传统制造向精细化、精致化、高端化转型的诉求将进一步凸显。

（四）安徽将形成科技制造的新高地

自综合性国家科学中心获批以来，安徽建成科技孵化器37家，新建重点实验室和工程（技术）研究中心、企业技术中心326家，是国家系统推进全面创新改革试验地和国家级综合性科研中心的建设地点，与上海遥相呼应形成了长三角地区的新科创两极。未来将依托科技创新的资源禀赋，在平板显示、集成电路、新能源汽车、工业机器人、智能家电、智能语音等优势领域重点打造，通过共建国家级产业和技术创新联盟，积极承接沪苏浙高端制造业产业转移，既要打造成科技制造领域的前沿阵地，又要发挥作为长三角制造业产业转移的腹地功能。

三、未来重点任务及进程预判

从战略安排上看，为构建、布局长三角一体化的产业地图，首先要解决支点和杠杆两大问题（见表4-1）。一方面，支点是制度安排。要推动更大范围内的资源有效整合，制度突破将是未来的必然选择。针对产业，"3+1"区域内在准入标准、退出机制、建设强度等方面也将逐步形成统一的标准；针对企业，将实行同等的"国民待遇"，包括资质认定、考核指标、奖惩措施等方面都将形成统一的制度标准；针对生活和就业人员，社保、医保、就业、就学等将进行一体化的制度安排；针对创新，为推进科技资源信息共享、协同创新，将形成一系列的共享平台和相应制度创新。但考虑到以上制度安排的风险性，未来或将采取在一、二级城市间试行，再扩大到全区域的方式进行。

表4-1 长三角一体化发展进程预判

阶　段	主　要　判　断
启动阶段 （1—3年）	《长三角地区一体化发展三年行动计划（2018—2020年）》的发布意味着未来三年内长三角依然是在摸索、筹备、定位阶段，在此过程中，将重点着手解决体制、规划缺失以及精准定位的问题。
突破阶段 （3—5年）	首先是城际合作的"硬环境"融合，即交通、医疗等基础性服务对接将逐步打通；其次是制度合作进一步深化，即长三角区域合作办公室组建、一网通办、不见面审批等形式将进一步拆除行政区域壁垒，从注重要素合作转向制度合作，从经济一体化提升到全面发展一体化，联动一体；最后是产业发展将在反复摸索中取得突破，地方特色显示度和产业结构匹配度将明显提升。

续表

阶　段	主　要　判　断
框架形成阶段 （5—10年）	在地方产业特色和结构匹配的基础上，"一市三省"将形成全新的产业布局，此阶段将更加明确各个省市内部的县市功能定位，错位竞争更加明显，将形成具有产业分工意义上的长三角地区产业地图。
全面见效阶段 （10—15年）	到2035年左右，长三角一体化的交通全面打通，地方配套基本完成，地方县域的产业定位明确，客观上将最终形成长三角地区的产业生态，充分发挥地区间的协同效应、错位互补，一体化的整体效应将被放大。

资料来源：福卡课题组整理制作。

另一方面，杠杆是资本安排。长三角一体化过程中所涉及的产业发展、结构调整、基础设施建设、科技创新等领域都离不开充足的资金，在实现一体化的过程中，由国家和省市层面组建区域性投资银行，由地级市和县级政府层面自主建设多角度、多层次的长三角引导基金等将是保障长三角产业发展过程中资金有效供给的主要趋势。

第二节　长三角一体化发展示范区的战略要点

一、实现二次大统一

站在国家层面，在二次大统一的大背景下，以示范区带动长三角一体化破局，将驱动中国由分散式发展升级为统一、整体式发展。改革开放之初，通过层层放权，计划经济体制下长期深受压抑的经济活力喷薄而出，虽带来了各地百舸争流的发展局面，但问题也随之而生，最为典型的便是在财政分权的治理模式以及"GDP锦标赛"的官员考核机制下，形成了地方割据的"诸侯经济"。在此制约下，要素自由流动和合理配置的初衷走向其反面，如设置关卡控制外地产品数量、通过工商质检设置技术壁垒等现象曾屡屡发生，势必为全国一盘棋的市场经济格局带来不利影响。短期政绩考量不仅让地方长期依靠高投入、高消耗带来的粗放式经济增长，一哄而上的无序竞争更是让产能过剩从钢铁、煤炭等传统行业蔓延至新能源汽车、共享经济等新兴领域。此外，先天的资源禀赋与后天的"政策关爱"又参差不齐，导致地方差距被迅速拉大，可谓是"城乡分割尚未消除，城市与城市的割据已然形成"。就拿长三角来说，单是在江苏一省，就存在苏南、苏中、苏北的落差，即便近年来苏北经济增长不断提速，但落差始终存在。2019年，江苏省GDP排名第一的苏州（经济总量为18 597.47亿元）是排名最末的宿迁（经济总量为2 750亿元）的6.7倍！显然，不仅地方的"乱"让中央的"收"成为下一步的调整方向，城市、地区间的马太效应也意味着当下迫切需要经济上的二次统一。在此背景下，各个省市都将整体被置于区域性发展框架中，关注统一的、整体的利益。以示范区推动长三角一体化显然就是要化解上述已经出现和可能出现的局面，从此前若干个点突击、突进的格局调整到通过区域内的协同发展兑现整体发展的格局，为中国经济一体化先行铺路。

二、发展绿色经济

众所周知，示范区功能已经被确定为绿色生态示范，为何要加上"绿色生态"这个限定词？表面看来，绿色生态的独特定位与吴江、嘉善和青浦的天然基因相契合，可谓因地制宜。青浦区有21个自然湖泊，朱家角、金泽和练塘3个国家历史文化名镇；嘉善拥有55个湖泊和1个西塘古镇；吴江被称为"百湖之城"，有320个湖泊以及同里、震泽、黎里3个古镇……示范区水网密布、地势低洼的特殊自然禀赋与生态绿色的发展道路不谋而合。更进一步来看，当前的经济发展已经切换真理标准，从高速发展到高质量发展就是要以绿色环保为前提，这必须是示范区的题中之义。过去，在"发展是硬道理"的真理标准下，中国用短短30余年走完了西方300多年的发展历程，也因高能耗、高污染的粗放发展集聚与爆发了西方百年来所有的环境问题，极端天气、雾霾等频繁光顾，工业化、城市化让经济陷入"越发展、越污染"的恶性循环。《BP世界能源统计年鉴（2019）》显示，尽管经济增速放缓，中国的一次能源消费在2018年增长4.3%，为2012年以来最高增速。过去十年的平均增速为3.9%。2018年，中国占全球能源消费量的24%和全球能源消费增长的34%。中国连续18年成为全球能源增长的最主要来源。因此，随着中国逐渐登上世界舞台中央，切换经济发展的真理标准，从高速发展转向高质量发展是大势所趋，而示范区要发挥其示范效应，必然要走在前面，切实实现产业的"环保+"和"对传统行政区划经济发展方式的超越"，在淘汰落后产能等"破"与新能源发展等"立"之间寻找发展与环境的新均衡点。

三、保障经济效益

长三角一体化是高质量的一体化，这也是示范区设立的最大价值。也就是说，示范区依然要在经济发展中处于战略高地，不能停留在"意义重大、效益低下"的尴尬位置。从某种程度上来说，追求 GDP 总量和速度的冲动和经济发展质量的要求是相悖的。要提高经济发展质量，就要舍得牺牲一些经济效益高、社会效益和生态效益低的传统产业，新产业培育期则又面临着新旧"青黄不接"的难题；而 GDP 上不去，又难以称之为高质量发展。长三角目前正面临这样的发展悖论，尤其是上海，经济增长明显乏力。增速从 2010 年的最高点 10.3% 降至 2018 年 6.6%，2019 年上半年更是回落至 5.9%，低于全国增速 0.4 个百分点。依托造船业、汽车行业等传统产业所建立的经济领头地位已经被动摇，与周边一些地区的 GDP 差距也逐步缩小。GDP 垫后这既不是龙头城市应有的"成绩"，也无法证明在高质量发展上的先行一步。从这个意义上看，GDP 依然是示范区发展中必须考虑的重要指标。而高质量的 GDP 势必需要我们跳出原有的发展模式，主动探索新的产业增长空间。事实上，示范区也具备一定的转型条件与空间，不仅有自贸区新片区扩容、设立科创板、试验注册制等一些政策利好在"保驾护航"，还有华为研发中心、哈工大智能产业园、启迪科技园等一批科创型产业代表扎根青浦。照此势头，随着新技术、新产品在这里率先被开发应用，新模式、新业态将在这些地区率先孕育，新产业、新就业也将在这些区域率先形成，如此，经济效益的增长自然水到渠成。

四、贯彻协调经济

在二次统一的逻辑前提下，"协调"是示范区建设的关键词。毕竟，示范区建设不是一地一人之事，不能单靠一地的财政和企业投入，而是需要共同投入、共同建设、共同治理。况且，一体化推进多年，"体制瓶颈""条块分割"的状态下，同构现象始终是长三角难以摆脱的痼疾。例如，23 个长三角沿海沿江城市中，分别有 13 个和 12 个城市在"十三五"规划纲要中提到发展石化和冶金产业。"捡到篮子里都是菜"成为各地招商引资的真实写照。从改革开放初期各地争先恐后上马"五小"企业，到当前对战略性新兴产业和现代服务业的争夺，无不诠释了产业日益同构下城市间产业竞争加剧。虽说区域内发展水平相近、资源禀赋相似，在缺乏统一协调下，很难实现错位发展，但更为重要的因素在于，制约要素自由流动的行政壁垒始终存在。如果各地都打着从一体化里实现自身利益最大化的"小算盘"，区域一体化与地方利益冲突时有发生，结果便是看似一团和气，实则"貌合神离"，更难以发挥出类似于纽约城市群、东京城市群那样的引领、辐射功能。鉴于此，建立示范区、推动长三角深度一体化必然要打破上述局面，可以说，示范区是在"协调经济"大背景下的历史产物。一来，协调模式首先要解决行政割裂的问题。示范区内苏浙部分为四级政府四级管理体制，上海部分则是城市化地区两级政府三级管理、非城市化地区三级政府三级管理体制。在政策供给主体多、发展诉求多样的现实情况下，打破行政壁垒、实现政治一体化迫在眉睫。具体来讲，示范区的三家灶头（嘉善、吴江、青浦）财政必须一体化，可从土地财政入手率先统一，否则招商引资中的恶性竞争依然难以避免。此外，行政"破墙"既要对长三角地区的社保、就业、就学等进行一体化的制度安排，也要保障环保标准及环境治理的一体化，对此，三家政府可共同出资组建社会经济协调基金，完善社会保障，维护生态和谐。二则，协调模式更关键的在于大市场与大政府的勾兑与重构。政府由"演员"变"导演"，直接抓规划、规则、规治，进行前置性的协调工作，例如，三家出资组建产业引导基金，支撑新兴产业、高科技产业的发展。为此，在重构示范区过程中必须强化社会参与，充分调动市场力量（这也是世界上诸多城市群的成功经验），在市场推动下，逐渐集外贸门户职能、现代化工业职能、商业金融职能、文化先导职能于一身，成为新技术、新思想的"孵化器"。

第三节 对长三角一体化的建议

上海城市的再提升除了抓自身政府转型，在有限的地域空间内要想实现城市的二次迭代升级，必然还得借助长三角一体化这一外力抓手。

一、产业软化、释放活力

（一）传统制造业智能化

随着制造业向外转移，2019年上海规模以上工业总产值同比下降0.3%，上海掀起"要不要制造"的广泛讨论，殊不知，各类产业发展都依赖于制造业的物质技术支持，"上海不能不要制造业，而是要发展先进制造业、高端制造业，先进制造业的比重不能低于25%"，即以智能技术等手段软化传统硬制造。《上海市智能制造行动计划（2019—2021年）》将上海定位为"全国智能制造应用高地、核心技术策源地和系统解决方案输出地"。而上海制造业智能化、打造现代新型制造业体系的发展思路也在实践中逐步落地：2019年上海市重大建设项目清单列出14个"先进制造业"重点项目，其中包括4个集成电路项目和ABB"超级机器人工厂"项目。反映到市场上，2019年上海智能制造产业规模超过900亿元，其中机器人及系统集成突破400亿元。

（二）放开与规制医疗产业

上海未来或将在"技术突破+自由市场+行政管控"的基础上勾兑市场与政府的界面、放开与规制医疗产业，即民生医疗由政府兜底，大医疗产业发展以技术赋能、充分发挥市场活力。以"市场化、高端化、国际化、集约化"为导向、定位全国健康旅游示范基地的新虹桥国际医学中心项目就是典型一例。

（三）放开与规制教育产业

福卡认为，基础及高等教育以政府为主导，特长培养教育适当资本化，职业培训教育进一步资本化可成为教育产业破局的关键。如针对教育资源供需矛盾，可适度扩大可供高净值家庭选择的精品、特色、高成本（国际上生均成本为大众化公共教育产品的2—3倍）教育的比例，如在韩国这一比例为25%。此外，上海亦可进一步发挥优质教育辐射力，借助新技术手段打响教育品牌，包括在线教育内容输出、相关标准制定等。

（四）放开与规制文化传媒产业

"超越商业逻辑的投入+市场化运作+产业链衍生+功能叠加"的经营，或将带领文化产业走入发展新通道；结合上海基础与特色，福卡将上海文化标识为引领时尚、上流品位，文化产业可以此为核心铺开。豫园牵手游戏 IP"王者荣耀"办灯会、借 VR 技术办互动展，尽显国货、国潮、国风；散落在上海各区的 137 家文化创意产业园区（2018 年数据），既涵盖影视、传媒等传统领域，又孵化设计、游戏电竞等新兴领域，也成为上海文化品牌新势力。

（五）推动传统金融与新金融双轮驱动

眼下互联网赋能的金融科技攻城略地，金融格局、生态面临重新洗牌，而中国让全球望尘莫及的互联网应用规模叠加上海源远流长的金融基因，上海已然是金融、科技深度融合的最佳试验场。未来传统金融、新金融双轮驱动将让上海释放出独一无二的金融活力。

（六）放开与推动体验经济

体验经济量大面广铺开之势在零售层面最为明显，南京东路上的西首三大商业综合体相继换新装，上海世茂广场定位"魔都潮流枢纽"，携手故宫博物院等解锁文创快闪概念店；第一百货把老上海风情搬进购物中心，推出七楼的"100 弄"文化空间与"100 里海派伴手礼体验店"；新世界城则主打"嗨"，零售比例下降到破天荒的 51%，体验经济比例则提高至 28%。

（七）会展、会议产业将是上海先导性产业

自 2002 年申博成功，以筹备世博为契机，上海的会展业进入了"加速跑"时代；而进博会的召开奠定了上海作为"会展中心"的地位。在一定程度上，上海会展、会议产业已成型成势，据《2019 上海会展业白皮书》披露，上海已创下多个第一：可供展览面积第一（超过 100 万平方米），办展数量第一（2018 年上海共举办各类展会 1 032 个）……毋庸置疑，在全球会展、会议产业萌发之初，上海已位列第一梯队，2018 年上海会展业直接带动相关产业收入已超过 1 400 亿元，未来通过产业链的深挖与衍生，其势能还将不断释放。

（八）鼓励行业跨界、产业混搭

当单独的赛道被打破，行业"你中有我，我中有你"，绝对的硬产业自然被消解。眼下从丁磊、刘强东等互联网巨头一哄而上跨界当猪倌，到优衣库与美国当代艺术家 KAWS 玩跨界联名遭疯抢，互联网基因渗透各

行各业、泛化的+概念盛行，行业无边界、大融合势不可挡。

（九）打造上海经济的湿地——包容、规制非正规经济

非正规经济主要集中在小餐饮服务、家政服务、零售配送等软性度较高领域；也在一定程度上提高了社会经济弹性，1997—1999年上海因引入"非正规就业"培育了共6 000多个"小老板"，带动了3.2万人员的就业，缓解了当年严峻的社会就业问题。可见非正规经济并不绝对与产业升级、社会治安对立，上海可凭借非正规就业的经验优势，对非正规经济作梳理，在遏制高污染、高风险、涉黄赌毒的非正规经济的同时，允许夫妻店、沿街小铺等适度发展，并支持非正规经济转至正规经济。

（十）包容试行"飞地"

上海可借"飞地"向内提升吸引力、向外扩散辐射力，进而塑造软实力。目前上海"飞地"的个数位居中国之最，共"飞"出去7块"飞地"，总面积达到360.5平方公里。这些"小上海"也在农业、工业领域激发上海活力与影响力。未来随着共建园区模式的推广，"飞地"规模及能效将进一步扩大，不仅将持续提升上海枢纽城市作用，也将在促进区域间经济合作和资源要素高效流通，辐射并带动其他地区协同发展的同时，为上海产业升级创造空间。

二、硬件打通、标准互认

长三角一体化的首要锚定点将在于方便、便捷的交通网络、生产经营、生活体验。从未来图景来看，假如交通网络四通八达，上午去上海陆家嘴商务会谈、下午到合肥科技馆看科技展、傍晚到杭州西湖看夕阳、夜里回到嘉兴的家里休息、第二天再去南京吃个午饭，当如此场景成为长三角区域生活常态时，一体化自然水到渠成。近年来，以一小时生活圈、三小时经济圈为主要特征的四通八达的交通网络，打通了相邻或相近城市间同城化发展的空间障碍。就沪杭而言，两地市中心相距180公里，高铁一小时、高速公路两小时的路程让两地同城化生活已经掀开序幕，其实这已在交通基建刚需中体现出了政府关注大众生活体验的软性需求，当轻轨、高铁及城市快速干道等以非常密集的模式向外铺设，区域内的地域优势被平均化，到一体化内所有省市无论是办事还是出行，体验感都超强时，自

然就弱化了人口、资源流入特定城市的动机。当然，从长三角一体化的战略看，需解决的另一个问题就是如何搭建支撑硬经济发展的软规则。毕竟，就当下来看，"一市三省"的行政划分使得行政规划、税收、优惠政策、责任主体等各个方面都是割裂的。好在首批 51 个政务服务事项在长三角地区 14 个城市实现长三角"一网通办"，已经为打破区域间行政壁垒开了一道口子，一旦行政统筹，更多体现一体化的"软性政策规则"出台，减少长三角跨区域办事的繁琐流程，将会让长三角区域的企业感受不到地域性差异，形成更为合理的生产经营和产业集群化发展。

三、共同投入、共同建设

从财政、资本层面看，以往各自发展 GDP，一哄而上的时代结束了，未来长三角一体化过程中，财政更可能由原来的"分灶吃饭"到"复式灶头"有分有合。不可否认，在特定时期财政"分灶吃饭"有其合理性，然而"捡到篮子里都是菜"助长了地方经济封锁、重复建设。长三角一体化不是一地一城之事，不能单靠一方的财政和企业投入，需要共同投入、共同建设。因此，长三角一体化有必要在财政上构建有分有合的"复式灶头"。就拿影响地方财政收入的税源来说，可以按照税源协商研究跨区域投入共担、利益共享的税收征管协调机制，率先探索产业跨省市迁移、重大产业项目跨省市协作的财税分配和产业增加值统计机制的试点。找准各方利益的契合点，实现各地产业和财政政策的均等化、协调性，在更大范围内推动长三角一体化利益共享。与此同时，"一市三省"可共同出资组建经济类、社会类等各类平准基金。比如养老基金、住房公积金可以组建专门的平准基金进入股市；联合银行为民企上市公司成立债券平准基金，解决其融资难、融资贵问题。还可借助区块链公共账簿的思维模式，向中央申请组建区域性投资银行，积极自主建设多角度、多层次的长三角引导基金等，以保障长三角一体化产业发展过程中资金的有效供给。

四、信息互通、平台共享

从盘活土地资源角度看，土地拍卖、招商引资将从以往给钱、给地的"硬抢"到今后在一个平台统一竞拍等"软竞合"。上一轮长三角一体化饱受诟病的就是"一市三省"相互挖墙脚、不计成本、不择手段地招商引资,各自打着从一体化里实现自身利益最大化的"小算盘",重大项目跨省市落地面临地方政府间强竞争的博弈困境。如今,一要盘活土地资源,二要避免恶性竞争。有鉴于此,长三角可以搭建一个统一的网络平台,将土地拍卖信息、招商引资信息撒到长三角的每个城市,帮助开发商、各类企业家获取长三角土地市场及招商的最新资讯动态,如此更能体现"公开、公平、公正"的原则,有利于理性竞价、节约成本。

(单位:上海福卡经济预测研究所有限公司　执笔:王德培)

| 第五章 |

长三角高质量发展评价指数分析及对策建议[①]

[①] 本章经《长三角高质量发展指数研究（2019年）》课题组授权改写，研究详情请参照报告原文。报告中的结论及观点基于公开资料及调研等事实数据分析得出，旨在为读者提供相对中立的信息，仅供参考。

中共十九大提出，我国经济已由高速增长阶段转向高质量发展阶段，正处在转变发展方式、优化经济结构、转换增长动力的攻关期，建设现代化经济体系是跨越关口的迫切要求和我国发展的战略目标。当前，世界面临百年未有之大变局，从中美经贸摩擦一波三折到全球新冠肺炎疫情蔓延，我国经济增长面临的不确定性进一步加大，在此背景下，推动长三角高质量一体化发展无疑具有重要意义。为此，课题组研究构建了长三角高质量发展指数，全面客观地评价长三角高质量发展水平，提出下一步推动长三角更高质量一体化发展的对策建议，以期对全国其他区域实现高质量协调发展提供参考和借鉴。

第一节　长三角高质量发展指标体系的构建

课题组按照"五大发展理念"的要求，在借鉴国家层面和其他省市高质量发展指标基础上，充分考虑长三角区域和各城市发展实际，构建了由总指数、分项指数、核心指标构成的长三角高质量发展指标体系（见表5-1）。其中，"总指数"即高质量发展综合指数，综合评价长三角"一市三省"整体及长三角41座主要城市高质量发展的总体水平；"分项指数"即根据五大发展理念，分别设置的创新发展指数、协调发展指数、绿色发展指数、开放发展指数和共享发展指数；"核心指标"即构成每个分项指数的指标。在具体指标选取上，长三角"一市三省"高质量发展指标与长三角41座城市高质量发展指标体系略有差异。

表 5-1　长三角城市群城市高质量发展指数指标体系

一级指标	分 类	序 号	二级指标	单 位	指 标 说 明
创新发展	创新投入	1	R&D 经费支出占 GDP 的比重	%	指用于研究与试验发展活动的经费占 GDP 的比重，衡量科技活动规模和科技投入水平。
	创新产出	2	每万人口发明专利拥有量	件	指每万人拥有经国内外知识产权行政部门授权且在有效期内的发明专利件数，衡量科研产出质量和市场应用水平。
	创新效率	3	单位建设用地 GDP	万元/亩	是 GDP 与建设用地面积的比值，反映土地产出效率。
		4	全员劳动生产率	万元/人	为 GDP 与年末从业人数的比值，衡量从业人员的生产效率。
协调发展	城乡发展协调	5	城乡居民收入比	—	城镇居民人均可支配收入与农村居民人均可支配收入的比值，反映城乡差距，为逆向指标。
		6	城镇化率	%	指城镇常住人口占常住总人口的比例。
	经济社会协调	7	房价收入比	—	指住房价格与居民家庭年收入之比，衡量房价是否处于合理水平，为逆向指标。
	物质与精神文明协调	8	居民文教娱乐支出占人均消费支出的比重	%	反映精神文明与物质文明协调程度。
绿色发展	绿色生产	9	规上工业单位增加值能耗	吨标准煤/万元	反映能源消费水平和节能降耗状况，为逆向指标。
	生态环境	10	PM2.5 平均浓度	微克/立方米	反映大气环境质量，为逆向指标。
		11	建成区绿化覆盖率	平方米	反映城市绿色发展、生态环境建设的重要指标。
	减排治污	12	城镇污水集中处理率	%	指经过处理的生活污水、工业废水量占污水排放总量的比重。

续表

一级指标	分类	序号	二级指标	单位	指标说明
开放发展	利用外资	13	实际利用外资额占固定资产投资的比重	%	反映外资利用水平。
	对外贸易	14	货物贸易进出口总额占GDP的比重	%	反映对外开放水平。
	人员往来	15	入境旅游人数占旅游总人数的比重	%	反映境外人员的流动情况。
共享发展	社会保障	16	社保就业支出占一般公共预算支出的比重	%	反映财政对社会保障和就业的支持水平。
	医疗卫生	17	每千人口拥有医师数	人	反映医疗卫生资源配置水平。
	教育水平	18	每万人在校学生数	人	反映教育发展水平。
	人口就业	19	城镇登记失业率	%	反映就业状况，为逆向指标。

在指标体系构建基础上，课题组根据德尔菲专家打分法给各个指标赋予相应权重，并对各指标值进行标准化处理，采用国内外通用的综合指数评价法进行指数合成，可计算出长三角高质量发展总指数和五个分项指数的得分。

第二节 长三角高质量发展水平稳步提升

自从2018年中央决定支持长江三角洲区域一体化发展并上升为国家战略以来，"一市三省"全面推进各领域协同联动，科创产业、基础设施、生态环境、公共服务等重点领域一体化发展取得实质性突破，区域经济社会高质量发展水平明显提升。2018年长三角高质量发展指数达到

122.2，较 2013 年（基期）以来累计提升 22.2 个点，较 2017 年提升 4.1 个点（见图 5-1）。

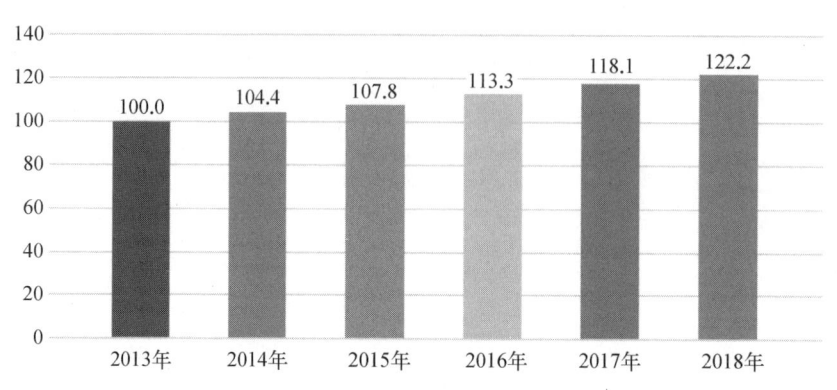

图 5-1　长三角地区高质量发展综合指数（2013—2018 年）

一、创新驱动成为长三角高质量发展的持续动力

在 2018 年五个分项指数中，创新发展指数值达到 164.0，高于综合指数 41.8 个点，对综合指数的平均贡献度超过一半（为 57.7%）。绿色发展指数 2018 年达到 125.7，排在第二，对综合指数的平均贡献度达到 23.2%。排在第三的是共享发展指数，2018 年为 119.7，略低于综合指数（见图 5-2）。开放发展指数和协调发展指数排在第四和第五位，对综合指数上升的贡献度较小，平均贡献度分别为 0.8% 和 0.5%，个别年份甚至是负向贡献，2018 年较 2017 年由正转负，分别为 -11.8% 和 -11.5%。

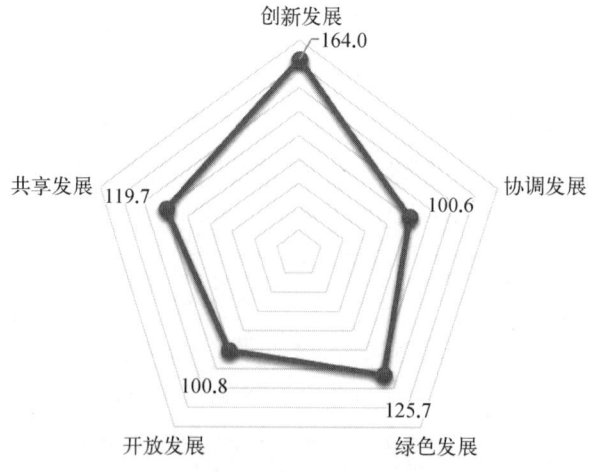

图 5-2　2018 年长三角地区高质量发展指数

总体来看，创新驱动成为长三角地区高质量发展的持续动力，对长三角地区高质量发展的贡献度达到一半以上，与此同时生态环境持续优化，社会民生持续改善。相对而言，对外开放水平近年来受中美贸易摩擦等外部环境变化影响，对高质量发展的贡献率较低；协调发展仍然是高质量发展的短板，对高质量发展的贡献率偏低，也是未来推进长三角更高质量一体化发展的重要突破口。

二、各大都市圈核心城市引领作用充分体现

在长三角城市圈重点选取上海、南京、杭州、合肥四大都市圈进行高质量发展水平分析。2018年，上海、南京、杭州、合肥都市圈所包括城市的高质量发展指数平均得分为73.7、62.9、66.9和59.0，上海都市圈作为长三角一体化发展格局中的核心地位进一步凸显（见图5-3），各大都

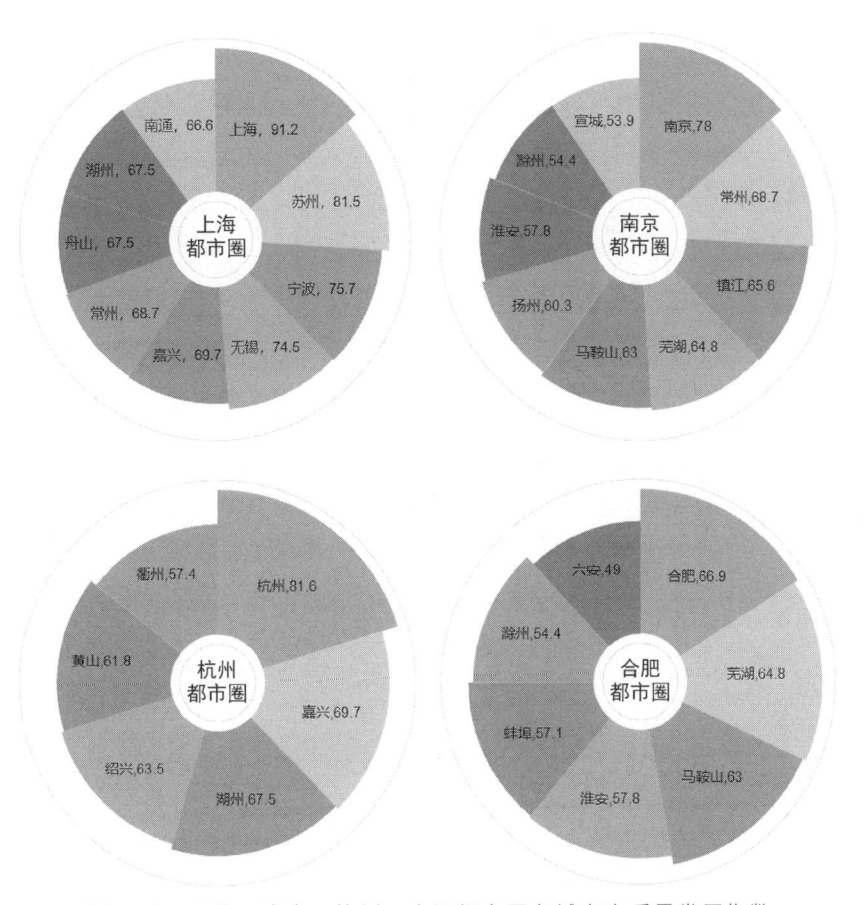

图5-3 上海、南京、杭州、合肥都市圈各城市高质量发展指数

市圈核心城市的引领作用也得到了充分体现。2018年，上海、南京、杭州的高质量发展指数均高于都市圈内部第二名城市10个点左右；合肥都市圈各城市的高质量发展水平相对均衡，合肥仅高于第二名城市芜湖2.1个点。

三、长三角41座城市高质量发展水平呈现梯度格局

上海、杭州、苏州3座城市稳居第一梯队，高质量发展指数得分均在80以上。南京、宁波、无锡、嘉兴、常州等18座城市属于第二梯队（指数在60—80之间），其中有15座城市得分在65左右，比2017年新增2座城市；其他20座城市属于第三梯队（见图5-4）。41座城市高质量发展指数平均得分由2017年的60.2提高到2018年的61.8，最高分与最低分的差距由2017年的47.3缩小到2018年的44.3，反映出长三角各城市的高质量发展水平总体提升且城市之间差距正在逐步缩小。

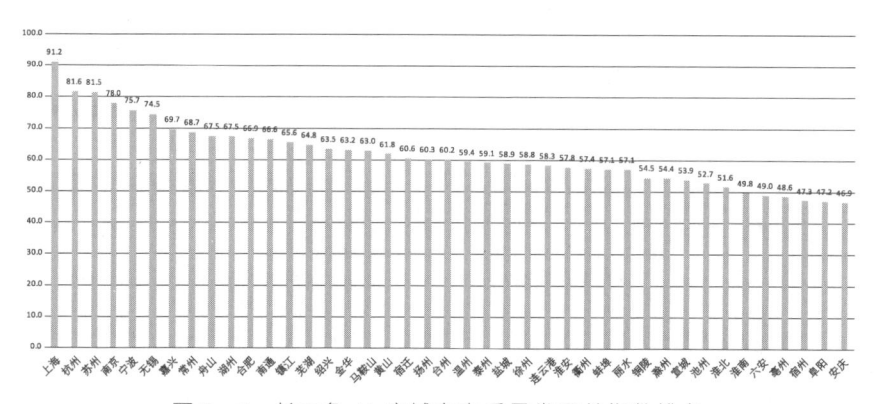

图5-4　长三角41座城市高质量发展总指数排名

从五个分项指数来看：在创新发展方面，上海、杭州、南京、苏州创新实力保持领先，无锡、常州、宁波、镇江、合肥、芜湖跻身前10位。在开放发展方面，上海、苏州继续保持较高开放水平，同时排名前10位的城市里有5座来自浙江，江苏和安徽部分城市的开放水平仍有很大提升空间。在绿色发展方面，近年来41座城市生态环境建设成效明显，其中浙江作为我国"两山理论"的发源地，生态文明建设走在长三角前列，在绿色发展指数排名前10位城市中有6座来自浙江省。在协调发展方面，41座城市协调发展指数比较接近，得分在80以上的城市占82.9%，比2017年同期上升4.9个百分点，反映出长三角各城市在城乡协调、经济与社会协调、物质文明与精神文明协调等方面发展水平较高。在共享发展方面，

长三角41座城市的共享发展指数平均得分达到80.2，与2017年基本持平。其中，江苏南京共享发展指数超越浙江杭州，排在41座城市的首位；前5强中，浙江占了3席，分别是杭州、丽水和宁波。

综合来看，城市高质量发展水平与经济实力密切相关，41座城市高质量发展水平存在梯度化特征，城市之间的差距尤其是安徽各城市高质量发展水平与沪苏浙差距仍较大，下一步强化创新协同、产业共建、开放共享，努力探索符合自身资源禀赋、发展阶段的差异化、特色化发展路径依然任重道远。

第三节　推动长三角更高质量一体化发展的对策建议

为深入贯彻落实习近平总书记关于加强疫情防控区域联防联控的重要指示精神，长三角"一市三省"应进一步完善疫情联防联控机制，充分发挥一体化优势，合力夺取疫情防控和实现经济社会发展目标双胜利，努力为全国大局作出长三角应有的贡献。同时，2020年是落实好《长江三角洲区域一体化发展规划纲要》和"一市三省"落实长三角一体化发展规划纲要的实施方案和行动计划的第一年，也是编制"十四五"规划纲要的关键之年，"一市三省"还应在完善基础设施和减少制度落差方面继续发力，同时要以打造产业集群和促进协同创新为核心，发挥市场配置资源主体作用和更好发挥政府作用，打好更高质量一体化发展基础。

一、树立全国样板，打造一体化发展示范区

加快建设长三角生态绿色一体化发展示范区，探索生态友好型高质量发展模式，为长三角地区全面深化改革、实现高质量一体化发展提供示范。加强对淀山湖、太浦河等区域的保护，建立严格的生态保护红线管控制度，加强土地统一管理，制定实施示范区产业准入标准和产业正面清单。创新规划编制审批模式，研究制定示范区"十四五"发展规划纲要和各专项规划，探索建立统一编制、共同批准、联合印发、共同实施的规划管理体制。统一企业登记标准，允许区内企业自由选择注册地名称，建立

区内企业自由迁移服务机制。创新财税分享机制，探索建立跨区域投入共担、利益共享的财税分享管理制度，推进税收征管一体化，研究对新设企业形成的税收增量属地方收入部分实行跨地区分享。建立公共服务便捷共享制度，实施统一的基本医疗保险政策，统筹学区资源，鼓励老人异地养老，建立居民服务一卡通，在公共服务和交通旅游等方面率先实现"同城待遇"。完善高层级决策协调机制和开发建设管理机构运行机制，率先实施高质量发展的指标体系、标准体系、统计体系、绩效评价及政绩考核体系。

二、提升发展能级，打造世界级产业集群

全面提升制造业发展水平，围绕电子信息、生物医药、航空航天、高端装备、新材料、节能环保、汽车、绿色化工、纺织服装、智能家电十大领域，形成若干世界级制造业集群；聚焦集成电路、新型显示、物联网、大数据、人工智能、新能源汽车、生命健康、大飞机、智能制造、前沿新材料十大重点领域，培育一批具有国际竞争力的龙头企业；面向量子信息、类脑芯片、第三代半导体、下一代人工智能、靶向药物、免疫细胞治疗、干细胞治疗、基因检测八大领域，加快培育布局一批未来产业。合力发展高端服务经济，围绕现代金融、现代物流、科技服务、软件和信息服务、电子商务、文化创意、体育服务、人力资源服务、智慧健康养老九大服务业，打造一批高水平服务业集聚区和创新平台；在研发设计、供应链服务、检验检测、全球维修、总集成总承包、市场营销、制造数字化服务、工业互联网、绿色节能等领域，大力推动服务业跨界发展。与此同时，受此次疫情影响，我国传统产业链、供应链加速重构，医疗健康产业脱颖而出，智能制造优势加速显现，非接触式消费广泛普及，不少新产业新技术新业态新模式迎来空前大发展。"一市三省"应当大力发展智能制造、无人配送、在线消费、医疗健康等新兴产业，加快培育形成新的经济增长引擎，为长三角高质量发展注入新动能。

三、提升策源能力，打造长三角科技创新共同体

努力提升原始创新能力，加强科技创新前瞻布局和资源共享，集中突破一批"卡脖子"核心关键技术，联手营造有利于提升自主创新能力的创

新生态。加强上海张江、安徽合肥综合性国家科学中心建设，推动重大科技基础设施合理布局、科学运营、高效利用，提升长三角大型科研仪器、科技文献、科学数据等科技资源开放共享水平。打通原始创新向现实生产力转化通道，重点开展新一代信息技术、高端装备制造、生命健康、绿色技术、新能源、智能交通等领域科技创新联合攻关，构建共性技术研发平台。发挥长三角技术交易市场联盟作用，推动技术交易市场互联互通；依托现有国家科技成果转移转化示范区，建立健全协同联动机制；打造长三角技术转移服务平台，实现成果转化项目共同投入、共同转化、利益分享。瞄准世界科技前沿和产业制高点，共建多层次产业创新大平台。发挥长三角双创示范基地联盟作用，联合共建国家级科技成果孵化基地和双创示范基地。研究制订长三角全面创新改革试验方案，建立一体化人才保障服务标准，加强长三角知识产权联合保护。建立区域创新收益共享机制，鼓励设立产业投资、创业投资、股权投资、科技创新、科技成果转化引导基金，支持长三角地区高成长创新企业到科创板上市融资。

四、提高密度强度，打造一体化基础设施体系

加大对"新基建"的投资力度。新冠肺炎疫情发生以来，中央多个重要会议部署"新基建"投资，长三角作为全国最活跃及最具有创新潜力的经济圈，应当围绕"新基建"的七大重点领域，超前布局和加速推进5G、人工智能、工业互联网、智慧城市、教育医疗等新型基建项目建设，充分发挥"新基建"在稳投资、促消费、助升级、培植新动能方面的潜力。同时，以都市圈同城化通勤为目标，聚焦打通沿海、沿江和省际通道，加快建设集高速铁路、普速铁路、城际铁路、市域（郊）铁路、城市轨道交通于一体的现代轨道交通运输体系，共建轨道上的长三角，支持高铁快递、电商快递班列发展。合力打造世界级机场群，巩固提升上海国际航空枢纽地位，规划建设南通新机场，优化提升杭州、南京、合肥区域航空枢纽功能，增强宁波、温州等区域航空服务能力，支持苏南硕放机场建设区域性枢纽机场，加快淮安航空货运枢纽建设，规划建设嘉兴航空联运中心。推动世界级港口群建设，加强上海和浙江、江苏港口分工合作，做大做强上海国际航运中心集装箱枢纽港，加快推进宁波舟山港现代化综合性港口建设，将苏州（太仓）港建设成上海港远洋集装箱运输的喂给港；加强沿海

沿江港口江海联运合作与联动，完善区域港口集疏运体系，加强内河高等级航道网建设，提高集装箱水水中转比重。

五、强化共建共享，打造一体化公共服务体系

统筹考虑经济社会发展水平、城乡居民收入增长等因素，逐步提升基本公共服务保障水平，全面实施基本公共服务标准化管理，促进基本公共服务均等化、普惠化、便捷化。协同扩大优质教育供给，促进教育均衡发展，研究发布统一的教育现代化指标体系，深化校长和教师交流合作机制；推动高校联合发展，加强与国际知名高校合作办学；共同发展职业教育，培养高技能人才。优化配置医疗卫生资源，推动大中城市高端优质医疗卫生资源统筹布局，扩大优质医疗资源覆盖范围，共建以居民健康档案为重点的全民健康信息平台和以数字化医院为依托的医疗协作系统；依托优质医疗资源、现代医药产业、养老产业，培育养老从业人员专业化市场，支持民营养老机构发展，建设一批国际知名的健康医疗服务、养生养老基地。推动跨区域体育资源共享、信息互通、项目合作和人才交流培养，推动群众体育、竞技体育和体育产业协调发展。同时，结合此次长三角疫情联防联控的成功经验，在公共卫生服务、医疗资源、公卫突发事件应急保障一体化等方面，更好地实现信息资源共享、快速联动响应、高效协作应对，以公卫信息共享平台、战略物资储备共享平台为抓手，加快打造长三角区域公共卫生服务一体化融合创新的合作新模式。

六、加强协同保护，打造一体化生态环境系统

加强生态环境分区管治，强化生态红线区域保护和修复，统筹山水林田湖草系统治理和空间协同保护，加强各类生态空间保护力度，建立以国家公园为主体的自然保护地体系。推动流域生态系统治理，加强天然林保护，建设江河湖岸防护林体系，实施黄河故道造林绿化工程，建设高标准农田林网，开展丘陵岗地森林植被恢复，实施湿地修复治理工程，实施重要水源地保护工程和水土保持生态清洁型小流域治理工程。推动跨界水体环境治理，继续实施太湖流域水环境综合治理，建立长江、淮河等干流跨省联防联控机制，持续加强长江口、杭州湾等蓝色海湾整治和重点饮用水源地、重点流域水资源、农业灌溉用水保护，严格控制陆域入海污染，严

格保护和合理利用地下水。联合开展大气污染综合防治，强化能源消费总量和强度"双控"，推动大气主要污染物排放总量持续下降，共同实施细颗粒物（PM2.5）和臭氧浓度"双控双减"，加强涉气"散乱污"和"低小散"企业整治。加强固废危废污染联防联治，统筹规划建设固体废物资源回收基地和危险废物资源处置中心，探索建立固废危废处置补偿机制。

七、破除行政壁垒，打造一体化要素大市场

共建统一开放人力资源市场，推动人力资源、就业岗位信息共享和服务政策有机衔接、整合发布，促进人力资源特别是高层次人才在区域间有效流动和优化配置；加强面向高层次人才的协同管理，探索建立人才柔性流动机制。加强各类资本市场分工协作，促进资本跨区域有序自由流动，建立统一的抵押质押制度，推进区域异地存储、信用担保等业务；联合设立长三角一体化发展投资专项资金，支持上交所在长三角设立服务基地，搭建企业上市服务平台。推动土地要素市场化配置综合改革，抓住国务院授权"一市三省"开展"农转建"审批权下放试点的契机，进一步提高审批效率、项目落地效率和土地利用效率，缓解区域内的土地供需矛盾；同时，健全城镇低效用地再开发激励约束机制和存量建设用地退出机制，建立城乡统一的建设用地市场，依法有序推进集体经营性建设用地入市。完善跨区域产权交易市场，推进现有各类产权交易市场联网交易，探索建立水权、排污权、用能权、碳排放权等跨省交易制度，建立统一的知识产权和技术交易市场，实行高技术企业与成果资质互认制度。

八、缩小制度落差，打造一体化优质营商环境

共同打造国际一流市场环境，全面对接国际高标准市场规则体系，提升外商投资管理和服务水平，全面实施外商投资准入前国民待遇加负面清单管理制度，健全事中事后监管体系，共同加强国际知识产权保护，保障外国投资者和外商投资企业合法权益。加快大通关一体化，深化口岸合作，加快建设具有国际先进水平的国际贸易"单一窗口"，实现物流和监管等信息的全流程采集；建立进出口商品全流程质量安全溯源管理平台，实现全链条监管。完善国际人才引进政策，推动国际人才认定、服务监管部门信息互换互认，稳步开展外国人永久居留、外国人来华工作许可、出

入境便利服务、留学生就业等政策试点，推进国际社区建设，完善国际学校、国际医院等配套公共服务。建立重点领域制度规则和重大政策沟通协调机制，在企业登记、土地管理、环境保护、投融资、财税分享、人力资源管理、公共服务等政策领域建立政府间协商机制，规范招商引资和人才招引政策。加强长三角标准领域合作，建立区域一体化标准体系，推进地区间标准互认和采信，推动检验检测结果互认。

第四节 "后疫情时代"长三角高质量发展的新路径

"一市三省"在坚决打赢疫情防控阻击战的同时，应当避免因为疫情造成的短期冲击而进退失据，继续走大水漫灌、盲目举债、粗放投资的老路，而应保持战略定力，坚持把扩大内需作为"稳增长"的战略重点，坚持把创新赋能作为抗击疫情的重要抓手，坚持把疫情防控作为倒逼改革的"机会窗口"，围绕"五个新"加快修复长三角经济活力，全面推动高质量发展。

一、抓好新基础设施建设

新冠肺炎疫情发生以来，中央对"新基建"的重视程度显著提升，多个重要会议部署"新基建"投资。2020年3月4日，中共中央政治局常务委员会召开会议，提出将加快推进国家规划的重大工程和基础设施建设，其中明确提出将加快5G网络、数据中心等新型基础设施建设进度。2020年2月份以来，"一市三省"陆续公布了2020年的重大项目建设清单。2020年上海市重大建设项目年度计划投资1 500亿元，聚焦科技产业、社会民生、生态文明、城市基础设施、城乡融合与乡村振兴等领域，共安排正式项目152项，预备项目60项。江苏省则安排了年度计划总投资达5 410亿元的220个省重大项目，积极推进重大产业项目、重大工程的建设和储备力度。浙江省共计537个、总投资8 864亿元的重大项目也举行了集中开工仪式，将智造与制造相结合，大力布局新区建设和新基建项目。2020年2月份，安徽省重大项目集中开工251个，总投资1 253.8

亿元。

二、抓好新经济形态培育

疫情发生，居家隔离成为必需程序，旅游、餐饮等传统线下经济受到剧烈冲击，而在线新经济却顺势而生。在互联网医疗领域，继国家卫生健康委办公厅发布《关于在疫情防控中做好互联网诊疗咨询服务工作的通知》，明确提出大力开展互联网诊疗服务。在互联网教育领域，教育部有关负责人表示，鼓励各地教育部门和学校整合网络教育资源，积极利用网络平台，向学生提供线上课程，力争做到"停课不停教、不停学"。在智能制造领域，疫情下人员返岗复工成为难题，不少企业趁势加快"机器换人"步伐，实现生产环节智能化。长三角在智能服务、医药健康、在线消费等领域具有先发布局优势，市场潜力巨大，一批本地创新企业已经走在前列。下一步，"一市三省"应当聚焦互联网医疗、在线教育、在线办公、数字娱乐、数字生活、智能配送等新业态新模式，对相关企业予以政策引导和扶持，加快培育形成新经济增长引擎，为长三角高质量发展注入新动能。

三、抓好新消费热点扩容

"新消费"是经济社会复苏的催化剂。2020年3月13日，国家发改委等部门联合印发《关于促进消费扩容提质加快形成强大国内市场的实施意见》，19条硬举措推动各地经济复苏和发展。各地也纷纷出台扩大消费的政策，如发放消费券等刺激和拉动消费。支持各类商贸企业加大创新力度，推出"云走秀""云直播""云逛街""云上快闪店"等云购物模式，大力发展新兴消费。浙江省印发了《关于提振消费促进经济稳定增长的实施意见》，提出实施数字生活新消费、繁荣商圈提能级、精品拓市育热点、造势聚客旺人气、批零改造强流通、放心消费优环境等六大行动。江苏省政府出台《关于支持商贸服务企业积极应对疫情影响保持平稳健康发展的政策措施》，支持传统商贸服务企业提升网络营销能力，利用社区电商、社群电商，进一步拓宽居民线上消费渠道，加快释放网络消费新动能。下一步，长三角应当进一步发挥数字经济先发优势，把握疫情防控中催生的新型消费、消费升级等热点，着力促进教育培训、医疗保健、养老服务、婴幼儿照护、体育赛事等服务消费线上线下融合发展，以消费带动交通运输、文化旅游、酒店餐饮等服务行业全面复苏。

四、抓好新服务方式推广

新冠肺炎疫情期间，长三角各地优化招商引资方式，推动重点项目"云招商""云洽谈""云签约"。例如，上海推动招商引资"云签约"，2月20日，上海市闵行区首次尝试重点招商项目"云签约"，举办"2020年重点招商项目在线签约仪式"，22家企业代表分别在上海、深圳、广州、苏州、合肥、南京、美国加州等地完成在线签约。浙江省推动招才引智"云招聘"，1 000余家上市公司、知名企业以及浙江大学、中国美院、西湖大学、之江实验室、国科大杭高院等在杭高校、科研院所齐聚线上"云招聘"，推出高层次人才岗位2.8万余个，为历年来浙江省规模最大的网络人才招聘盛会。江苏省推动审批服务"不见面"，所有项目审批全部在网上办理，加快办理材料齐备的项目审批核准工作，一般项目办结时间由原来承诺的15个工作日压缩至10个工作日，为疫情防控形势有所改善后尽快实现项目的开工创造条件。下一步，长三角应当拓展电子证照在交通、出行、医疗、教育等跨省（域）深度应用，进一步提升长三角"一网通办"网上办理能力，推动更多跨省（域）事项"全程网办"；打造一批高频、精品跨省（域）通办事项，探索以跨省（域）办成"一件事"为目标的跨省（域）套餐服务，共同把长三角打造成为发展氛围更佳、体制机制更新、创新能力更强、竞争实力更高、企业活力更好的地区。

五、抓好新合作机制构建

《长江三角洲区域一体化发展规划纲要》已于2019年底正式公布，上海、江苏、浙江、安徽等"一市三省"积极对接，陆续出台了各自的实施方案。特别是在此次疫情中，"一市三省"同舟共济携手战疫，迅速启动了一系列联防联控机制，并在企业复工、信息共享、证码互认等方面开展了一系列合作。早在2020年2月7日，长三角"一市三省"就召开了视频会议，建立联防联控机制，并围绕新冠肺炎疫情防控明确了信息互通、告知单互认、物资互济等七项合作事项。2月27日，"一市三省"再次召开视频会议，进一步明确了健康码互认等五项工作机制。下一步，

"一市三省"要以此为契机，努力破除制约一体化发展的行政壁垒和体制机制障碍，着力在规则统一的制度体系、统一开放的人力资源市场、加强各类资本市场分工协作、建立城乡统一的土地市场等方面，大胆探索实践，加强战略协作，推动率先突破，形成可复制可推广的制度经验。

（单位：上海华夏经济发展研究院　执笔：高平）

第六章

长三角港口群
协调发展的问题及
对策研究

随着全球经济一体化进程加快，我国外向型经济深化发展，"一带一路"、长江经济带建设等国家战略不断推进，长三角港口群作为我国目前五大港口群中港口分布最为密集、吞吐量最大的港口群开始发挥越来越大的作用。近年来，在国家战略推动下，长三角港口群省辖内港口资源整合基本完成并初显成效，省市间合作稳步推进，为长三角港口群协同融合发展发挥了积极作用。但对标纽约、东京等国外港口群合作的先进经验，现阶段长三角港口群还存在一定的差距与瓶颈。本课题旨在顺应新时代国内外港口群发展的新趋势，立足于建设世界级长三角港口群和城市群要求，提出长三角港口群协调发展的思路与对策建议。

第一节　新时代下国内外港口群发展新趋势

随着全球经济一体化和区域发展一体化的不断深入发展，港口群发展也呈现新的发展态势。习近平总书记在上海进口博览会开幕式上指出"将支持长江三角洲区域一体化发展并上升为国家战略"。这为长三角港口群协调发展带来了新的机遇。

一、从世界层面来看，港口成为全球资源配置的重要枢纽，竞争范围变广，影响力越来越大

港口一直是世界经济发展的关键要素，世界发达城市多集中在沿海港口。据不完全统计，世界上90%的发达城市都是沿海城市，这主要得益于海上交通是国际贸易的主要运输方式。随着经济全球化的深入发展，港口

已从初期的相对独立的物流作业场所逐渐演变为物流供应链中的服务上下游客户并与之紧密相连的核心枢纽,成为全球资源配置的重要枢纽,也成为国家实力的重要表现之一。

同时,随着全球经济格局的变化,世界港口格局也呈现新的发展态势。主要表现:一是全球航运资源在全球范围内的配置"东移"。近年来随着亚洲地区经济贸易快速发展,国际航运资源向亚洲地区,尤其是向中国进一步集聚。据《新华—波罗的海国际航运中心发展指数报告(2016)》发布,2016年全球前10位的国际航运中心分别为新加坡、伦敦、香港、汉堡、鹿特丹、上海、纽约、迪拜、东京、雅典。中国内地除了上海,广州、青岛、宁波舟山、天津、深圳、厦门、大连等港口也跻身国际航运中心行列。全球航运中心东移,将促进东亚地区成为全球集装箱运输和港口发展的主要地区,将带来大量航运市场需求。这也要求长三角港口群要加快提升航运服务水平,升级成为全球航运资源配置能力的节点地区。二是世界港口竞争范围变广,东北亚地区港口竞争尤为激烈。随着经济全球化的深入发展,世界各国经济联系的加强和相互依赖程度日益提高,商品、资本、信息、知识、劳动力等生产要素的跨国流动越来越频繁,港口之间的竞争也不再局限于本国或紧邻的港口,竞争区域不断扩大,较大区域范围内不同国家的港口对枢纽港地位的争夺成了普遍现象。特别是随着全球航运资源的东移,东北亚地区港口竞争尤为激烈。东北亚以其独特的地缘优势和经济互补优势成为世界经济新的增长点,各大港口加快建设软硬件环境,竞争国际集装箱枢纽港的地位。釜山、神户、新加坡的港口条件和管理效率都优于上海港(见专栏6-1),而且都把争夺中国大陆的集装箱货源作为竞争重点,吸引长江三角洲和长江流域地区远洋货物经其中转。三是港口国际竞争力更加注重软实力竞争。早期港口的发展大多受益于良好的自然和区位条件。随着时代发展,影响港口国际竞争力的因素越来越多,通关便捷程度、港口开放程度、多元化服务质量等软实力的影响也越来越大。特别是第四代港口应以区域性港口联盟的形式参与国际竞争,融入到全球供应链的优化中去,作为全球物流"智网"的节点之一,以增强其国际竞争力。同时,区域性港口联盟模式和在联盟的基础上成为全球物流"智网"的节点之一,离不开港口科技创新,尤其是港口信息平台的构建。

―――― 专栏 6-1 ――――
东北亚地区港口概况

韩国釜山港位于朝鲜半岛的东南端,是韩国第一大贸易港,为争取国际航运中心的地位,采取低运价竞争策略,不断扩建泊位,重点旨在分流日本港口的箱源和争夺中国长江以北沿海各港的箱源,通过低运价竞争策略和地理优势提高吞吐量。日本神户港是亚洲枢纽港之一,集装箱吞吐量占日本总量的近30%。其采取江海联运的竞争策略,投入营运、专门为长江流域建造的江海直达船,在武汉与神户、横滨港之间航行,沿途挂靠包括上海在内的长江各港,为配合船舶的运行,在神户还建设中日交易港区,专门用于吸引长江集装箱货物来此中转。

二、从国家层面来看,长三角一体化上升为国家战略,并与多个国家战略叠加,港口群发展迎来了重要战略机遇

习近平总书记在首届中国国际进口博览会开幕式上指出:"将支持长江三角洲区域一体化发展并上升为国家战略,着力落实新发展理念,构建现代化经济体系,推进更高起点的深化改革和更高层次的对外开放,同'一带一路'建设、京津冀协同发展、长江经济带发展、粤港澳大湾区建设相互配合,完善中国改革开放空间布局。"同时,长三角区域承载"一带一路"倡议,长江经济带、上海国际航运中心等多项国家战略任务。这为长三角港口群发展带来了新的发展机遇,也提出了新的更高要求。具体表现:一是长三角一体化上升为国家战略,要求长三角港口群协同发展要立足于国家战略高度。长三角区域将与"一带一路"建设、京津冀协同发展、长江经济带发展、粤港澳大湾区建设相互配合,完善中国改革开放空间布局。以建设世界级城市群为目标,成为参与全球竞争的主要地域单元。而长三角港口群将成为长三角区域一体化重要内容,也是城市群在国际竞争力中的关键要素。在此背景下,加快推进长三角港口群协调发展显得尤为迫切。二是"一带一路"倡议将促进长三角港口群进一步对外开

放。长三角港口群位于陆上丝绸之路经济带与 21 世纪海上丝绸之路交会处，是连接陆上丝绸之路经济带与海上丝绸之路的枢纽。江苏省的连云港是新欧亚大陆桥的桥头堡，西至荷兰鹿特丹，是陆上丝绸之路经济带的重要轴带之一；而上海港、浙江的宁波舟山港、江苏的连云港港口等都是 21 世纪海上丝绸之路的重要战略支点。长三角港口群是我国参与"一带一路"的重要港口枢纽，战略地位极其重要。长三角港口群可发挥开放优势，打造我国企业"走出去"平台，融入全球市场竞争，促进地区乃至全国经济发展。三是长江经济带战略实施将推动长三角港口群江海联运，带动我国中西部地区发展。根据国务院颁布的《关于依托长江建设中国新支撑带指导意见》，提高长江黄金水道功能的关键是实施长江黄金水道和江海联运发展，率先建成综合交通运输体系。长三角港口群地处我国东部沿海地区与长江流域的接合部，拥有面向国际、连接南北、辐射中西部的密集立体交通网络和现代化港口群，对长江流域乃至全国发展具有重要的带动作用。依托长江黄金水道，可引领长江经济带中上游地区对内开放发展，辐射带动我国中西部地区发展。

三、从区域层面来看，港口群协调发展成为提升城市群竞争力的关键要素

随着区域发展一体化的深入发展，港口集群式发展已成为主要发展态势。具体表现为：一是港口群协调发展成为许多国家航运发展的重要趋势。在全球供应链时代，港口之间不仅存在竞争，更加强调港口之间的竞合发展，以便提高供应链上各港口企业的适应能力、敏捷性与柔性。国际上港口间的联动发展主要体现在港口群或组合港的联动发展，其已成为世界许多国家航运发展的重要组成。以组合港为代表的港口合作也愈来愈被重视，如美国、德国以及日本等国家已在港口联动发展方面积累了一定的实践经验；同时，粤港澳大湾区港口群、广西北部湾港口群协同发展也进行了有益探索（见专栏 6-2）。二是港口群与城市群相互依托，相互促进带动。世界上著名的六大城市群均拥有港口群，在城市群发展过程中发挥重要的作用。如美国以纽约为中心的东海岸城市群、以洛杉矶为中心的西海岸城市群等的崛起与港口经济的发展密切相关（见专栏 6-2）。同时，城市群的发展也为港口群发展提供了广阔腹地支撑，带动港口吞吐量的增

加，进而促进其建设与发展。三是长三角港口群协调发展成为建设世界级长三角城市群的关键。长三角港口群与长三角城市群也相互依托互相促进发展。目前长三角明确提出以"更高质量一体化"为目标，这也对长三角港口群发展提出了新要求。一方面，长三角港口群发展要进一步打破行政壁垒，探索长三角港口群区域合作新机制，为长三角港口群协调发展提供新动力和制度保障。另一方面，目前我国物流成本是世界平均水平的一倍多，长三角港口群作为我国供给侧结构改革降低物流成本的率先示范区，要发挥水运优势，降低物流成本，推动长三角城市群向更高质量一体化发展。

---- 专栏 6-2 ----

国内外港口联动实践与经验

美国东海岸的纽约-新泽西组合港，成立港口委员会对港口统一管理，主要任务是负责研究港口经营、建设和管理中的问题，促进和保护纽约和新泽西港口地区内部的商业业务活动，负责监管两州的陆、海、空运输网络系统，州政府负责港口的重大决策问题。纽约和新泽西州形成组合港口以后，成为统一的竞争实体，充分发挥各个港口的资源优势，在与北大西洋沿海其他港口的竞争中取得了主动地位。美国西海岸洛杉矶-长滩组合港，由洛杉矶-长滩港务局统一管理，该港务局作为市政府的下属的公益性管理部门，其主要职责是参与港口规划和航道的疏浚、码头前沿登记处设施建设。港务局通过和各个主要船公司签订 25—30 年的租赁合同将码头租给各个主要的船公司经营，港务局仅仅收取码头租赁管理费用。该种运营模式充分发挥了船公司、码头公司等企业在市场中的经营活力，促进了港口在经营设施、投资运营和管理等方面的互动良性发展。日本东京湾港口群，已形成鲜明的职能分工体系，各主要港口根据自身基础与特点，承担不同职能，实现了港口间的协调发展。

粤港澳港口群协调发展，一方面，广东省内港口整合，按照《广东省港口资源整合方案》，广东将充分发挥广州港、深圳港"龙头"地位，以广州港集团、深圳港口集团（深圳市内部整合组建）为两大主体，分区域整合沿海 14 市及佛山市范围内的省属、市属国有港口资产，促进全省港口形成差异化、优势互补的良好竞合态势。另一方面，强化广深与香港在港航发展上的协同，探索构建多中心合作模式，发挥香港在高端航运资源要素集聚和配置能力。广西北部湾港口群，由防城港、钦州港、北海港三大天然良港组成的港口群，在2016年颁布《实施沿海港口管理体制改革框架协议》，实现了统一规划、统一建设、统一管理、统一运营。

四、从港口发展来看，要逐渐满足船舶大型化、管理智能化、通关便利化等要求

随着信息技术革命的推进和网络信息化的发展，港口本身发展呈现新的发展态势。具体体现：一是世界航运船舶大型化，对港口水深条件要求不断提高。航运业的不断发展带来了船舶大型化趋势，为了实现规模经济，大型集装箱船舶不断问世。由于集装箱港口水深条件的限制，长三角港口能够直接挂靠大型船舶的不多。未来发展中长三角港口群要做好战略储备，适应船舶大型化的发展要求。二是随着信息和通信技术发展，航运呈现标准化、智能化发展态势。对航运和船舶业界而言，智能化可谓一次根本性变革，利用其在基础设施级别的优势打破信息孤岛，促进"船—岸—人"之间信息的高效流通和融合。其中标准化有助于推动航运智能化，通过多级标准的协同互补，用标准化工具有进一步激发智能化的使能作用和倍增效应，航运和船舶智能化成为全球竞争的制高点。长三角港口群要适应这一态势，要加强协同发展，增强对大、中、小不同标准船型的配置能力。三是便利化、低碳化成为全球航运发展新潮流。国际海事组织（IMO）的防污染公约由单纯关注海洋污染向关注水空一体化方向发展。目前对船舶的9大排放进行了针对限制，船舶低碳发展成为重要趋势。口岸便利化，通关便捷性，成为港口群协同发展的重要内容，也是世界港口群竞争的关键要素。

第二节 新形势下长三角港口群协同发展现状与问题瓶颈

随着全球主要城市群战略地位提升以及港口升级加速，港口群与城市群互动更加频繁，并逐步融合成一个有机整体。新形势下，长三角港口群

协同发展，如何把准时代脉搏，积极承担国家战略使命，取得重大突破，仍需要直面诸多问题与挑战。

一、长三角港口群协同发展的合作现状和主要特征

当前，长三角港口群中苏浙沪各港口在货物吞吐上呈现"三足鼎立"的态势，并逐步形成错位竞争的格局。政府管理主体和企业经营主体的职能和观念也在相当大的程度上实现了转变，长三角港口群的协调发展取得了初步成就。

（一）长三角港口群吞吐量延续"三足鼎立"的发展态势

2017年，苏浙沪三地港口分别完成吞吐量25.7亿、12.6亿、7.51亿吨，集装箱吞吐量分别为1 724万、2 687万、4 023万标箱（TEU）（见表6-1）。上海、江苏和浙江三地港口平分秋色、势均力敌，呈现出"三足鼎立"之势。

表6-1　2017年苏浙沪港口吞吐量完成表

	港口吞吐量		集装箱	
	总量/亿吨	占比/%	总量/万TEU	占比/%
江苏	25.7	56.11	1 724	20.44
浙江	12.6	27.51	2 687	31.86
上海	7.5	16.38	4 023	47.70

（二）长三角港口群的错位发展格局

在全球城市群港口竞争日益激烈的背景下，长三角港口群实施错位发展，力求形成合作共赢态势。长三角港口群以市场发展和政府推动为契机，大规模地开展区域港口合作，围绕上海的南北两翼港口群区域逐渐实施一体化发展。其中，宁波港、舟山港合并形成宁波舟山港。苏州港口群把张家港港、太仓港和常熟港整合形成一体化，形成"苏州港"品牌。长三角乃至长江流域的港口群在货源和吞吐量竞争中，正通过资本渗透、相互持股等合作方式，形成新一轮的竞合发展模式，不断深化"共建共享"的合作理念。目前，上海国际港务集团和上海港集装箱股份有限公司共同持有武汉港务集团

55%的股份，前者同时还持有南京港龙潭集装箱码头25%的股份。与此同时，在重庆、武汉、安庆、扬州、南通、宁波等地，上海国际港务集团的投资已超过10亿元。而且，宁波港也参与了南京港龙潭五期的建设。

（三）港口群协同发展中地方政府职能转变

政府职能转变在港口群协同发展中正发挥着愈为显著的作用，集中体现在基础设施建设和有效制度供给上。例如，上海在洋山港区，浙江在宁波港、舟山新区等给予了重点支持。与此同时，各相关地方政府在建港土地优惠、贷款政府担保、税收减免、路桥费免收等方面支持长三角港口群一体化发展。在交通基础设施建设方面，如上海的东海大桥、浙江的杭州湾大桥建设和舟山的13岛连岛工程等，大大地推进了上海国际航运中心建设和长三角港口群的发展。

（四）长三角港口群一体化发展的政策环境变化

从水上运输时代到立体化集疏运时代，长三角地区的各港口逐步演化为地区吸引力和辐射力的重要功能性载体。一方面，港口为局部城市的发展提供要素资源，随着港口产业的逐渐形成，人口向港口辐射的产业地区进行集聚。另一方面，城市生产的要素通过港口向外扩散，并逐步扩大岸线和腹地范围，腹地的交叉和地域的延伸，使得相邻港口之间出现竞争的局面。最终，长三角地区港口群根据吞吐量和辐射范围逐步形成枢纽港、喂给港和支线港的体系与功能分工（见图6-1）。

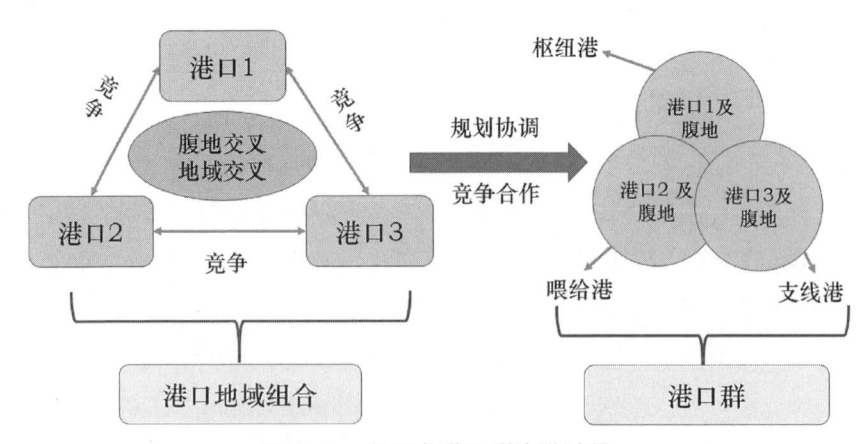

图6-1 长三角港口群演进过程

在规划与政策措施上，近几年，我国先后出台了《长江三角洲沿海港口建设发展规划》《长江三角洲地区现代化公路水路交通规划纲要》《全国沿海港口布局规划》等重要文件。从政策层面上促进长三角港口之间的分工合作。在功能性机构设置上，为加快上海国际航运中心建设、发挥苏浙沪"一中心两翼"的共同优势，发挥不同层次港口作用，防止无序竞争，1997年由交通部和长三角两省一市所组成的上海组合港管理委员会及办公室成立。2006年长三角16市港航管理部门联合组成长三角港口管理部门合作联席会议。

现阶段，长三角港口群在组织形态上正在逐步形成"以上海为中心、以宁波舟山港为南翼、以洋口港为北翼、以长江诸港为纵深"的港口群空间发展格局，并逐步形成了依托组合港的港口群系统。为了实现建设"世界级功能大港"的目标，结合未来港口群联动发展的趋势，长三角港口群正在加快整合步伐，发展内河运输、拓展腹地资源。

虽然在长三角港口群一体化发展进程中，初步形成中心枢纽港、干线枢纽港、重要枢纽港、地方性港口四个层级的长三角港口群框架体系基本明确，但要建设与长三角世界级城市群相匹配的港口群，特别是对标国际重大城市港口群，还存在很大的差距。

二、新形势下长三角港口群协调发展存在的瓶颈及发展路径

特别是随着第四代港口技术发展，港口群与城市群互动内涵不断拓展，对港口群协调发展提出新标准和新要求。课题组通过梳理全球主要城市群港口未来30年规划发现，面向未来的全球城市群港口在战略定位、岸线集约化、腹地有机联动、港口群一体化协作机制、产业优化布局、立体化集疏运体系构建以及信息共享及低碳港口、绿色港口等维度提供了港口群发展的趋势标杆（见图6-2）。

（一）长三角港口群尚缺乏与长三角城市群全面参与全球竞争相适应的明确定位

随着经济全球化和区域发展一体化进程加快，港口群作为交通运输枢纽、现代物流中心和供应链的核心节点，在推动城市群崛起、集聚腹地工业、辐射区域经济、资源整合配置等方面发挥越来越重要的作用，正成为一个国家或区域保持经济贸易竞争主导地位的重要依托。随着全球城市发展从"1.0版"演化为全球城市"2.0版"，全球城市之间竞争逐步演化为

图 6-2　国际港口群未来发展趋势

资料来源：根据世界主要城市群港口的战略规划梳理。

全球城市区域之间竞争，即全球城市群之间竞争关系。

世界上著名的六大城市群港口在其城市群崛起过程中发挥了重要作用。如美国以纽约为中心的东海岸城市群、以洛杉矶为中心的西海岸城市群等的崛起与港口经济的发展密切相关。全球城市群主要将国际港口群的战略定位为提升城市群竞争力、开放性和全球航运资源配置能力的节点功能。例如，纽约-新泽西港口定位为在经济、基建、环保、土地和社区建设方面着力打造美国东部最有竞争力的港口群；英国提出港口群应充分借助数字化革命浪潮，架起英国与世界再次沟通的桥梁（见表 6-2）。

表 6-2 世界主要城市群港口的战略规划[①]

港口	战略规划	主要内容
纽约-新泽西港口	《纽约-新泽西港口 30 年主要规划》	在经济、基建、环保、土地和社区建设方面着力打造东部最有竞争力的港口群。

---

① 来源于几个港口管理联盟的官网发展规划，分别为 1. Port of New York and New Jersey 的 *Port of NY and NJ advanced port master plan*；2. European Commission 的 *Ports 2030：Gateways for the trans-European transport network*；3. The UK Major Ports Group 的 *Port 2050*.规划时间为 2017 年。

续表

港口	战略规划	主要内容
英国港口群	《港口2050》	充分借助数字化革命浪潮，为快速蜕变的未来定下框架，激发英国与世界的再次沟通。
欧洲港口群	《欧洲港口2030》	打造欧洲转运网络的中枢。
日本港口群	《未来港口2060》	横滨打造国际文化城市，长崎打造国际旅游城市，东京湾打造国际工业港。

长三角各主要港口规划仍停留在城市港口和省市港口的定位层面。如江苏浙江港口分别提出建设干线枢纽港和部分重要枢纽港，服务于本地经济和周边地区以及长三角经济带（见表6-3）。

表6-3 长三角主要城市群港口的战略规划

港口	战略定位	主要内容
上海港口	枢纽港	"十三五"期间建设东北亚国际集装箱枢纽港，2020年基本建成上海国际航运中心。
宁波港、苏州港	干线枢纽港	宁波港以服务城市物资运输为主，发展仓储、城市商贸、娱乐服务等功能。苏州港以国际集装箱、铁矿石运输为主，相应开展石油化工品及临港工业的原材料和产成品运输的多功能、综合性港口。
南京港、镇江港、南通港、舟山港	重要枢纽港	除为本市服务以外，兼有为周边地区乃至长江流域服务的功能。
扬州港等	区域性港口	主要是为地区经济发展及对外开放服务。

资料来源：课题组根据《上海市口岸"十三五"发展规划》《江苏省港口"十三五"发展规划》和《浙江省海洋港口发展"十三五"规划》整理。

在长三角一体化和长江经济带发展等国家战略背景下，长三角港口群处于多个战略叠加区，正迎来协同发展的重要机遇。长三角一体化建设中应明确世界级港口群的战略定位，统筹协调各港口的总体规划和职能分工，促进长三角港口群高质量发展，打造具有全球竞争力的世界级城市群港口。

（二）长三角港口群岸线资源高效集约利用、经济腹地有机联动有待进一步加强

1. 长三角港口群岸线规划集约化程度较低

港口岸线是港口建设和发展所必须的基础要素，同时也是港口极为稀缺和不可再生的宝贵资源。国际重要港口群在岸线规划上呈现集约化趋势。例如，纽约-新泽西港口群在规划岸线发展时将沿岸的化工原料线展开，将运输线集聚，将远洋航运码头安排在港口北部区域，将其他功能区安排在上游区域，使生活、生产和生态三区分离，从而实现"港尽其用"。

我国自2004年《港口法》实施以来，各地加强了对岸线资源的管理力度（如2001年芜湖成立了长江岸线及陆域管理委员会）。另外，沿江政府逐步重视岸线规划的指导作用，有力地促进了长江港口深水岸线的使用。然而，对照国际先进经验，长三角港口群尚未做到"节约高效、合理利用、有序开发"。主要体现在：一是港口群岸线存在重复建设现象严重、结构性的冲突明显的问题；二是每个港口又属于不同的区域管辖，不同区域之间非良性竞争的状况时有发生，造成岸线资源的浪费；三是生产、生活、生态三类岸线区分度不够明显；四是上下游协调与左右岸协调不同步造成岸线经济发展不均。

面对未来港口群岸线资源高度集约化的趋势，长三角港口群要明确岸线近期与远期发展方向，探索建立长效管理机制，科学配置港口岸线资源，设立生产性岸线准入制度，从体制机制上解决港口岸线资源集约化不足的问题，进一步提高港口岸线资源利用效率。

2. 长三角港口群腹地联动有待加强

港口群腹地通常是城市经济圈，港口与腹地之间存在相互支撑和互为基础的关系。一方面，港口的建设能带动区域货物的输入和输出，拉动经济腹地的发展。另一方面，经济腹地的发展又能给港口提供充足的货源，进一步推动港口的发展。世界级港口群与经济腹地的城市群之间的联动正在逐步加强（见表6-4）。以纽约-新泽西港口群为例，其港口群规划中明确提出了辐射区域的经济带动情况和产业竞争情况。

表6-4 国际主要港口腹地

港口	腹地
纽约-新泽西港	美东地区最大港口,直接腹地是纽约和新泽西州,间接腹地是美国东北部和中北部产业区,共14个州。
波士顿港	美东地区第二大港口,腹地同纽约港。
洛杉矶-长滩港	美西地区最大港口,直接腹地是加州,间接腹地是美国西南部地区。
新加坡港	东南亚第一大港口,经济腹地涵盖新加坡、马来西亚、印尼、泰国等多个东南亚国家。
迪拜港	阿联酋第一大港口,中东地区最大自由贸易港,经济腹地涵盖整个波斯湾地区。
东京-横滨港	日本第一大港口,直接腹地是东京圈,间接腹地是日本关东地区。

资料来源:根据全球城市区域主要港口网站信息整理。

长江三角洲地区强大的经济腹地为港口群产业集群发展提供了良好的经济基础和支撑,也促进了港口经济的发展。但仍存在深度契合性不够凸出的问题,主要体现为:一是港口群服务城市,城市喂给港口的联动效应不够明显;二是部分港口仅立足局部地区,吸收局部资源,辐射局部经济;三是长三角重要港口经济腹地交叉重叠,难以做到"港尽城用、港城相长"。

面向未来,长三角港口群应通过口岸服务和物流服务加强与其经济腹地的联动效应(见表6-5)。一是长三角港口群通过协调发展为跨国公司提供优质便捷的综合口岸服务,将长三角地区打造成为航运"总部经济"的集聚地;二是加快推动港口、机场、道路、物流节点等基础设施的信息化建设,提高长三角城市综合性物流效率。

表6-5 长三角主要港口腹地

港口	腹地
上海港	上海港官方网站中划定其直接经济腹地是长三角地区,包括上海、苏南和浙北地区,间接经济腹地包括浙南、苏北、安徽、江西、湖南以及湖北、四川等地区。

续表

港　口	腹　地
宁波港	直接经济腹地为宁波市和浙江省。随着杭宣铁路（杭州-宣城）的建设和浙赣铁路运输能力的提高，可扩大至安徽、江西和湖南等省。间接腹地为长江中下游的湖北、安徽、江苏、上海等省市的部分地区。
温州港	直接经济腹地：主要包括温州市所辖六县二市三区（统称核心腹地）和瓯江沿岸、330国道沿线的丽水、金华、衢州地区以及104国道、沿海高等级公路沿线的台州南部地区，总面积约4.37万平方公里。间接经济腹地：包括浙西南、闽北、赣东、皖南等部分地区。
连云港港	直接腹地连云港、徐州、宿迁、盐城、淮安5市，间接腹地河南、陕西、山西、四川、甘肃、宁夏、青海、新疆等省区。
南通港	直接经济腹地为南通市和苏中盐城、淮安、泰兴3市部分地区。
镇江港	直接经济腹地为镇江市和京杭运河沿岸的扬州、淮阴、盐城地区、常州西部地区。间接中转腹地是长江沿线6省市、淮河流域及太湖地区。
南京港	直接腹地：南京及安徽省滁州地区。间接腹地：水陆中转腹地包括津浦线、沪宁线、宁皖赣线铁路沿线地区。江海中转腹地包括长江沿线的重庆市、四川省、湖南省、湖北省、江西省、安徽省、江苏省的沿江地区。
苏州港	苏锡常地区是苏州港的直接港口腹地。

资料来源：根据各港口规划与资料汇编整理。

3. 长三角港口群市场运作的合作与开放机制需要进一步深化

自20世纪末以来，世界主要城市群港口掀起了一股由政府单一领导向企业多元参股和经营管理转变的浪潮。例如欧盟于1993年成立了欧洲海港组织（ESPO）来协调、管理整个欧洲地区的海港。而ESPO则强调港口自主经营的法律地位，以确保港口之间的自由竞争并通过会员大会的形式来协调各个港口之间的利益。

当前，长三角城市群港口在联盟上已取得初步成效，但运作模式上仍不成熟。比如，2001年，上港集团与其他港口集团联合形成了长江上下游集装箱装卸、运输、代理等支线运营网络。2014年后，上海港与南京港、太仓港、嘉兴港的合作再次加强，支线运营网络得以完善。然而，长三角港口群的港货联盟、港航联盟、港港联盟和园区联盟等新兴联盟形式暂未大规模出现。港口企业管理主体仍以国资为主（见表6-6），缺少市场化运作模式，从而造成港口的投融资渠道相对有限，港口群产业创新动力不足，又进一步限制了相关港口联盟的出现和发展。

表6-6　长三角各港口的经营主体

港口	主体企业	性质
上海港	上海国际港务(集团)股份有限公司	国资
苏州港	SZP苏州港集团	国资
太仓港	太仓港港务集团	国资
宁波舟山港	宁波舟山港	国资
南京港	NJP 南京港集团	国资
镇江港	镇江港务集团有限公司	国资

资料来源：根据各港务局网站整理，时间截至2018年9月。

面向未来，长三角港口群一体化协调发展中合作与开放机制需要从政府职能、资本运作和多式联运等方面进一步深化（见图6-3、专栏6-3）。一是政府需要转变职能，要由发展型政府向服务型政府转变，政府作用主要体现在通过立法，营造宽松、规范和公平的市场环境，调控和整合港口资源；二是长三角港口群企业应坚持以资本为纽带，以市场运作为主导，采用互相参股、交叉持股等灵活方式，加强苏浙沪港口之间的经济互动和资源共享，着力推进港口资源的省内整合、省间整合；三是将国际多式联运与全球综合物流纳入其中的合作规划，提升长三角港口群全球综合竞争力。

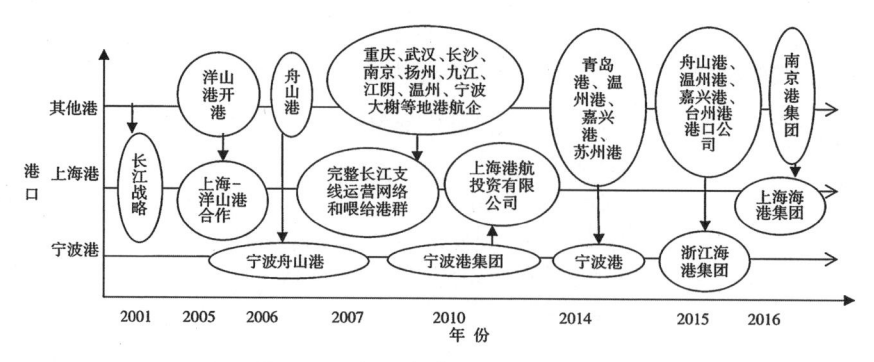

图 6-3　长三角港口主要合作历程

资料来源:《广东海洋大学学报》。

专栏 6-3

广西北部湾沿海港口一体化经验

广西北部湾港是我国西南、中南地区最便捷的出海口,这里拥有防城港、北海港、钦州港三大天然良港组成的港口群,具备满足 30 万吨散货船舶、20 万吨级集装箱船舶进港的条件。但由于三港地域、货源相近,多年来,为争夺货源,各自为政,形成"小而全"局面。此外,由于历史原因,过去岸线低水平开发,有"深水浅用"现象。加上高负债率及资本金不足,港口对外合作实力受限。

2009 年 12 月,广西防城港、钦州港、北海港实施整合,统一使用"广西北部湾港"名称,开了全国跨行政区域的港口资产整合先河。2014 年 10 月,广西出台《关于深化改革加快北部湾港发展的若干意见》,明确全面深化港口管理运营体制机制改革。2015 年 3 月,广西北部湾港被列为交通运输部区域港口发展一体化改革试点之一。

2015 年 6 月 30 日,广西交通运输厅、编办、发改委、财政厅、北部湾办、国资委联合印发《广西北部湾沿海港口发展一体化改革试点实施方案》。该实施方案明确了广西北部湾沿海港口发展一体化改革目标,即以广西北部湾港行政资源整合、经营模式创新为突破口,逐步打造品牌一体化、管理一体化、政策一体化、信息一体化北部湾港口,建立沿海港口一体化发展长效机制。

2015 年 10 月,广西北部湾港口管理局成立,原北海、钦州、防城港三市政府承担的港口行政管理职责全面整合。2016年1月,北部湾港口管理局钦州分局、防城港分局相继挂牌成立,标志着广西北部湾港三港整合后,真正意义上实现统一规划、统一建设、统一管理、统一运营的"四统一"管理模式正式开启。

◇ 资料来源:广西港务局网站。

4. 长三角港口群全方位产业链和价值多元化有待进一步拓展

第四代港口群发展理论着重强调物流、金融、保险、信息、仲裁等高端生产性服务业的快速发展,高端生产性服务业成为衡量港口服务质量的重要标准和吸引货源的关键因素(见表6-7)。纵观国际主要城市群港口,都在面向未来做全面的产业链体系规划,寻找价值链的多渠道和多元化。以英国港口群为例,不断创新与衍生航运交易、融资、海事保险、海事法律和仲裁等航运相关服务产业集群,并主导制定了国际航运服务业及相关行业的系列国际标准与市场规则。

表6-7 欧洲港口群产业体系发展模式和路径

港口群	产业集群路径	产业集群模式
英国港口群	历史路径依赖与制度创新;市场主导加国家激励。	航运交易、航运融资、海事保险、海事法律、仲裁法院、船舶经纪等航运交易和金融服务。
挪威港口群	政策导向;市场导向;模式创新。	墨勒-鲁姆斯达尔以船舶设备制造为主、卑尔根以造船业及航运业为主、奥斯陆以海事服务与技术研发为主。
荷兰港口群	腹地系统扩展主导产业更替;空间拓展诱导服务业集群。	临港工业区;航运服务和配送区;金融、保险、信息和培训服务区。

资料来源:根据主要城市港口群网站信息整理。

与世界其他先进港口群相比,长三角港口群在软实力建设方面仍存在很大差距(见表6-8)。长三角城市群港口自改革开放以来产业集群发展迅速,但片面追求港口吞吐量导致产业链体系不完整。主要体现在长三角港口群内主导产业与相关产业之间的相互支持和带动的作用不强,各产业之间上下游关系不紧密，集群内企业之间的业务关联性和技术关联性不强。同时，集群内部产业之间缺乏明确的产业分工和产业特色，部分产业链虽然已经形成，但互补性不强。而且，支柱产业与外围配套企业衔接不够，尚未形成完整的产业链。

表6-8 长三角港口产业集群体系[①]

上海港口群	浙江省港口群	江苏省港口群
精品钢材产业群	电子信息产业群	电子信息与软件沿江产业群
化工产业群	现代医药产业群	车辆制造沿江产业群
微电子产业群	石化产业群	冶金和能源沿江产业群
汽车产业群	纺织产业群	汽车配套沿江产业群
航天产业群	船舶制造产业群	石油化工沿江产业群
临港物流产业群	专用设备产业群	

长三角港口群在建立合作机制的同时要更加注重产业的连续性和支撑性。一是通过长三角港口群与城市群融合，发展包括航运金融、海上保险和航运咨询、海事技术服务、海事培训教育、海事法律服务、海事研究与交流等高端产业，提升长三角城市群港口产业升级，加强对高端环节的控制力、提升高能级网络联通的"辐射能力"；二是以航运产业为载体，提升长三角城市群在占据全球价值链、创新链、创意链和治理链的高端环节和核心环节的管控，形成高能级的管控能力，对全球的经济、科技、文化、治理等活动形成高端话语权和规则制定权具有重要作用。

5. 长三角港口群立体化的集疏运体系需要进一步构建

随着产业丰富度和产业层级的加强，新一代港口对物流体系提出了更高的要求。国际级港口在物流体系上正在向立体化的集疏运方向发展（见图6-4）。比如，新加坡港口在物流运输体系的高效性上一直是全世界港口的楷模。该港口开辟了250条航线，与世界上80个国家和地区的130多家船公司开展往来，并且与水路、陆路共同构成了立体化的集疏运体系。

[①] 据吴爱存博士论文相关内容整理，研究时间为2015年。

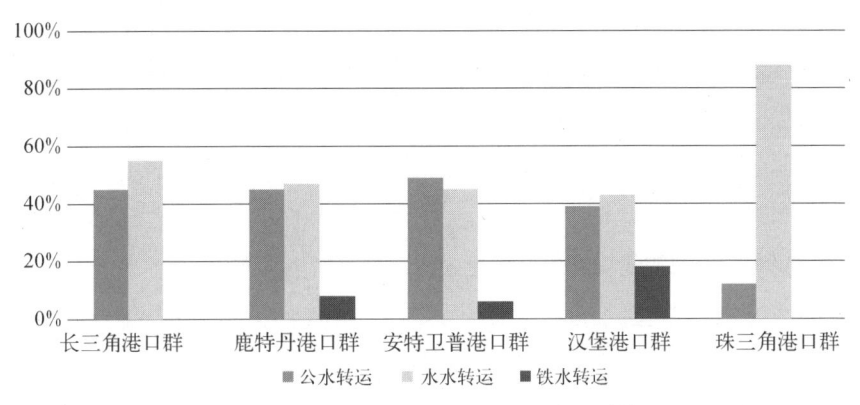

图 6-4 世界主要港口群联运体系对比

资料来源:根据各港口群官网数据整理。

长三角港口群注重构建区域集疏运网络,但是存在物流体系建设滞后于港口建设,集疏运体系存在结构性问题。比如,长三角 300 公里左右半径的区域长江内河基础设施差,河道堵塞,与江船衔接的泊位少、质量差。从集疏运结构来看,长期以来,水水转运占 30%—40%,公水转运占 60%—70%。目前,上海港水路集疏运比例较低,公路集疏运比例太高,铁路集疏运比例太小。沿海港口群物流在集疏运方面存在内陆集疏运网络主要以公路为主,缺少铁路专线,尚未发挥集疏运网络应有的作用,未有效开展内陆联运,现代物流网络尚未在腹地得到充分推广,且作业效率低。

长三角港口群需尽快打破港口集疏运体系的瓶颈制约。一是加快与港口建设相配套的跨区域交通基础设施项目的建设,形成网络化、互联化的布局,采取有力措施降低陆路集疏运成本,充分挖掘内河水运的优势和潜力,形成全方位、开放型的一体化集疏运网络体系。二是发挥上海自贸试验区航运功能,提高水水转运比例,降低转运成本。三是积极推进海铁联运枢纽建设,提高铁路集疏运运能,融入国际中转体系,促进亚欧转运体系的重构。

6. 长三角港口群智能化物流建设以及信息共享尚待全面提升

推进信息化建设已成为各港口增强核心竞争力、加速现代化步伐的重要举措。越来越多的集装箱码头在拓展业务的同时,重视信息系统的建设,希望通过引进先进的信息系统提升码头的管理和服务水平。无论从智能化码头的成功经验还是未来集装箱运输的需求来看,智能化管理已经成为现代化国际枢纽港发展的必然趋势。加快港口智能化建设，建立高效的港口物流，已经成为国际港口面向未来发展的共同趋势。当前，上海、浙江的主要港口已经全面开展智慧港口建设，江苏正建设南京智慧港为全省树立典范。面对未来的信息化、智能化的趋势，长三角港口群还缺少信息化的全面布局。一是长三角港口群在智能物流方面建设较多，而在智能生产、智能口岸和智能安防方面较为缺乏，且暂无远期规划的方向；二是港口群的信息化联动规划较为缺乏，目前各港口缺乏远期的港口群之间信息一体化的规划，产业体系价值链并未实现真正意义上的智能化，有待提高港口群间信息共享提高航运资源配置效率。

7. 长三角港口群需倡导并践行低碳港口、绿色港口理念

现代港口低碳绿色的发展理念与港口群协调发展能够相互促进，互为支撑。主要表现为，一是低碳绿色理念要求新型国际港口将"港口、人和自然"协调统一，依赖资源的合理优化，避免产能过剩和恶性竞争，硬件上要求合理配置大小船，重新定位港口支撑发展；软件上要求国际接轨，满足贸易便利化的要求，降低物流成本，通关便捷化、贸易便利化，以降低成本、提高竞争力；二是港口群协调发展必然带来资源有效配置，避免重复建设、资源浪费，提高资源配置效率，进而促进践行低碳绿色理念。

由于长期依赖于高投资、高污染、高增长的模式，长三角港口群缺乏长远的绿色战略规划。目前，长三角港口发展模式仍以土地、资源的大量投入等粗放的发展方式为主，能源消耗结构偏重煤炭，造成粉尘污染、废弃物毒害物乱排放等环境问题。绿色港口建设目前大多停留在港区绿化、污染源治理等低层次阶段，未形成完善的绿色战略体系，对于绿色港口的具体实现途径也缺乏清晰的认识。

面向未来长三角港口群需要倡导并践行低碳港口、绿色港口理念，形成完善的绿色战略体系，在港口群战略规划中体现绿色、环保和可持续的相关理念，促进长三角港口群协调发展。

第三节 长三角港口群协同发展的建议

随着全球范围城市化水平提高，未来城市群将主导国际竞争格局。长三角地区定位于建设面向全球、辐射亚太、引领全国的世界级城市群，承担着代表我国参与更高层次国际竞争的历史重任。同时，海运主导的全球经济一体化背景下，口岸能力是集中体现一国硬实力和软实力的重要载体，口岸能力的强弱体现了口岸国家、区域或城市全球资源配置能力的大小。为此，遵循"创新、协调、绿色、开放、共享"五大新发展理念，对长三角港口群协同发展提出如下建议：

一、战略定位转变，建设具有全球影响力的世界级港口群

按照世界级城市群建设愿景，从服务国家战略和区域发展需要出发，长三角地区明确目标、联手建设具有全球影响力的世界级港口群，通过提升港口群服务能级和核心竞争力，支撑长三角更高质量一体化发展。

（一）明确战略目标定位

到 2030 年全面建成具有全球影响力的世界级城市群，当前需要确立建设与长三角城市群地位相匹配的世界级港口群的战略目标定位，加快从城市港口、省市港口建设竞争为主的规模增长阶段向城市群港口协同合作为主的高质量发展阶段转变。打造长三角高质量一体化发展和长三角改革开放再出发的港航新高地，实现世界级港口群与世界级城市群联动建设，彰显"一带一路"与长江经济带重要交会地带的独特优势，巩固亚太地区重要的国际门户和西太平洋的东亚航线要冲地位，提升全球重要的现代服务业和先进制造业中心作用。

（二）发挥港口群与城市群的联动效应

以协同落实国家战略为新时代合作共识，以服务长三角更高质量一体化发展为主线，以联手助推上海国际航运中心纵深发展新突破为着力点，推动港口共建共享、基础设施互联互通，提升港口群内部协调度，提升港口群与产业链、供应链匹配度。

（三）提升服务能级和核心竞争力

充分发掘江海联运潜力，大力完善港口集疏运体系建设，加强港口区域协同和统一管理，发挥各地区比较优势，推进城市群港口分工合理化。以政府引导、市场主导为原则，以提升港口群服务能级和核心竞争力为目

标,加快港航资源整合,优化港口产业链和价值链分工布局,提高市场化运作与国际化服务水平,加快绿色港口群、智慧港口群建设,使沿江沿海港口资源整体利用效率显著提高,经济社会生态综合效益明显提升。

二、管理体制改革,优化城市群港口制度供给

优化制度供给加快城市群港口建设,亟须推动港口运输向港口经济转型,加强港口管理体制改革,从追求港口数量规模的单一城市港口离散化体系向注重质量效益的长三角城市群港口一体化体系转变。

(一)设立长三角港口管理局和做实上海组合港功能

建议考虑设立长三角港口管理局(或长三角港口管理委员会),代表国家(交通运输部)发挥统一的指挥、协调、管理职能,加强港口群跨区域协调管理,加强港口管理机构和地方政府之间的联系和协调,改变行政体制分割、多头管理的模式,克服港口权限下放和"一城一港"管理弊病。借鉴纽约与新泽西港口事务管理局(Port Authority of New York and New Jersey)的管理经验,协调解决跨行业、跨部门、跨领域的规划、标准、政策等事项,打破行政壁垒对港口发展造成的障碍,取消对资本、人才等跨区域流动的不合理限制。同时,鉴于上海组合港管理委员会是1997年国务院作出建设上海国际航运中心的重大战略决策,明确由交通运输部和上海市、浙江省、江苏省"一市两省"政府共同组建成立,负责协调上海市、浙江省、江苏省辖区内港口航运发展相关事务,建议落实由国家和交通部赋予上海组合港管理委员会职权,做实上海组合港在长三角港航一体化中的功能作用。

(二)抓紧编制长三角世界级港口群规划和专项行动计划

研究编制《长三角世界级港口群规划》,应顺应世界航运发展新趋势,呼应新时代改革开放再出发新指向,策应高质量发展与交通强国新要求。结合《全国沿海港口布局规划》及相关政策法规,尽快明确各港的定位和基本服务功能,确定长期、中期和近期发展目标,争取"十三五"规划中后期凝聚共识、通力合作,"十四五"期开始按照形成的统一目标和行动步骤,共同建设长三角世界级港口群。同时,长三角世界级港口群建

设积极纳入长三角一体化国家战略专项议题，高质量一体化合作框架核心内容，列为长三角主要领导座谈会、长三角城市经济协调会主要事项。高点站位、统筹布局，加快推动省内沿江沿海港口一体化，加快长三角岸线联动开发，强化长三角区域港航协同发展机制，鼓励以港航龙头企业为主体开展区域合作。

（三）加快实现长三角港航管理制度标准化与规范化

加强海事、海关、海运、航道整治、统计、税收等相关领域的改革突破与实践创新，加快实现长三角岸线、港口、船舶等相关管理制度的标准化、规范化，形成与长三角城市群建设发展相适应的集中统一、开放灵活的管理架构，探索中央统一管理和区域协调实施相结合的港口群管理新体制。建立和完善长三角港口发展综合协调机制，加强区域港口统筹规划，加强跨省市、跨部门的综合协调和资源的综合利用。积极主动衔接国家交通运输部、海关总署、水利部等有关部委及长江航务管理局、长江水利委员会等部门，共同针对港口、船舶、岸线、航道等方面加强规范管理，对各港口制定统一的服务标准、资费标准，通过具有较强宏观控制和协调职权的区域港口综合行政协调机构，有效推进区域港口密切合作、协调发展。

（四）加强港口岸线资源严格管理和社会参与

完善港口岸线资源评价体系及准入、变更、转让和退出机制，推动港航业审批制度改革。加强海事、信息与税务合作，打造统一的长三角专业化港航信息服务平台，港口群内实现有价值的数据共享，客户信息共享，减少客户搜寻成本，降低港口信息交易与使用成本。发挥好政府、企业、第三方组织等多元主体作用，加强政策协同、服务协同与市场协同。学习借鉴欧洲海港组织（ESPO），完善港口决策社会参与机制和工作机制，发挥长江经济带航运联盟作用，构建专业化航运协会（集装箱、航运保险、航道协会等），充分发挥行业协会、商会桥梁纽带作用，促进行业规范自律与政府监管有效结合。

三、联动自贸港区，打造港航领域改革开放新高地

围绕落实增设上海自贸试验新片区等新的重大任务，利用港区的物理空间与制度优势，加快推动自贸试验区经验率先在港口群复制推广，开展

专项行动打造深化改革与扩大开放新高地。

（一）加快自贸试验区经验率先在港口群复制推广

按照党的十九大报告，赋予自由贸易试验区更大改革自主权，探索建设自由贸易港方向，加快落实习近平总书记出席中国国际进口博览会期间提出的"增设中国上海自由贸易试验区的新片区，鼓励和支持上海在推进投资和贸易自由化便利化方面大胆创新探索"新的重大任务以及一系列扩大开放新要求。深化自由贸易港区改革开放，加快实施通关便捷化、贸易便利化突破性和针对性新举措，利用港口群物理空间和制度管理优势，推动上海、浙江自由贸易港区经验率先在长三角港口群更大范围内实现可复制、可推广，打造长三角港航领域自贸区制度创新试验和深化改革开放新高地作用。

（二）研究出台长三角港口群改革创新专项行动计划

推动港航领域作为重大实施专项，支撑长三角地区协同改革和开放型新体制建设。聚焦港航内外开放联通、集疏运体系建设重点领域和关键环节，探索形成具有最高开放度和重大标志意义的制度体系、监管体系、政策体系、管理体系。重点破除内外贸水水中转过程中的税收协调、口岸监管等一体化制度障碍，为发展带有离岸特征的航运产业（如国际融资租赁、国际船舶登记和国际中转）创造更大可能，为长三角地区的港口经济辐射与融合提供更多机遇，提高长三角港口在国际竞争中的竞争能力和话语权。

四、功能优势互补，推进城市群港口分工合理化

适应新时代国家战略与城市群建设需要，立足上海国际航运中心"一体两翼"的港口战略组合布局，加快形成陆海统筹、江海联动、功能互补的长三角港口群分工格局，充分调动"一市三省"、长三角城市群合作积极性，激活重点口岸城市潜力优势。

（一）聚力联手加快建设上海国际航运中心

立足城市群港口发展阶段新要求，基于20世纪90年代末国务院提出的"一体两翼"上海国际航运中心架构（以上海深水港为主题，浙江、江苏的江海港口为两翼），以增强长三角港口群整体竞争力作为优选战略，

塑造长三角港口群分工新格局。加强长三角各地区通力合作，克服上海国际航运中心实施主体长期以来过度依赖上海一家，港口联动效应不明显，多式联运和港口集疏运体系推进缓慢弊病。加强长三角港口群功能协调、优势互补，提升联动效应，激发港口协同发展潜力，提升港口分工合理化水平，拓展港口群范围经济。加快长三角港口群陆海统筹、江海联动，实现枢纽港-支线港合理分工，枢纽港采用上海—洋山和舟山—宁波，相互协调、分工促进发展，支线港作为上海航运中心的有效补充，开辟江海联运，成为集装箱支线港口。

（二）强化功能优势推进港口群分工合理化

长三角各地区围绕强化功能优势，发挥比较优势，培育竞争优势，总体形成上海以国际中转为主、浙江以大宗散货为主、江苏以江海转运为主、安徽水运深度连接的功能布局。具体为：上海建成智慧高效的集装箱枢纽港，做大做强国际中转基础性业态，发挥城市国际网络和人才资源优势，完善集装箱国际中转市场功能。提高国际中转水平和水水中转比例，加强与国际班轮公司合作，提升国际中转增值服务功能。实现"境内关外"的转运模式，提升口岸自由化程度。建设国际一流的邮轮母港。提供船舶租赁、航运融资与保险、航运咨询、航运指数等高端航运服务。浙江加快建设舟山江海联运服务中心，充分发挥宁波舟山港舟山深水岸线的优势，聚焦大宗商品转运、交易和服务功能。江苏利用长江岸线资源优势，打造江海转运枢纽，聚力推进长江南京以下江海联运港区、南京区域性航运物流中心、连云港港区域性国际枢纽港、苏州太仓集装箱干线港等"一区三港"的建设发展。安徽全面整合港口资源，加快构建统一的沿江港口营运管理平台，深化与上海港、宁波港、南京港互联互通合作，深化融入长三角港航网络。加强上海国际航运中心、南京区域性航运物流中心、舟山江海联运服务中心的协同合作。

五、资源要素整合，加强城市群港口市场化运作

顺应物流型、智慧型和资源配置型为特征的新一代世界港口发展趋势，把握国内港口整合的政策导向，围绕港口供给侧改革，政府引导与市场主导相结合，发挥港航企业市场主体作用，加快长三角港航资源要素资源整合，推动区域港口一体化协同发展。

（一）着力推进港口资源跨行政区整合

政府引导、市场主导相结合加快港航资源整合，发挥政府在规范标准、政策支持、资金配套等方面的引导作用，强化市场配置资源的决定性作用，突出企业的市场主体地位。形成市场化、开放性的平台和机制，通过合资合作等模式创新，建立多元化的投融资体系，坚持以资本为纽带，以市场运作为主导，采用港航企业兼并重组、参股控股等灵活方式，通过长三角港口之间的合资、合作、联盟等多元方式加强互动互享和深度合作，形成跨区域企业之间利益共享、风险共担的多元运行机制。形成以企业为主体的运营网络，整合海港、空港、公路、铁路、长江水运和内河水网运输，推进长三角航运服务功能一体化。

（二）鼓励支持港航企业融合发展

充分调动港航企业在长三角港口群建设开发、岸线资源整合中的积极性和主动性，鼓励港口产业链按照市场化规则，发展多种形式的混合所有制经济，加快港航国资国企改革。培育壮大龙头港口企业，鼓励有条件的大型港口企业兼并重组，支持大型港口企业开展资产、股权、基金的投资、运营和管理，推动港口企业向现代综合物流运营商转型。支持社会资本有序建设综合运输信息、物流资源交易、大宗商品交易服务等专业化经营平台，支持交通物流企业通过发行债券、股票上市等方式多渠道融资。鼓励港航企业国内外合作，积极参与国际港口建设、开发，支持港口企业"走出去"，提升港口企业国际化运营水平和高端化、综合化服务能力。

（三）加快长三角港口群营商环境建设

优化口岸监管模式和服务环境，优化航运发展综合环境，提供公平透明的合作环境。加快长三角港口群放管服改革，聚焦港口收费定价机制市场化改革，完善和规范口岸收费，简化单证办理。

六、港航产业升级，完善城市群港口产业体系与物流体系

长三角港航产业亟须加快转型升级，建立与长三角城市群产业体系、长三角世界级产业集群相匹配的港口产业体系和物流体系。加快培育现代化港口产业集群，健全港航产业链体系，优化临港产业布局，发展高端航

运服务，完善港口集疏运体系。

（一）建设现代化港口群产业体系

加强港口群产业布局与城市群产业规划协同，明确港航重点产业，突出上下游关键产业，增强支柱产业与外围配套企业衔接能力。优化发展港航产业价值链，由"大而全"向"高精尖"转变，拓展上游产业特色，推动下游产业升级，拉长中游产业链。探索"港口+物流""港口+金融""港口+产业""港口+商贸"等港口产业链延伸，创造新的发展动能，推进港口经济转型升级，加快长三角港口城市建设。着力发展现代航运服务业，促进口岸便利化，积极探索自贸区航运政策创新和复制推广，提升航运金融服务国际化水平，进一步提升我国在国际航运中的话语权和影响力。优化长三角临港、临江产业布局，支持港口兴办物流园区，提供包装加工、仓储配送、信息服务等高附加值综合物流功能，加快发展临港产业集群，培育港口经济新的增长点。

（二）鼓励支持港口主体集团化、联盟化运作

增强港航产业链系统化和集成化水平，鼓励支持港口主体以集团化、联盟化运作方式，扩展业务、降低成本，提高运作效率和协同效应。有效发挥上海国际港务集团、浙江海港集团、江苏港口集团、安徽港口集团等一批集团化企业的竞争优势、战略协同、深度合作与示范引领作用。鼓励企业尝试混合性融资，国际多式联运与全球综合物流结合，加快发展横向联盟，特别是集装箱港口联盟发展，助力港口协同合作。大力支持纵向联盟，包括港货联盟、港航联盟、港港联盟、园区联盟等新兴联盟形式，与客户建立长期一体化关系。

（三）进一步完善港口集疏运体系

推动江海联运、海铁联运、海空联运，打造海陆空立体化的多式联运通道，提供"一站式"和全方位运输服务。完善长三角港口集疏运规划、体系，推动跨区域、跨部门、跨行业的多式联运通道建设。加快多式联运领域价格形成机制，加大对港口集疏运系统建设的政策、资金扶持，为港口物流匹配创造有利条件。按照"到2020年重要港口铁路进港率将提升到60%左右"目标要求，重点推进大宗干散货港区和规模化集装箱港区铁路集疏运通道及场站建设，推进"港站一体化"，实现铁路货运场站与港

区无缝衔接。完善江海联运，完善江海直达、江海中转运输体系。大力发展铁水联运，使集装箱铁水联运规模和在港口集装箱集疏运中的比重显著提高。加强上海国际航运中心、长三角港口群与长江黄金水道口岸服务、交易平台、体制机制协调联动，高质量发展长江航运，大力发挥长江南京以下 12.5 米深水航道作用。

七、科技环保引领，加快建设智慧、绿色港口群

在物联网、大数据、云计算、人工智能、卫星通信等新一代技术涌现新背景与港航低碳环保可持续发展大趋势下，推动信息技术、低碳技术与港航深度融合，建设智慧和绿色港口群，积极推动长三角港航业逐渐向智慧化、平台化和融合化方向发展，提升绿色港口节能环保管理能力，实现港口群的功能创新、技术创新和服务创新。

（一）加快建设长三角智慧港口群

研究出台《长三角智慧港口群建设意见》，发挥政府投资的导向作用，建立健全政府与企业等多方参与的投资融资机制，引导社会资金投入智慧港的建设，运用物联网、大数据、云计算、区块链等高新科技手段，优化提升港口的基础设施和管理模式，提升港口客户管理、生产管理、运营服务、口岸管理、交通管理、物流管理、安防管理、数据中心系统八个主要方面的智能化、智慧化水平。推进长三角航运数据库、港航大数据实验室等长江航运信息共享平台建设。同时，启动智慧港口相关标准制定和人才培养。由国家或行业部门牵头尽快组织力量，全面开展智慧港口的相关标准化工作，以智慧港口和物联网示范工程的应用为基础，联合高校、科研院所、协会等机构，建立智慧港人才培训基地，加强对智慧物流高端人才的引进，在各地港口码头以及与港口相关联的生产服务业、制造业等领域，开展智慧物流、智慧港口的人才培训，提高智慧港管理层和从业人员的经营管理水平和智慧港物联网技术应用的专业技能。

（二）鼓励上海港等一批具备良好基础的港口瞄准"智慧港口"建设

利用上海科创中心建设和长三角科研优势，打造服务长三角、辐射长江流域、影响海内外的航运技术研发和智造中心。加快港口价值链两端延

伸，整合行业优势资源寻求业务和业态转型，全面提高港口集疏运能力，打通物流、信息流和资金流，构建更高效的生态圈。积极建立面向客户的"线上统一服务窗口"，扩大实施集装箱单证无纸化，减少企业跑单办证时间，为企业节省成本。持续推进上海洋山深水港自动化码头建设引领示范效应，积累大量软硬件核心技术和自主知识产权，推广实施自动化码头建设，实现连续、低误差作业，提高港口疏解能力。完善集卡服务平台，加大集卡使用，开发长江沿岸港口信息平台，提高集装箱和船舶的信息管理水平。完善国际贸易单一窗口，实现相关信息共享。

（三）建设绿色港口群推动航运绿色平安发展

认真落实国务院"打赢蓝天保卫战"、交通运输部"绿色港口建设行动"，按照"共抓大保护、不搞大开发"要求，提升绿色港口治理能力。对标鹿特丹、新加坡在港口可持续发展国际标准，港口规划、设计、建设、维护、运营、管理全过程贯彻绿色发展理念。加强促进区域联防联控，在港口设施建设、岸电、粉尘综合治理和清洁能源、新能源推广方面多策并举，优化能源消费结构、节约和循环利用资源，加强港区污染防治，推进港区生态修复和景观建设，创新绿色运输组织方式，提升绿色港口节能环保管理能力。积极顺应国际海运和港口环保领域新要求，在现有基础上实施更为严格的控制要求，即船舶进入船舶排放控制区使用低硫燃油，将低硫燃油的标准从 0.5% m/m 下降到 0.1% m/m，率先争取国际海事组织将长三角船舶排放控制区确定为国际船舶排放控制区。着力强化港航安全管理，促进长三角区域平安发展，加快船舶岸电技术和设施推广应用，推广 LNG 动力内河船舶应用，提高港区非道路移动机械清洁能源使用率，全面落实港口、船舶污染物的规范接收处置。合理布局锚地，提升应急救援处置能力和不良气候条件下应急保障能力。

（单位：上海发展战略研究所　执笔：姜乾之、李娜）

| 第七章 |

长三角一体化下
上海与苏州营商环境
互动研究报告

营商环境是新时期社会经济发展的体制性、制度性安排，其优劣直接影响市场主体的兴衰、生产要素的集散、发展动力的强弱，以及市场主体的活力和创造力能否得到充分释放。作为中国增长故事中最浓墨重彩的一笔，上海是全国优化营商环境的排头兵和先行者，不仅助力中国营商环境在世行排名中大幅提升，而且推出一系列卓有成效的改革创新举措并在全国复制推广。

然而，上海持续以制度供给为主要思路的营商环境改革，在简化审批流程、提升政府办事效率的同时容易出现难以兼顾不同企业对于营商环境的个性化诉求、政府不断推出优化举措但企业获得感难以如预期明显等问题。比较而言，苏浙在优化营商环境方面有许多宝贵经验，很值得上海学习借鉴。苏州作为江苏优化营商环境的缩影，其在企业服务、人才政策、融资便利度等方面的工作更是可圈可点。因此，本章以苏州营商环境建设的密码解析为主要内容，以便为上海进一步优化营商环境工作提供决策支撑和工作参考。

第一节　上海营商环境为什么要学习借鉴苏州

第一，苏州不仅吸引了大量不同行业的上海产业外溢，而且吸引了国内外较多的优质企业。项目组通过工商大数据分析了注册地在上海的上市企业、国高新以及民营企业500强在长三角、珠三角以及京津冀地区的产业转移①情况（见图7-1、图7-2）。数据分析结果表明，在长三角、珠

---

① 工商大数据共分析了注册地在上海的上市企业、国高新以及民营企业500强在长三角、珠三角地区以及京津冀地区60个城市的直接控股或参股的子公司及分公司共计2 704家。

三角以及京津冀地区包含的共60个城市中，苏州在其中的表现明显突出。在排名前10的行业中，苏州在5个行业排名前三。①

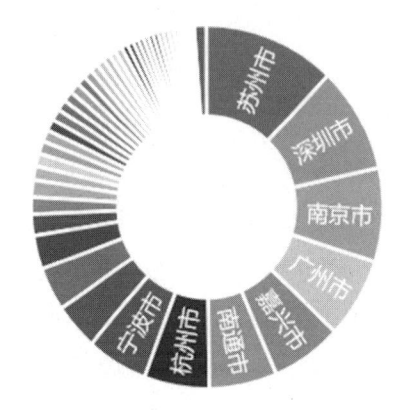

图7-1　科学研究和技术服务业产业转移城市

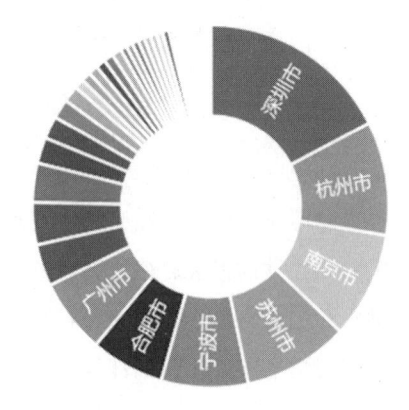

图7-2　信息传输、软件和信息技术服务业产业转移城市②

不仅如此，苏州凭借其优质高效的政务服务和精准有效的政策服务，吸引了越来越多的中外投资者入驻苏州。2018年苏州新设外商投资项目1 013个，实际使用外资45.2亿美元。2018年末苏州具有地区总部特征或共享功能的外资企业超300家。③

第二，苏州不仅是上海人才流出的主要目的地，而且对外籍人才有较高的吸引力。清华大学经管学院互联网发展与治理研究中心、上海科学技术政策研究所以及领英中国（LinkedIn）联合发布的《长三角地区数字经济与人才发展研究报告》（见图7-3、图7-4）结果显示，上海在长三角地区人才流出最多的地区是杭州和苏州，占比分别为29.06%和23.35%。从流动人才的职位等级看，苏州偏向于吸收高级职位人才而输出初级职位人才。上海则正好相反，吸收了较多初级职位人才，而输出较多中高级职位人才，为其他地区或城市的产业成熟化和人才结构优化提供了重要支撑。

第三，苏州招商机制与模式健全，市场活力增强。苏州实行多层级、下沉式的招商引资模式，赋予县域经济充分的领导权、决策权和发展权。

---

① 排名前三的5个行业分别是科学研究和技术服务业，制造业，信息传输、软件和信息技术服务业，文化体育和娱乐业，批发和零售业。
② 南京和苏州并列第三。
③ 《2018年苏州市国民经济和社会发展统计公报》。

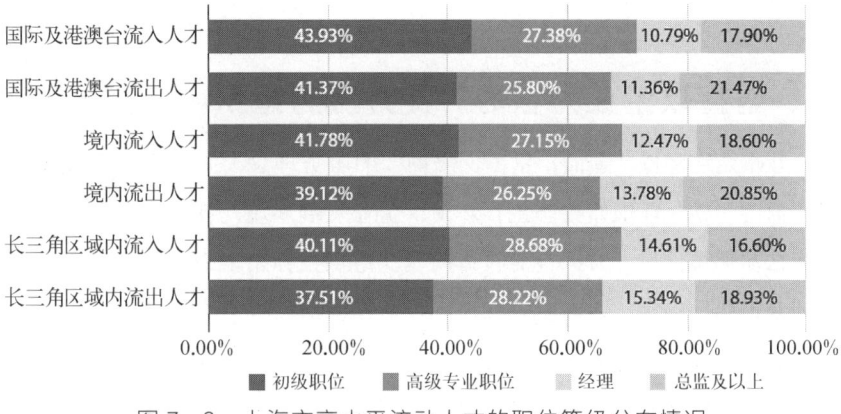

	初级职位	高级专业职位	经理	总监及以上
国际及港澳台流入人才	43.93%	27.38%	10.79%	17.90%
国际及港澳台流出人才	41.37%	25.80%	11.36%	21.47%
境内流入人才	41.78%	27.15%	12.47%	18.60%
境内流出人才	39.12%	26.25%	13.78%	20.85%
长三角区域内流入人才	40.11%	28.68%	14.61%	16.60%
长三角区域内流出人才	37.51%	28.22%	15.34%	18.93%

图7-3 上海市高水平流动人才的职位等级分布情况

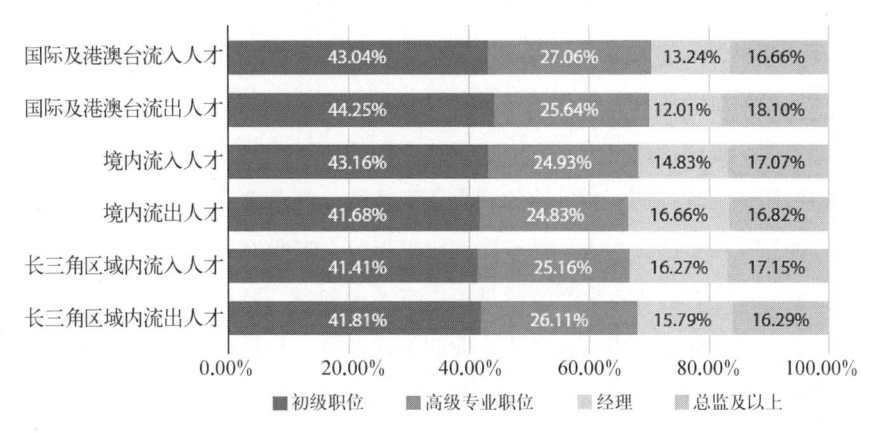

	初级职位	高级专业职位	经理	总监及以上
国际及港澳台流入人才	43.04%	27.06%	13.24%	16.66%
国际及港澳台流出人才	44.25%	25.64%	12.01%	18.10%
境内流入人才	43.16%	24.93%	14.83%	17.07%
境内流出人才	41.68%	24.83%	16.66%	16.82%
长三角区域内流入人才	41.41%	25.16%	16.27%	17.15%
长三角区域内流出人才	41.81%	26.11%	15.79%	16.29%

图7-4 苏州市高水平流动人才的职位等级分布情况

资料来源:《长三角地区数字经济与人才发展研究报告》。

各层级间相互补充,相互制约,不仅使苏州招商政策有很大的联动性,更重要的是赋予基层政府较高的招商决策自主权,加快了企业招商引资相关企业扶持政策的落地执行效率,提高了企业实际感受度,激发了苏州的市场活跃度。

第二节 苏州营商环境建设密码解析

就苏州营商环境建设的密码来看,尊重企业的市场主体地位、与企业的命运共同体意识,政府与辖区企业频密联系使得企业发展中反馈的很多问题都在服务过程中得以解决,产业政策更接地气、政策落实效果受到企业认可。

一、坚持以企业为核心，提升服务意识

苏州始终坚持"亲商、富商、安商"的服务理念，一方面提升企业生存阈值的"软"环境如生态生存环境、企业发展环境、社会人文环境以及亲商法治环境，另一方面针对具体问题、重点指标精准对接，切实提升企业的获得感。

第一，围绕亲商服务，持续拓展服务内容。苏州在基础设施建设、公共服务以及社会保障方面的大力投入，使得很多企业在苏州真正落地生根，真正实现企业一方面"引进来"，另一方面"留得住"，提高企业留存率。在吸引人才方面，苏州自1997年开始实施集医疗、养老、住房于一体的公积金制度，普通工人每月有500元公积金积累，此举深受外资企业的欢迎。苏州中德（太仓）中小企业合作创新园就其大量的德国企业集聚的特质，配套打造了相对应的教育资源扶持，符合企业员工诉求的德语学校的建立使得德国企业的感受度和幸福指数大幅度提升。

第二，针对企业在生产经营过程中反馈的问题，及时响应，制订精准对接方案。苏州市政府部门尊重企业的主体地位，与企业有着休戚与共的命运共同体的意识，为辖区企业提供全生命周期的贴身式的服务。苏州定期组织企业管理沙龙，邀请各行各业专业人士，对企业比较重视的税务、法务等问题进行工作指导；定期的行业协会和商务局企业走访调研，对企业的组织架构问题、人才梯队培养问题等给出预判并提出相应建议，提高企业的获得感。有国外的企业等资源来访时，政府部门一般会将其带到园区，以便促成合作或者推动产业上下游的互动交流。

第三，在具体事项办理上，通过精细化的服务提升企业的获得感。在开办企业、获得电力、纳税等方面，着重提高政府工作人员的主观能动性，强化服务意识，进而提高企业的获得感和满足感。比如，开办企业方面，苏州将工商和公司注册事项下放至街道办事处办理，提高办事效率。获得电力方面，电力公司对施工单位进行全流程的主动指导，帮助企业对电路规划、图纸设计以及工程具体施工方面提出专业的意见建议，以便尽可能压缩办理时间，减少企业投入成本。在纳税方面，苏州通过定期纳税政策咨询辅导，降低企业纳税投入总时长；提升办事人员专业度，降低企

业纳税总成本。

二、企业扶持全面多样，政策精准度高

除了政府的亲商服务外，苏州最核心的是政府对产业政策的合理规划和应用。围绕企业发展全链条全生命周期，根据不同企业关注点和需求的不同，苏州政府部门精准对接企业，用精准的政策服务来提高企业的获得感。

首先，区别于单一型企业补贴、扶持和奖励政策，苏州的企业扶持政策趋向于全方位化，针对不同类型、不同发展阶段的不同企业需求给予精准对标，对于企业从落户到生产经营整体过程提供更精细化、专业化的复合型政策指导和扶持，促进整个行业生态链的健康发展。

其次，苏州市瞄准前沿产业发展，围绕人工智能、生物医药等领域出台了一系列精细化、接地气的产业政策。以人工智能为例，苏州市把人工智能产业作为数字经济发展的突破口和传统产业转型的助推器，从基础设施、资金保障等方面为人工智能技术发展和落地提供大量的产业政策、发展基金，推动人工智能产业的发展。

再次，苏州切实做好微观的政策执行，通过积极有效的业务体系和基础设施，保证产业政策快速迭代、过程透明可控。并通过建立迭代修正的机制，更加有效地管理产业政策，最终形成适合本地发展的政策组合，从而让产业政策能够真正地落到实处。

苏州全面精准的政策服务获得了企业的较高程度的认可。全国工商联研究室牵头、零点有数等提供技术支持的《2019万家民营企业评价营商环境调查报告》结果显示，苏州市的高端创新人才引进政策、科技金融扶持政策、政府产业创新引导政策、公共技术研发平台建设政策四项创新政策，无论从政策的完备性、含金量还是政策效果方面获评得分均相对高于上海（见图7-5）。

三、政策宣传解读到位，流程易读性好

政策易读性包括政策明晰度、政策传播度和政策友好度三个层面。苏州市政府部门日常工作与企业接触频密，更易于从企业的角度制定政策、传播政策，使得政策更便于也更易于为企业所知。

政策类别	苏州	上海
公共技术研发平台建设政策	4.35	4.12
政府产业创新引导政策	4.40	4.17
科技金融扶持政策	4.35	4.12
高端创新人才引进政策	4.43	4.18

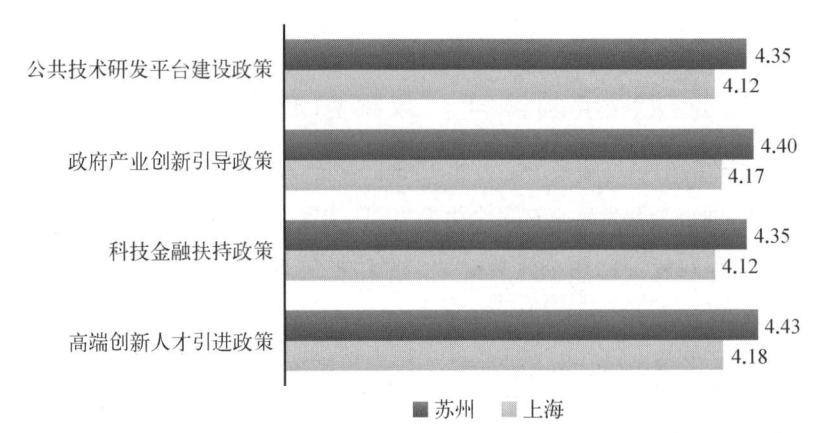

图 7-5 苏州与上海各项创新政策完备性、含金量、落实效果的企业评价

苏州通过多种形式进行政策解读宣传，提高政策可及性。苏州市科技厅为了帮助创新主体知晓、用足、用好各类科技创新政策，提高创新政策的宣传成效，多措并举、创新模式，构建了跨媒体、立体式、全覆盖的新型科技政策宣传服务体系。具体做法有三点：一是以新思维打造新平台。以创新主体科技政策需求为导向，借鉴"互联网+"和共享经济思维，打造了一站式、个性化的创新创业政策智能服务云平台——"科创政策通"，通过提供政策订阅、推送、解读、导航等服务，让政策多跑路、企业少跑路。二是以新视角编印新手册。针对企业反映的科技创新政策资料查找难、理解难等堵点难点，对2018年以来的国家、省、市最新科技创新政策进行了梳理汇编，对涉及"研发费用加计扣除""双创税收优惠"等重点领域且关注度较高的近100个政策点进行逐条剖析解读，同时对国家、省、市科技计划项目申报系统进行了分类介绍，编制形成2019版《科技创新政策实务手册》。三是以新技术拓展新模式。借助云计算、大数据等新一代信息技术，2019版《科技创新政策实务手册》大量引入二维码技术，把海量政策信息折叠进手册中，通过手机扫码可以轻松链接到"科创政策数据库"进行查阅，形成线上线下相结合的政策宣传服务新模式。

四、引才引智，激发苏州创新创造活力

一是发挥市场化社会化机构在招才引智中的积极性。苏州在人才政策方面，充分发挥市场化机构在人才引进方面的价值，大力支持企业通过人才中介机构招才引智。2015年，苏州市人才办、苏州市人社局出台《关于

进一步加强与海外各类社会组织合作,助力全市人才工作发展的实施办法》,实施以绩效为主要依据的激励措施,鼓励社会力量参与人才引进。2017年,《关于鼓励企业通过人才中介机构招才引智的实施办法(试行)》开始实施,其中提到"引才补贴按照企业给付人才中介机构佣金的50%确定"。

二是积极搭建平台,树立柔性引才观念,吸引更多人才为苏州发展创造价值。苏州先后创建了苏州科技城等综合创新区、专业化产业园区和苏州留学人员创业园等科技孵化机构。这些专业化、功能性平台的构建,带动了苏州高新产业的发展,吸引了大批海外高层次人才和国际先进技术,集聚了大批创业人才,大幅提升了苏州创新发展与产业化能力。同时,苏州牢固树立"不求所有,但求所用"的柔性引才观念,建立健全高层次人才柔性流动机制。科技镇长团作为苏州深化产学研合作、汇聚创新资源、提升自主创新能力的重要抓手,11年来共有12批来自全国181家高校院所和省部机关的993人次、744名科技镇长团成员来苏挂职,累计引进国家和省级各类人才超570人,苏州市各级"人才计划"2 200余人,引进和嫁接科技成果5 000多项。2018年,《苏州市科技镇长团工作激励办法(试行)》正式颁布实施,该办法进一步激励科技镇长团促进成果转化。

三是重视职业技能人才的引进和培育。近年来,苏州不断深化技能人才体制机制改革,突破比例、学历、资历、年龄和身份限制,探索建立技能人才职业发展贯通机制和晋升通道,确立以能力、实绩和贡献为主的高技能人才评价导向,最大限度激发了技能人才创新创造活力。创新人才评价机制,大力实施企业技能人才评价示范工程,支持企业制定符合本单位需求的技能人才评价办法,引导企业将技能人才评价结果作为岗位使用和确定待遇的依据。2019年1月,《苏州市境外职业资格持有人享受技能等级待遇管理办法(试行)》出台,苏州境外职业资格持有人可申请享受技能等级待遇,此办法将有助于鼓励和引导境外具有国际先进水准的技能人才来苏创业就业。

五、持续推动金融服务创新,切实降低企业融资难度

苏州市持续推进金融服务创新,多措并举提高投融资对接效率,解决金融机构与企业信息不对称的"痛点",切实缓解民营企业融资难融资贵

的问题。

第一，发挥平台作用，切实降低企业融资难度。苏州重视发挥苏州综合金融服务平台作用，通过财政奖励、贷款风险补偿等方式建立了"三大平台"服务机制，并以三大平台为载体，在全国范围内首创建立了具有苏州特色的"企业守信用、机构有创新、政府有推动"的综合金融服务体系。一是建立综合金融服务平台，充分调动各类金融资源，有效提升了金融服务实体经济的能力；二是建立地方企业征信系统，有效解决金融机构与企业之间信息不对称的难题；三是突破传统服务模式，推动一批商业银行和保险公司建立"企业自主创新金融支持中心"等专营机构，专门为中小微企业提供"绿色通道"服务。截至2019年3月末，综合金融服务平台企业合计3.6万家，为9800多家企业解决5829亿元融资，地方征信平台累计征集企业授权34万户，切实提升企业金融服务获得感、满意度。

第二，持续优化政策创新产品，拓宽企业融资渠道。苏州梳理整合了各类融资支持政策，综合运用贴息、风险补偿、信用保证基金、政银合作产品等方式，加大对中小微企业融资支持力度。中国银行苏州分行金融部专家表示，"今年以来，我分行通过债券支持工具、跨境并购贷款等创新产品，为当地民营企业拓宽融资渠道、提供资金支持、降低融资成本、实现'走出去'跨境整合"。2019年5月，苏州设立了全国首个小微企业数字征信试验区，在小微企业融资扩面、创新融资方式、优化融资结构等方面，为全国提供可复制可推广的先进经验；7月苏州创新推出了"信用贷""信保贷""投贷联动""首贷""联合授信"五项新政，着力解决企业融资难、融资贵等问题。

第三，实施差异化信贷政策，信贷投放力度大。苏州对民营企业的信贷投入呈逐年稳定上升趋势，支持力度不断加大。苏州银行坚持以客户需求为中心，从单一的信贷服务加快转型为综合化、定制化的金融服务，进一步加快产品及模式创新；同时构建了差异化的风险管控模式，不断优化现有审批流程，在要素齐全、风险可控的前提下，推行差异化风险管理。在制造业方面，苏州鼓励银行机构为优质制造业企业提供增量信贷服务，对为优质制造业企业提供融资性担保的担保机构和再担保机构给予一定比例的业务补助和风险代偿，支持制造业企业增品种、提品质、创品牌，积极化解过剩产能，淘汰落后产能，发挥好金融对产业结构优化升级的推动作用。

苏州的多项金融服务创新举措全面提高了企业金融服务满足率,有效缓解了民营企业融资难、融资贵等难题。全国工商联研究室牵头、零点有数等提供技术支持的《2019万家民营企业评价营商环境调查报告》结果显示,53.41%的苏州民营企业表示从2018年1月到2019年上半年从银行获得了贷款,92.68%的苏州民营企业申贷成功率在80%—100%,而上海相应的数据分别为35.29%、83.93%。

第三节 上海进一步优化营商环境对策建议

为了进一步优化营商环境,结合苏州营商环境建设的相关经验,建议上海营商环境从以下几个方面加以优化:

一、深化以企业为核心的服务理念

为了进一步提升企业服务效能,切实提升企业感受度、获得感,建议上海市政府相关部门深化以企业为核心的服务理念,尊重企业的市场主体地位,以企业需求为导向,倒逼营商环境改革工作的进一步深化。

首先,强化以"企业便利"为先的服务理念。建议全市择机开展"优化营商环境作风效能提升专项行动",分宣传发动、组织实施、问题梳理、整改提高四个阶段进行,促使全体工作人员增强责任意识、服务意识、大局意识和群众观念,切实把"服务"二字作为内心的价值取向,作为开展一切工作的出发点和落脚点。

其次,企业服务形式从被动转向主动,认真做好"店小二"服务。政府服务企业的主动性仍待提高,对此可以借鉴深圳市龙岗公证处上门服务的经验,开通企业申请渠道,对于一段时期内业务需求量较大、时间较紧、路途较远的企业,可以提供派驻工作组现场办理业务的服务,解决企业资料不齐跑多次的问题,实现业务事项就近办理、一次办结。

再次,着眼细微,真正做实做精企业服务。为进一步提高企业办事效率和体验感受,建议统一并细化线上线下办事指南和申请材料说明,落实一次性告知制度，建立明确的信息更新触达制度；加强对窗口工作人员的培训和业务指导，切实提升其业务能力和服务水平；把相关政策要求及法律法规的规定，包括一些办理的流程要求汇编成册，尤其针对不易理解的内容，形成清晰、易懂、统一的话术要求，增强办事人员处理事务的参考性和操作性。

最后，查漏补缺，逐步消除营商环境建设中的死角。苏州营商环境的一个明显优势是由于政府工作人员与企业联系频密，许多企业经营发展过程中的服务问题在过程中能够得以解决。因此，建议上海市政府部门积极鼓励企业对上海营商环境"吹毛求疵"，发动多方共同参与，从而逐步消除问题死角，切实形成人人关心营商环境、人人建设营商环境的共建共享氛围，从而全面提升企业的获得感。

二、多措并举，提升政策服务的精准度

当前，一般性的营商环境竞争已经走向了垂直化营商环境的竞争，相应地，粗放型的营商环境政策难以为继，只有更加精准的、专业的营商服务，才更能为产业高质量发展保驾护航。

首先，精准施策，提高产业政策的多样化和系统性。只有多样化且具备系统性的产业政策工具，才能应对多变的经济环境或特定的政策场景。建议根据不同类型企业的需求，特备是不同行业、不同规模、不同生命周期的企业的需求，制定有效的政策工具，提高企业的技术创新能力。

其次，数据赋能，借助大数据分析为企业提供定制化的服务。政府可以在大数据分析的帮助下，为企业进行精准画像，更好地了解企业的诉求，从而为企业提供定制化的服务。例如，横琴自贸区为试验区内每家企业提供专属网页，根据大数据算法与企业所在行业、产业链环节等，个性化推送政务信息，帮助企业对接政策优惠。

再次，发挥多元主体在政策制定和执行中的作用。发挥企业服务基层工作人员及窗口工作人员在企业服务"最后一公里"中的价值，建立自下而上的政策信息反馈机制，增强政策的实效性。邀请企业共治，建立通畅的企业需求反馈渠道，帮助企业反映和解决实际问题；用好企业联合会、行业协会的平台功能，发挥行业协会在产业政策制定及咨询辅导中的价值。

最后，科学评估，全方位提升产业政策的实施效果。一是优化立项审批。针对目前多数产业政策申报手续繁琐、审批科学性不高等问题，建议借鉴日本的酷日本基金依托"海外需求开拓委员会"及专业团队对投资项目进行评价等经验，改进和规范专项资金的项目评审和审批。二是强化政策资金使用监管。继续做好财政支出绩效评价，组织审计部门对专项产业资金进行绩效审计，开展独立的第三方绩效评估，加强对专项资金合法合规性的监督检查，并及时公开绩效评价、绩效审计和绩效评估结果，接受社会监督。

三、千方百计，打造新兴产业人才的金字塔

首先，唯才是举，完善人才评价标准体系。德才兼备、跨界融合，突出实际价值贡献在人才评价标准中的权重。树立"只求所用、不求所有"的评价及用人思路，将更多国内外人才纳入未来上海创造价值的过程。具体来看，其一是要打破人才评价的硬性门槛，建立柔性引才机制。其二是要逐步建立分类分行业的人才评价标准，提高人才评价标准的精准化。

其次，多元参与，突出人才评价的市场化导向。通过将人才评价的标准与产业发展相匹配，由市场去评价人才的基础研究价值、创新成果应用、应用技术升级及管理能力等，发挥市场在人才配置中的真正作用。同时，健全多元化评价主体，由体制内的评价过渡到市场和用人单位的评价，特别是对于从事应用研究、社会服务和技术转移的科技人才，可引入第三方评价，由用户、市场和专家等相关第三方参与评价。

再次，产教融合，加快新兴产业技能人才的培育。教育体系的固有缺陷导致人才结构的供需错配，尤其是一些战略新兴产业，人才培育远远不能满足市场需求。因此，解决人才短缺需要通过加强产教融合，加快新兴产业职业技能人才的培育。具体可以从两方面着手，一是发挥头部园区在产业人才培育中的价值，通过功能性机构的带动切实加强产教融合；二是革新人才培养模式，通过高校与企业间的密切联系，打造"校企共同体"。

最后，服务保障，为海外高端人才和创新团队提供户籍、健康、教育等领域的高质量发展环境。强化对于创新团队的落户政策倾斜力度，提升海外高端人才来沪工作的便利度，针对海外高端人才和创新团队需求强烈

的教育、医疗等问题，通过落实其子女入学、高质量就医的相关政策，切实提高居民幸福感和生活质量。

四、完善信用体系，切实提升企业融资便利度

首先，加快完善信用平台建设，进一步解决金融机构与企业信息不对称的"痛点"，通过平台建设切实缓解民营企业融资难、融资贵的困境。利用大数据、区块链等先进技术，构建综合融资服务平台，整合信用系统与金融信贷系统，以"线上税银互动平台"等方式有效整合、精准对接企业融资需求与银行、创投等各类金融服务机构资本供给，缓解企业融资难题。

再次，一视同仁地对待国有企业、外资企业与民营企业，全力支持优质民营企业发展；做好对暂时经营困难企业的帮扶，将防范化解金融风险和服务实体经济更好地结合。对符合授信条件但遇到暂时经营困难的企业继续予以资金支持；建立服务民营企业长效机制，完善服务民营企业内部考核机制；利用大数据技术，强化贷前甄别及贷后资金流向监控，切实将金融的"血液"流向有真实、合理融资需求的实体中去。

再次，降低科技金融门槛，探索多元融资渠道。建议在规范民间信贷市场的同时，通过进一步修订规范的融资制度，适当降低社会融资的准入门槛，让更多民间资本规范地参与市场。政府可以通过政策引导，鼓励多元的社会化融资，继续探索多种融资模式，包括贷款、股权、债券，破除中小型企业融资壁垒，尤其是针对投资主体制定优惠政策以吸引社会资本进入新创领域。

最后，政府需要建立完善的创新创业投资政策法规机制和信用体系，形成快捷便利的资本进入和退出机制，加强对各种融资模式的监管，为投资对象和投资主体规避风险，激发社会融资积极性。政府也可以培育和引进专业人才及专业技术支持，成立专门的融资服务平台，一方面为中小型企业的生存发展提供融资指导，另一方面也可以通过政府公信力加强对交易的保障能力。

（单位：上海零点市场调查有限公司　执笔：袁岳、时聪聪）

| 第八章 |

响应国家战略
共建长三角沿江滨海
城市群研究

为什么沿江滨海城市群是长三角一体化高质量发展的新动能？长三角沿江滨海城市群协作机制是什么？长三角沿江滨海城市群有什么特定优势？如何着手加快共建长三角沿江滨海城市群协作机制？这是在大力推动长三角高质量发展一体化的今天，可以思考运筹的一项新的战略蓝图。

第一节 为什么要发挥长三角沿江滨海城市群的重要作用

沿江滨海城市群在长三角一体化总体战略当中究竟有何意义？为什么沿江滨海城市群是长三角一体化高质量发展的新动能？在回答这个问题的时候，我们首先应该看到沿江滨海城市群在长三角一体化战略中的特定基础。

一、方向、政策、机制三个方面激发城市群创新

（一）从方向上看，长三角地区在我国社会主义现代化建设中占有重要地位

党中央、国务院高度重视长三角地区的发展，习近平总书记对长三角地区发展作出重要指示，要求长三角地区实现更高质量的一体化发展，更好引领长江经济带发展，更好服务国家发展大局，这为长三角地区未来的发展指明了方向，也为沿江滨海城市找到了一条创新路径。

（二）从政策基础来看，从 2008 年开始，党中央、国务院围绕长三角发展陆续出台了一系列政策

2008 年国务院出台《关于进一步推进长江三角洲地区改革开放和经济

社会发展的指导意见》。

2010年,国务院正式批准实施《长江三角洲地区区域规划》。

2014年9月,国务院印发了《关于依托黄金水道推动长江经济带发展的指导意见》,将整个长三角区域纳入长江经济带发展战略。

2016年3月25日,中央印发实施《长江经济带发展规划纲要》。

2016年5月11日,国务院常务会议通过《长江三角洲城市群发展规划》,安徽合肥、芜湖等8个城市被正式纳入。

2018年初,由"一市三省"联合组建的长三角区域合作办公室在上海挂牌成立,《长三角地区一体化发展三年行动计划(2018—2020年)》随之发布。

2019年5月,习近平总书记主持召开中央政治局会议,审议《长江三角洲区域一体化发展规划纲要》。按照《规划纲要》要求,要聚力推进空间布局一体化、科技创新一体化、产业发展一体化、市场开放一体化、生态环保一体化、基础设施和公共服务一体化,增强长三角地区创新能力和竞争能力,提高经济集聚度、区域连接性和政策协同效率,为全国高质量发展、为我国积极参与全球合作竞争作出更大贡献。

从先后出台的政策轨迹来看,长三角区域过去强调的是区域的发展、城市群的发展,现在更多强调的是一体化的发展,要聚力推进空间布局一体化、科技创新一体化、产业发展一体化、市场开放一体化、生态环保一体化、基础设施和公共服务一体化等等,而这些都是我们挖潜沿江滨海城市群,打造一体化试验模型的政策依据。

(三)从机制建设的角度来看,三个"多"字决定了细分战略的制定空间

2019年5月22日,长三角地区主要领导座谈会指出了要坚持以树立"一体化"意识和"一盘棋"思想为重点,进一步构建多主体、多领域、多层次的工作推进机制,在国家推动长三角一体化发展领导小组的统领下,推动形成国家省市联动、部门区域协同的强大合力。解构多主体、多领域、多层次这三个"多"字,可以发现,政府、智库、企业在内的多主体,经济、社会、文教、卫生在内的多领域,省、市、区、县、乡镇、村以及各职能部门在内的多层次部门,都可以群策群力,主动作为,创新理

论，勇于实践，在国家推动长三角一体化发展领导小组的统领下，推动形成国家省市区县镇村联动、部门有效协同的强大合力。在这样一个大的背景下，沿江滨海城市群的制度建设有着广阔的舞台。

事实上，长三角一体化发展逐渐上升为国家战略之后，长三角一体化在各方面按下了"快进键"。这块经济总量约占全国1/4，年研发经费支出和有效发明专利数约占全国1/3，进出口总额、外商直接投资、对外投资约占全国1/3的热土，起到极大的区域带动和示范作用。2019年在上海宝山召开的长三角沿江滨海城市论坛，紧扣"一体化"和"高质量"两个关键，从制度创新的角度，进一步推动区域集群战略整合。

二、沿江滨海城市群是多层次一体化战略差异化创新载体

比较G60和一体化生态示范区两个朋友圈，沿江滨海城市群的协作组织，具有差异化特征。

（一）G60科创走廊是沿江滨海城市群的南向参照物

G60科创走廊沿线是中国经济最具活力、城镇化水平最高的区域之一。目前包括上海、嘉兴、杭州、金华、苏州、湖州、宣城、芜湖、合肥9个城市，覆盖面积约7.62万平方公里。人口4900万，GDP近5万亿元，占长三角GDP总量的1/4。

G60科创走廊主要是以地方政府自发的、以联盟形式发源的，同为城市群，G60科创走廊表达了地方政府希望对产业协同、产业错位发展的需求，近年来，每个地方只靠自己的资源、禀赋，靠自己的经济增长方式、机制都不足以适应经济动能转换和产业结构升级的深度调整，在这样的背景下，一个依托高速公路的城市群构想逐渐成为事实：

2016年，上海松江区提出，沿G60高速公路构建产城融合的科创走廊，是为1.0版本。

2017年，上海松江区与浙江杭州市、嘉兴市合作建设沪嘉杭G60科创走廊，签订《沪嘉杭G60科创走廊建设战略合作协议》，迈入2.0时代。

2018年，松江提出以沪苏湖合高铁建设为契机，深化拓展G60科创走廊从"高速公路时代的2.0版"迈向"高铁时代的3.0版"；2018年，

G60 科创走廊第一次联席会议召开,金华等其他 6 座城市同时加入,迈向 3.0 版本,科创走廊也从城市战略上升到长三角区域战略。

在共同需求和使命的推动下,G60 科创走廊将在深化产业集群布局、加强基础设施互联互通、推进协同创新、推动品牌园区深度合作和产融结合、推广科创走廊"零距离"综合审批制度改革成果等方面发力,建成长三角地区具有独特品牌优势的协同融合发展平台。从更高层面看,G60 科创走廊将扮演长三角更高质量一体化"引擎"的角色,成为区域内"中国制造"迈向"中国创造"的主阵地。

而这一构想在成为现实之后,也在被外界赋予越来越多的机会,比如 2019 年 11 月 8 日,由人民银行上海总部倡议推动、G60 科创走廊九城市与有关金融机构共同研究形成《金融支持长三角 G60 科创走廊先进制造业高质量发展综合服务方案》。《方案》以促进长三角 G60 科创走廊先进制造业发展与金融服务优化、推动先进制造产业集群高质量一体化发展为核心任务,重点聚焦长三角 G60 科创走廊重大科技创新及研发项目,重点支持从事人工智能、集成电路、生物医药、高端装备、新能源、新材料、新能源汽车等七大领域的科创企业与制造业企业。

这个联盟给予我们的启示是,单打独斗难以解决未来产业发展的问题,只能通过抱团取暖、共同进步,寻求相互之间的支撑、合作和发展,并且实践的过程可能是从很浅层次的接触开始,到最后才能逐渐形成一个战略协作体系,这种自下而上、从 1+1 到 1+N 的成功实践,给长三角沿江滨海城市群很宝贵的创新示范。

(二)长三角生态绿色一体化发展示范区是沿江滨海城市群的"绿色参照物"

长三角生态绿色一体化发展示范区是实施长三角一体化发展国家战略的重要抓手和突破口。其范围包括上海市青浦区、江苏省苏州市吴江区、浙江省嘉兴市嘉善县,面积约 2 300 平方公里。同时,在 3 个区县中选择 5 个镇作为先行启动区,面积约 660 平方公里。示范区的各种优势显著,从地缘位置来看,一体化示范区距离上海市中心 60 公里左右,距离虹桥交通枢纽 30 分钟车程;从生态环境来看,蓝色水系和绿化面积占比约为 69%,先行启动区的这一指标更达到 77.5%;从文化底蕴来看,江南文化特色浓厚，先行启动区的 5 个镇中有 4 个国家级历史文化古镇。

习近平总书记在上海考察时强调：长三角生态绿色一体化发展示范区标志着一场重大改革实践的全面起航。这个示范区首期启动的空间只有 600 多平方公里，但跨越了三个省级行政区。这里将打造生态友好型一体化发展样板，还将在一些重点领域推进一体化发展体制机制改革创新，如统一规划管理、统筹土地管理、建立要素自由流动制度、创新财税分享机制、加强公共服务政策协同等。

可以说这个示范区意义重大，它所取得的改革开放成果，复制到长三角全区域、复制到全国各地，将为我们建设社会主义现代化强国，提供强有力的动力。而示范区北向的沿江滨海区域，毫无疑问应该近水楼台先得月。

反观沿江滨海城市群，它有条件充分依托沿长江和临海优势，可以通过研发新的城市群协同合作平台，形成"贯穿东西""南北呼应"的发展态势，尤其是在北向的辐射作用上发挥功能会取得更加显著的效果。在当前国家建设现代化经济体系，把发展实体经济作为重心的大背景下，沿江滨海城市联动合作，创新协同合作机制，将形成长三角区域协调发展的新品牌。

第二节　长三角沿江滨海城市群协作机制是什么

一、沿江滨海城市群的协作机制就像一个越来越大的"城市朋友圈"

从地图上沿着长江溯源，在"一市三省"的地域内，上海宝山、浦东、崇明三个区，江苏苏州、南通、常州、泰州、镇江、扬州、南京，安徽马鞍山、芜湖、铜陵、池州、安庆等西向沿线城市；江苏沿海的盐城、连云港，浙江沿海的舟山、台州、温州等长三角南北向沿海城市在内，都可以有合作空间，这样就真正形成了长三角的沿江滨海城市群，形成纵横交错的发展脉络。

二、沿江滨海城市群是有着相同长江文脉基础的城市群

文脉是城市群合作的灵魂，类似人与人的交往，没有灵魂的合作是无法长久的，所以文脉基础是沿江滨海城市群存在的重要基础和载体。现实中可以发现，中国文化悠久的地区有很多，但不一定在发展上领先，而长三角为什么在历史变迁的浪潮中始终屹立潮头？比如新文化运动的推动者、倡导者，他们无一例外全都是我们长江下游、中下游区域的人，又如鲁迅、茅盾等等大家都是这一区域的人。为什么这个地方可以聚集一系列具有创新意识、改革意识的人？我们认为长江文化、滨海文化都是水系文化，突出特征就是求变创新，开放融合，这一特定区域突出的海纳百川、敢为人先、格局开放的文脉属性也是长三角沿江滨海城市朋友圈能够长久合作的底蕴。

第三节 长三角沿江滨海城市群有哪些共同的优势

一、有相同的港航为主多式联运物流基础

近年来，中共中央政治局审议通过的《长江经济带发展规划纲要》，国务院批准的《全国内河航道与港口布局规划》《全国沿海港口布局规划》《长江流域综合规划》《淮河流域综合规划》和《太湖流域综合规划》都明确了长三角航道和港口布局规划方案。交通运输部出台了《长江三角洲地区高等级航道网规划》，加快推进内河高等级航道建设。国家发改委会同有关部门印发《"十三五"长江经济带港口多式联运实施方案》都助推了长江沿江滨海城市群的物流基础设施建设。大量政策出台也反映出从中央到地方对港航资源问题的高度关注。港航资源是我们沿江滨海城市首先要考虑发挥的优势所在。

二、对装备制造、能源、钢铁、建材、化工等依水而生的实体经济有特定吸引力

沿海滨江城市产业发展基础雄厚、科创资源丰富、区域产业联系紧

密，转型升级任务迫切，国家高度重视该区域产业发展，并在重大项目布局、创新基础设施建设、中央预算内资金安排等方面予以了一定的倾斜。不仅支持上海建设具有全球影响力的科技创新中心，2015年，国家发改委在组织实施增强制造业核心竞争力三年行动计划中，在沪苏通三地授牌创建"国家新型工业化产业示范基地"18家，主要集中在电子信息、软件与信息服务、船舶与海洋工程装备等领域。工业和信息化部推动长三角地区"一市三省"制造业创新、绿色、融合发展，在长三角地区"一市三省"累计认定国家新型工业化产业示范基地78个，占全国总数的20.3%，引导产业集聚集约集群发展，探索建立富有特色和竞争力的新型制造业体系。

沿海滨江城市产业发展基础雄厚、科创资源丰富、区域产业联系紧密，转型升级任务迫切，国家高度重视该区域产业发展，并在重大项目布局、创新基础设施建设、中央预算内资金安排等方面予以了一定的倾斜。这些依水而生的企业是沿江滨海城市群发展的着力点之一，也是其发展优势所在。

三、有丰富的水系文旅农业资源

长三角旅游业转型升级、提质增效。比如崇明入选第二批"国家级旅游业改革创新先行区"，文化和旅游部把宝山列为中国邮轮发展示范区，浙江全省已被列为全域旅游示范区省级创建单位，江苏省苏州有周庄、同里古镇。这一区域特色农产品、渔业品牌云集。比如舟山、吕四港的海鲜，崇明的花菜。这些依水而生的文旅农业资源如何提升自身市场竞争力，这也是沿江滨海城市未来需要进一步思考的命题。

四、如何着手加快共建长三角沿江滨海城市群协作机制

（一）坚定信念，牢牢以高质量发展为目标，率先建设现代化经济体系为指针

具体而言，一是加快沿江滨海城市群实现转型升级，共建开放型创新网络、推进创新链产业链深度融合和营造创新驱动发展。二是推动市场体

系统一开放、基础设施共建共享、公共服务统筹协调、生态环境联防共治。三是优化提升城市品质，高标准推进产城融合，在保护中发展、在发展中保护，保护好长江生态、海洋生态环境，共同打造生态城市群。

（二）因地制宜，在一体化的营商环境方面寻求创新协同

积极推动"一网通办""最多跑一次""不见面审批"等改革举措在长三角沿江滨海城市群地区向企业投资等领域拓展，降低民间资本进入重点领域的门槛，营造公平竞争的市场环境，有力促进民营经济高质量发展，真正使市场在资源配置中起决定性作用，提升区域资源配置效率和全球资源吸纳能力。

（三）充分发挥智库作用，搭建合作平台

积极推动社会新型智库建设，发挥智库在长三角沿江滨海城市群协同发展中的突出作用，有针对性地对沿江滨海城市的功能定位、产业互动、高质量发展组织调研，形成高质量、具有前瞻性和可操作性的课题建议，丰富长三角一体化高质量发展的理论内涵，搭建合作平台，举办各类型的论坛活动，促进各层面的信息交流，促进政策沟通，推动制度建设。

总而言之，长三角沿江滨海城市群是未来长三角一体化发展过程中，一个具有潜在价值，特别是能够具备更多的辐射优势，既南北呼应，又贯穿东西的新战略协作体，如何深化合作、共同推动这个城市群的发展，有赖于长三角各界人士群策群力，不懈努力。

[单位:万里智库(上海)市场咨询有限公司　　执笔:赵悦]

第九章

浦东在长三角一体化国家战略中的作用研究

长三角城市群是我国经济转型发展的"主引擎"、创新发展的"主阵地"。上海是长三角高质量发展一体化国家战略当仁不让的"龙头"，浦东作为上海的核心功能区和诸多国家战略的承载区，更有责任有义务发挥主要作用，也有条件有能力在突破制约长三角深层次一体化的基础性、关键性领域与环节上取得重大创新和突破，以更好地服务国家发展大局。

第一节　对区域一体化规律和规则的认识

区域一体化本质上是经济社会发展到一定阶段的客观现象，是从繁花点点到满园春色的升华。区域整合在世界范围内已有诸多成功案例，小到一国之内的地方行政区域之间，大到类似欧盟的国家层次。丰富的区域发展理论和实践，可以为长三角更高质量一体化发展提供借鉴，加快建成为最具影响力和带动力的强劲活跃增长极。

一、把握一体化的内在规律

市场经济条件下，区域发展有其内在规律，这些规律很大程度上塑造了区域一体化的基本面貌和长远走向。

（一）核心城市带动规律

从城市形态角度看，区域一体化实际上就是城市群与都市圈。《国家发展改革委关于培育发展现代化都市圈的指导意见》指出，都市圈是城市群内部以超大特大城市或辐射带动功能强的大城市为中心、以1小时通勤圈为基本范围的城镇化空间形态。数个以大城市为核心的都市圈构成了城市群。因此可以说，核心城市，尤其是作为世界城市网络重要节点的全球城市，构成了区域一体化的内生驱动。无论是世界六大城市群还是四大湾区，总是拥有一个或数个全球城市。核心城市是国际和国内两个扇面的交会点，长板突出，通常具备综合性功能体系以及不可复制与替代的核心竞争力，并在金融、创新和文化三大领域占据高位。一体化的区域边界决定于核心城市的辐射半径。核心城市的形成，既是自身强烈发展意愿和卓越发展战略的客观结果，也是区域非均衡发展规律的必然体现；核心城市对一体化的积极作用，集中表现为高能级要素比如资本、技术和信息等，以及高质量要素比如医疗、教育和文化等的输出和辐射。无疑，上海、杭州、南京、苏州、宁波、合肥等城市将是长三角一体化的主导驱动和关键引领，而上海的龙头作用更是独一无二、无可取代。

（二）集聚与分化规律

一体化作为区域内城市普遍意愿的事实，并不意味着每个城市的功能和作用一样化、均质化，区域一体化也无法背离区域发展的基本规律。区域发展内在地体现出非均衡特征，直观地表现为点上集聚和面上辐射。区域一体化作为发展战略，本质上是一个区域内高水平重新洗牌的过程，客观上伴随着集聚与分化。从这个意义上讲，一体化并不是区域内所有城市发展的灵丹妙药，更不会有"一招鲜""一贴灵"的虚幻效果。相反，所有城市要在一体化这一新格局下重新找到自我定位，重构自身发展战略。考虑到一体化本义是消除要素流动的各类障碍，人为圈留要素以维持发展的可能性越来越小，集聚与分化的态势更为显著。例如，东京都市圈已然高度成熟，但东京的集聚仍在持续。但需要注意的是，一体化背景下集聚与分化是基于良好的发展基础，其取向和结果往往也是打造出更为强大的区域整体。因此，好的一体化规划往往是引导和促进高水平分化，而非干预甚至阻止分化。

（三）高质量分工规律

成熟的一体化区域是"平"的，是对"中心-边缘"等级序列的颠覆，其核心机理在于垂直分工与水平分工的动态均衡，水平分工占据主导地位。水平分工并不意味着城市间实力的拉平，而是适应城市网络结构的分工形态，不同城市发展出基于自身比较优势的核心竞争力，从而在人均产出和人均收入而非总量规模方面差距可控、逐渐拉平。因此，水平分工是区域一体化健康可持续推进的关键，也是抑制低水平分化的法宝。对于区域内的中小城市而言，普遍深度融入核心城市的价值链、产业链，通常会涌现一批全球范围内的"单项冠军""隐形冠军"和"特色之城"。水平分工也意味着，即使是区域内最核心的城市，打造综合功能也并非面面俱到、样样都要。一些非核心功能、核心功能的部分环节，完全可以通过一体化，由区域内其他城市承载。最终，通过一体化形成区域间新的科学合理分工，共同锻造更大规模、更强实力的全球经济竞争的新极核。

（四）开放引领规律

区域一体化是区域内开放发展、顺应要素自由流动的结果。开放包含对内开放和对外开放两个维度，高水平的一体化必定是市场化、国际化的典范。一体化的本义是对内开放，即消除行政边界对要素流动的阻碍，在更大尺度上实践市场在资源配置中的决定性作用。但从世界范围内的成功一体化实践来看，主要发生在当代经济全球化过程中。往往是处于世界城市网络核心节点的全球城市，由于要素高度集聚、功能全面拓展，逐步超越行政边界向外拓展，从"全球城市"走向"全球城市区域"，形成了区域一体化的原动力，逐步塑造出都市圈和城市群。世界著名的都市圈和城市群，都是全球经济大循环的关键一环，面向的均是广阔的国际市场，着眼的也是全球竞争。典型如日本，国内市场规模有限，但却形成了以东京都市圈为代表的区域一体型竞争单元，其秘诀就在于高度外向化的经济结构。因此，内向化的区域一体化毫无意义，对内开放只有置于对外开放大框架下才能获得动力与活力。

（五）制度和技术双轮驱动规律

一体化的内生动力是区域生产力发展，是市场经济力量的体现，但高质量的一体化必然不是自发而成，必定是高效市场和有为政府的有机结合。科学的制度框架是世界著名一体化实践的必备要素，它提炼了区域的共同愿景，提升了区域的发展品质，也提供了区域的合作架构。好的一体化制度框架通常是多层次多维度的，由战略规划牵引，包含经济、社会、基础设施和生态环境等多领域有形或无形、成文或不成文的机制安排，并有合作委员、联席会议等体制架构。同时，随着信息和交通等技术的进步，技术在一体化进程中的作用日益显著，不仅推动了道路等物理层面的连接，更解决了信息动态共享、跨区域即时结算等层面的长期障碍，全面激发了各类要素在区域间流动的自由度和便利度。制度和技术的双轮驱动构成了当代一体化实践的新态势。

（六）动态演化规律

一体化是个动态过程，也是一个历史过程。动态演化一方面表明一体化不是一蹴而就、凭空而成，高质量一体化必定具有区域间长期合作、持续磨合的坚实基础；另一方面，一体化的动态性也表明区域内的城市格局、合作重点以及制度安排都不是一成不变，需要根据推进阶段和宏观环境进行相应调整。高质量并非指固定不变的标准，高质量一体化没有终点，而是一个久久为功、迭代升级的持续过程。如果满足于、止步于特定的标准或水平，一体化也可能走向衰退和分离，这也是动态演化的另一个侧面。

二、遵循高质量的规则体系

规律具有客观的刚性，它要求外在的人为规则必须顺应事物演进的内在逻辑。长三角更高质量的一体化，离不开基于规律的高质量规则体系。

（一）互联链接规则

"要致富，先修路"，背后的道理在于连接是发展的前提。一体化的基础是无障碍的互联互通，最大限度消除制约要素自由流动的物理和行政阻碍。通过各个尺度、各个领域的互联，形成区域内城市网络，并依托数个核心大都市实现与全球经济运行体系的链接，也即连接彼此、连接世界。互联互通要求必须打破封闭和隔离导致的既得利益格局与保守不作为惰性，做到"以联通为常态，以区隔为例外"。

（二）市场基准规则

凡是真正一体化的区域，或者具有一体化潜力的区域，都是尊重市场的市场规则高地。只有充分有效的市场竞争，才能推动一体化持续深入。国家级规划指引下的高质量一体化，并非对市场原则的替代，对市场竞争的排斥；相反，是为了促进有约束的、有规则的良性竞争，让长三角成为市场在资源配置中起决定性作用的典范之区。

（三）协作共享规则

在一体化的共同愿景之下，鼓励竞争与提倡合作并行不悖。一体化的关键在于构建适应竞合格局、支持协作共享的体制机制。一方面，聚焦创新体系和创新生态，为跨行政边界的产学研用以及产业间和产业内上下游合作创造条件，打造多个具有国际竞争力的创新型产业集群。另一方面，更重要且难度更大的则是搭建长三角内地方政府间的有效合作框架，以政府协同牵引和带动各领域的对接与协作，核心在于高能级和高质量要素的流动与辐射，从而共享一体化发展的果实。

（四）特色差异化规则

一体化并非均质化和一样化，每座城市都必须于新的区域格局中再定位、再出发。在大中小城市体系内，核心大城市具有更为突出的综合性功能优势，处于发展战略的中心位置，而部分中小城市在新形势下容易失焦、失位和失方向。因此，一体化的制度设计应鼓励和引导中小城市走特色发展道路，不求"大而全"，但为"小而精"，努力用"差异"消解"差距"，在人均指标上求平等，在细分领域内展风采。

（五）基础单元聚焦规则

都市圈是介于宏观层面的城市群与微观层面的城市个体之间的中观尺度和基础单元，具有驱动宏观、带动微观的重大效应，应成为长三角一体化的"牛鼻子"。建议在城市群整体性制度框架下，围绕都市圈开展针对性政策设计，将推进重点和资源重心更多向都市圈倾斜，既能基于都市圈的多点开花实质性推动城市群建设，也能深度激发沪苏浙皖"一市三省"的一体化积极性。

第二节 长三角一体化赋予浦东新使命

国内外深刻复杂的发展形势，要求浦东在长三角更高质量一体化中扮演不一般的角色、作出不一般的业绩。

一、浦东是区域协同发展的主引擎，要发挥带动引领作用

2018年4月26日，习近平总书记对长三角一体化作出重要批示，要

求"上海进一步发挥龙头带动作用",推动长三角"更高质量一体化发展"。但与其他世界级城市群中心城市相比,上海作为长三角城市群的核心城市,其经济实力和国际竞争力尚有差距,对区域的吸引力和影响力还有待提升。浦东作为上海"五个中心"和"四个品牌"建设的核心功能区,以上海市1/5的土地,1/4的人口,创造了1/3的产值,是上海经济快速发展的重要增长极,也是上海在长三角区域中核心城市功能的战略支撑区。为此,浦东必须立足上海,着眼长三角,以"龙头的龙头"为角色定位,发挥"主引擎"作用,持续带动上海经济实力和国际竞争力的提升,支撑上海在区域一体化中的龙头地位,服务长三角世界级城市群建设和更高质量一体化发展。

二、浦东是链接"两个扇面"的枢纽平台,要持续增强全球高端要素资源配置能力

长三角区域是我国社会主义现代化强国建设的重要支撑区,代表国家参与新一轮全球竞争与合作,因此,长三角一体化的目标应是世界级的区域一体化,在区域内要素自由流动和区域外市场深度接轨方面力争达到国际最高标准、最好水平,这迫切需要集聚大量功能性机构和具备高标准营商环境的高能级地区提供高效率的资源配置服务。浦东是我国改革开放的窗口、全面深化改革的试验田,不断接轨国际通行的投资贸易规则体系,集聚了大量境外高端生产性服务业机构,对外开放的扇面能级不断提升。与此同时,随着影响长三角区域要素流动的深层次障碍逐步被打破和消除,区域内要素资源配置将更趋合理,对国际化的金融、法律、会计、研发等高端服务业的需求将更加强烈,这有利于浦东提升对内开放扇面的辐射力和影响力。为此,浦东必须抓住长三角一体化国家战略和增设自贸区新片区两大机遇,以提升城市能级和核心竞争力为主线,增强全球高端要素资源配置能力,强化"两个扇面"的集聚辐射作用。

三、浦东是高质量发展的示范者,要坚定追求卓越的发展取向

《长江三角洲区域一体化发展规划纲要》提出,要把长三角建设成为全国发展强劲活跃增长极、高质量发展样板区、率先基本实现现代化引领

区、区域一体化发展示范区、新时代改革开放新高地,这与浦东长期以来的发展取向和目前的发展阶段高度契合。浦东在发展阶段上领先于长三角大部分城市,主要体现为率先进入后工业化阶段、城市化后期阶段,在人均 GDP 上已达到发达经济体标准。相对超前的发展阶段使浦东较早面临发展方式转变、政府职能转变、科技创新驱动、社会治理等方面的难题,也使浦东在建设现代化经济体系、提升城市精细化管理水平、构建大民生格局、接轨国际通行规则等方面积累了许多先进经验和成熟做法,可以在新时代长三角更高质量一体化中为域内其他城市提供示范参考;并且,浦东仍将继续处于国家改革开放的最前沿,担负为区域和国家发展探路的使命。为此,浦东要在新的历史方位和历史起点上坚定追求卓越的发展取向,在贯彻新发展理念、推动高质量发展上发挥示范作用。

第三节 浦东推动长三角一体化具有显著优势

经过 30 年的改革与发展,浦东在对外开放、经济能级、科技创新、资源配置、品牌输出等方面优势十分显著。未来浦东要在长三角一体化中发挥显著作用,不是要补短板,而是要拉长核心功能和关键性优势的长板,在推动长三角一体化中发挥"主力军"作用,同时也不断强化自身核心竞争力。

一、经济能级优势

浦东是上海及长三角区域最重要的经济增长极,经济效能和产业结构代表着长三角地区甚至全国的最高水平。

一是经济体量大。2018 年浦东 GDP 首次突破 1 万亿元,同比增长 8%,规模以上工业总产值超过 1 万亿元,全社会固定资产投资达到 2 000 亿元左右,外贸进出口总额超过 2 万亿元。

二是经济结构合理。浦东已进入服务业驱动发展阶段,第三产业生产总值达 7 929 亿元,占全区 GDP 的 70% 以上,全市的近 1/3。浦东已基本形成了以现代服务业、战略性新兴产业为引领、先进制造业为支撑的现代产业体系，其中人工智能、工业互联网、集成电路、机器人、生物医药、软件和信息服务等多个行业处于全市乃至长三角地区的领先地位。

三是发展效益好。2018 年浦东实现财政总收入 4 000 多亿元，一般公共预算收入达 1 066 亿元，税收总额达 3 800 多亿元，人均年收入 66 197 元，均高于全市平均水平。较高的经济能级为浦东担当区域经济增长引擎，辐射带动周边地区发展提供了坚实的基础。

四是经济密度高。经济密度是提升城市能级和核心竞争力的重中之重。浦东在经济发展过程中最大限度发挥土地资源、人力资本、环境资本的生产效率，提高存量项目与增量项目的产业能级，注重区域差异化发展，在单位面积土地上的经济产出遥遥领先，其中保税片区单位面积产出 20 亿元、陆家嘴片区 133 亿元、张江片区 39 亿元，远高于上海市 4.7 亿元的平均水平。

二、资源配置优势

浦东作为长三角乃至全国连接国际要素资源的门户，其高效的资源配置优势无可比拟。

一是金融机构集聚。陆家嘴金融区是我国唯一一个以金融命名的国家级开发区，全国一半以上外资金融机构总部都集聚于此。截至 2018 年 6 月，浦东共有银证保持牌类金融机构 1 018 家，各类金融机构总数 1 万余家，法巴资管、荷宝资产、未来资产等多家境外资管公司也相继落户陆家嘴。

二是要素市场种类齐全。浦东已建成涵盖金融、房地产、人才、产权、钻石等门类齐全的要素市场，其中金融要素细分市场涵盖了股票、债券、票据、黄金、期货、外汇和保险等全部品类。随着"沪港通""债券通"、黄金国际板、原油期货的相继启动，浦东的要素市场已实现从面向国内到面向国外的转变。这些交易能级巨大的功能性平台使浦东成为全国吸引流量、参与全球资本配置的重要接口。

三是港口枢纽功能强。浦东是全球少有的同时兼具国际一流空港和海港的区域。浦东国际机场货邮吞吐量连续 11 年保持世界第三，上海港集装箱吞吐量连续 9 年保持世界第一。以外高桥港、洋山港与浦东国际机场航空港以及外高桥保税区、洋山保税区、浦东机场综合保税区"三港三区"联动发展，既实现了国际集装箱枢纽港和机场空运枢纽港的功能互补，也在长三角地区产生了体量优势和示范效应。此外，上海高铁东站的规划建设，实现了与浦东国际机场的"空铁联运"，更重要的是通过沿海铁路大通道建设，将浦东融入了长三角高铁体系，强化了浦东对江苏苏北甚至山东等省市的辐射带动。

三、科技创新优势

创新是引领长三角经济转型升级的动力，浦东作为上海科创中心的核心承载地在科技创新方面优势明显。

一是创新布局优化。浦东加快建设张江科学城、临港上海科创中心主体承载区，依托南北两大块面构建"南北科技创新走廊"，最大限度整合创新资源，发挥集聚带动效应。

二是重大科技基础设施积聚。目前张江已聚集上海光源一期、国家蛋白质科学中心、软 X 射线自由电子激光装置、活细胞成像平台等国家级重大科学基础设施。

三是创新主体多元。浦东集聚了大量的科技创新人才、科研院所、孵化器以及链接全球的跨国研发与创新机构。2018 年浦东高新技术企业累计达到 2 247 家，外资研发中心累计达到 233 家，经认定的孵化器和众创空间达到 156 家。

四是金融支撑有力。浦东多层次、门类齐全的金融市场为科创事业发展提供有力支撑。浦东还不断完善科技企业债权融资体系、股权投资体系和科技金融服务体系。上海证交所设立科创板并试点注册制将为科创企业开辟新的资金融通渠道，也为风险投资提供重要激励。

五是科技中介机构集聚。浦东的律师和会计师事务所、评估机构、技术咨询机构、知识产权服务、技术代理机构等各类中介服务组织云集，为引导科技创新要素高效配置创造了条件。

四、开放引领优势

开放是浦东的基因，浦东作为中国开放的前沿窗口，长期发挥着连接国外和国内两个扇面的独特作用。

一是开放基础厚实。通过 30 余年的开发开放，当前浦东集聚了近 350 家跨国公司地区总部，占上海全市的半壁江山；货物贸易进出口额占上海全市比重高达60%左右，服务贸易进出口额占全国比重近10%；黄金、原油等期货产品已具有全球影响力，等等。这些指标表明了浦东在上海乃至中国开放格局中不可取代的重要地位。

二是开放载体丰富。浦东区域内分布着几乎所有高能级的开放载体，包括外高桥保税区、洋山特殊综合保税区、自贸试验区、临港新片区、国家级开发区、国家级高新区等，很多体现出最早、最大、最新、最开放等特征，构成了链接全球的多元通道。

三是制度创新活跃。浦东在开放过程中注重制度创新，负面清单、证照分离、"六个双"监管、国际贸易单一窗口、FT账户等具有首创意义的制度，均诞生在浦东，引领着从要素型开放向制度型开放的转变，使得浦东在深层次开放上始终领先一步。

五、品牌输出优势

通过长期开发开放实践，浦东塑造了自身的品牌形象，并拥有园区和产业等多元品牌载体，具备了在长三角区域内输出和辐射的潜在优势。

一是开发区功能特色鲜明。开发区品牌输出作为一种新的合作模式，在提高长三角城市群整体竞争力方面有着重要意义。浦东依托功能各异、特色鲜明的"四大开发区"建设，在国际金融、贸易、科技创新、高端制造等方面实现了飞跃式发展。这些开发区不仅代表着人才、资本、服务等各种要素资源的集聚，而且代表着价值观、政策、法规等理念和制度的创新。每个开发区凭借自身鲜明的主体形象和核心竞争力，可以通过提供品牌使用权以及输出管理经验、招商资源、核心技术等方式实现与其他开发区的联动发展。

二是服务功能标识显著。发达的现代服务支撑浦东开发出众多的"上海品牌"。首款以人民币标识的贵金属基准价产品"上海金"、我国首个国际化期货品种原油期货、全国首家自贸试验区央地融合发展平台等众多首创品牌，都不断推动浦东服务品质能级的提升。

三是高端制造能级跃升。浦东是全国最大战略性新兴产业集聚地、"上海制造"的核心优势区域，在集成电路、人工智能、生物医药、航空航天、智能物联等领域有着较强的集聚优势和投资潜力。"临港制造"正成为我国装备制造业的标志品牌，区内积聚了一批以中芯国际、华大半导体、新松机器人、中国商飞试飞中心等为代表的龙头企业。中国芯、创新药、智能造、未来车、数据港、蓝天梦等硬核产业正点亮浦东制造业发展新格局，同时也为长三角制造业向价值链高端环节迈进创造了有利条件。

第四节　浦东在长三角一体化中的定位

浦东在长三角区域一体化进程中的功能定位主要体现为以下四大方面。

一、资源配置中心

长三角一体化内在需要一个中心和大脑，既发挥区域资源配置功能，又具备全球能级，为一体化进程提供全球范围的要素资源支撑，进而将一体化与全球化深度链接，推动长三角全面融入全球经济大循环。浦东因其高度集聚跨国公司总部、要素市场以及平台机构，可以最大规模、最为便利、最为高效地集聚全球资本、技术、人才和信息等生产要素，掌握重要生产要素的定价权，引导全球要素在长三角范围内自由流动，实现最优配置。

二、科技创新策源地

时至今日，科技创新已成为区域发展的核心动力和区域竞争的关键领域。长三角要成为世界范围内综合实力最强的城市群之一，也必然要在创新领域走在最前列，这就要求区域内部形成一个或多个强大的科技创新策源地，引领区域创新发展，掌握全球科技网络主导权。浦东作为上海全球科创中心核心承载区，拥有张江国家科学中心等关键载体，集聚了全球高端创新要素，如顶尖科学家、著名研究机构、知名科技企业、中介服务机构、孵化器、投资人等，能够开展重大原始创新研究，引领前沿技术发展，前瞻应用新兴科技，积极布局全球网络，推动长三角区域发展动力的根本性变革和长周期领先。

三、高端产业引领者

长三角一体化的核心是基于要素自由流动和高效配置基础上的高端产

业体系打造，形成垂直分工和水平分工兼具、以水平分工为主的产业分工格局。企业发展离不开领军人物，长三角产业发展也需要区域引领者。浦东拥有以六大硬核产业和高端服务业为主要内容的现代产业网络，可以瞄准全球高端制造业、高端服务业以及新兴产业，广泛集聚领军企业、独角兽、关键功能载体和组织，激发长三角产业内不同企业和产业链不同环节间的知识共享效应，提升区域产业发展高级度，稳固保持全球相应行业领域劳动生产率最高水平，持续引领产业发展趋势。

四、开放枢纽门户

长三角在开放环境下推动一体化进程，内在要求具备最高的开放度，既体现为空港、海港、互联网等枢纽设施的全球通达，更表现为顺应经济全球化趋势、基于制度和规则的全球要素流动自由化。浦东作为中国最重要的开放枢纽门户，在自贸区、新片区等核心载体驱动下，通过制度创新推动贸易和投资自由化便利化，能率先实现全球各类生产要素自由流动和最优配置，探索适应数字经济等新兴业态的监管模式，推动长三角区域积极引领国际投资贸易规则变革。

上述四大定位，表明浦东要着力成为：要素供给者，即供给和辐射资本、技术、管理等关键性生产要素；平台搭建者，即构建各类功能性平台、数据信息平台、市场平台；标准示范者，即制定和推广与国际规则接轨、可实施、有利于降低交易成本、提升品质的各种标准、规范、规则和管理；思想引领者，即汇聚、验证并传播促进经济社会发展的思想、文化、艺术、创意和经验。

第五节　更好发挥浦东在长三角一体化中积极作用的对策建议

一、树立区域全局观念，重新系统谋划新的大开放格局

浦东一直是中国对外开放的最前沿，经过多年的探索实践，在对外开放领域形成显著优势。但在长三角一体化背景下，浦东需要站在全局发展

的层面和立意上，进一步激发改革开放的潜能、活力和红利，不断提升对外开放水平和效能。

一是转变开放的目标。新一轮的扩大对外开放，不仅仅是"引进来"，而是坚持引进来、走出去并重。浦东要发挥"窗口"作用，利用自贸区平台，积极引领长三角企业、开发园区等"走出去"，通过收购、并购、合资等方式，扩大长三角区域在全球市场的影响力和配置能力。

二是转变开放的市场方向。"一带一路"倡议将开创我国陆海内外联动、东西双向互济的新格局。数据表明，无论是总量人口数据，还是动态人口增长，都反映了亚非拉地区将是全球尺度城市化最具活力的地区。长三角地区未来整体参与全球竞争，主要是面向"一带一路"沿线国家和城市。

三是进一步扩大开放领域。浦东以上海自贸区建设为契机，积极探索构建开放型经济新体制，为中国经济创造新的开放空间。目前上海自贸区两批54项扩大开放措施新增项目约400个，累计落地企业超过2800家，并在金融服务、医疗服务、职业技能培训等40个领域涌现出一批首创性项目。未来，浦东应持续深化服务业开放，创新对外投资方式，促进国际产能合作，形成面向全球的贸易、投融资、生产、服务网络，加快培育国际经济合作和竞争新优势。

四是改善区域营商环境。营商环境是一种制度创新和软实力体现，直接决定着对外开放中相关企业主体的感受，世界各国在国际经济往来中都将营商环境作为重要的竞争指标。浦东在以市场准入负面清单为核心的投资管理制度，以政府职能转变为核心的事中事后监管制度方面实现了诸多首创，营商环境已极大改善。未来，需要引领长三角地区对标国际最高标准，营造稳定、公平、透明、可预期的营商环境，要先行探索扩大服务业特别是金融业开放、有效防控金融风险方面积累了可复制推广的政策储备，尤其是要优先在反垄断法、知识产权保护政策、涉外法律体系等方面积极探索，有效推动长三角区域打造国际一流的营商环境。

二、推动区域互联互通，构建网络化的合作发展架构

保障要素的区域内自由流动是长三角一体化的关键，浦东要主动输出

优势资源，推动多层面联系、多形式合作、多领域拓展的等级化、网络化，具有实质性联系的、紧密合作的"四张网络"，由此实现区域科学分工，最大限度发挥优势和资源效率。

一是交通设施网络和通讯基础设施网络，实现互联互通。一方面，以沪通铁路、南沿江铁路、沪通长江大桥、杭州湾跨海铁路大桥、沪乍杭铁路的建设为契机，做好区域内的规划和衔接，提高苏浙两地的交通密度。加快上海东站的建设，改善上海铁路运量的南北不平衡情况，实现浦东陆海空一体化联运枢纽的功能。推进港口一体化进程，增强通江跨海的运输能力，节约上海港与宁波舟山港的运输成本，推动上海港与沿江港口的转输运体系建设，并共同申报自贸港区。另一方面，聚焦5G协同创新发展，分别推进金桥和张江5G系统设备和5G芯片的开发，加大5G网络的规模部署及创新应用，推广工业物联网、智慧城市、智慧医疗等应用。

二是区域大市场网络。统一市场大体系的关键是统一市场标准。可由地方政府率先主导，鼓励企业和行业协会共同参与，推动构建统一的长三角市场网络，包括人才市场、科技成果转让和交易市场、区域化公共数据平台和数据资源的评估、定价、交易市场等。还包括联合知名企业、品牌，统一市场准入标准、服务标准、数据接入标准等，联合开发产品和业务，互设代办处或分支机构、定期互办招商会、推介会等。

三是专业化分工的产业网络，避免雷同布局、恶性竞争。一方面，推进产业纵向一体化发展。按以浦东的集成电路、生物医药、装备制造、新能源汽车等支柱产业为龙头，沿产业链和价值链向周边区域拓展和延伸，形成等级结构清晰的产业空间布局。另一方面，基于城市间不同功能的专业化分工，推进横向一体化发展。区别于传统的以核心城市为首的垂直分工，而是根据城市的功能互补、高度功能连接和集成。例如，杭州的互联网产业高度发展刚好是对上海的互补。再如，依托旅游资源实施文化旅游产业的接轨，开辟"迪斯尼+水乡游、古镇游"等旅游产品。

四是协同创新的科创网络。首先，加大基础研发投入，助力源头创新，认准产业链、价值链高端，利用最前沿、最尖端的技术，紧扣对产业具有控制力的核心环节，加快集成电路、生物医药、智能制造等功能型平台建设。其次，集聚创新人才，发展浦东国际人才港，打造长三角高精尖的专家团队，建立科技联合研发平台，实现科创分工，开展课题研究和交流活动，建设人才一体化平台。第三，推广创新券的通用通兑，助推中小企业的创新动力，完善科技政策，设置合理的预付额度，提升科技公共服务能力，实现区域内资源的共享。第四，优化创新环境，健全知识产权保护体系，集跨区域的知识产权保护、社会信用保障、企业信用体系为一体。

三、聚焦重点领域，培育区域内生发展动力

浦东推动长三角一体化，不可能一下子全面铺开，需要根据实际情况，制定和实施重大战略计划，勇于在重点领域、关键环节率先突破，发挥典型引路作用。

一是以智能制造为突破，打造世界级智能制造集群。以临港高端装备产业、祝桥大飞机产业、张江集成电路产业等为龙头，首先，率先培育一批优质行业的系统集成商，重点部署一批具有世界先进水平、行业试点示范、具有行业标杆的智能工厂的建设，同时鼓励和支持中小制造业参与智能制造的试点示范产业转型升级，形成长三角智能制造试点示范在全国的优势地位。其次，合力打造智能制造供应链体系，建设跨地区的网络协同供应商产业链部署，形成产业链布局，推动整个长三角高端装备的协同发展。第三，推动跨区域的高端装备产业合作专项。推动浦东企业与长三角相关企业的有机融合，通过合资、合作、并购等方式投资建设一批生产制造基地，共同推进高端装备的产业合作。第四，共建长三角智能制造信息网络平台。通过智能制造协同机制将浦东的行业信息和知识服务平台与长三角各地区的网络平台、协同平台、信息平台串联起来，打造共同的信息共享平台。

二是以金融服务为抓手，完善区域多层次投融资体系。利用浦东金融资源丰富、与监管部门和交易所毗邻等优势。首先，发挥国际金融机构集聚的优势，完善区域创新投融资体系，建立风险资本、创新创业基金、银行贷款等多层级的资金支持体系，发展科技金融，推动上交所与G60科创走廊、沪宁高铁经济走廊对接。其次，依托长三角资本市场服务基地，采用线下+线上的双重服务模式，发挥浦东金融要素市场集聚辐射功能，尽快覆盖长三角主要城市，形成1+N（张江基地+长三角其他城区）的联动，打造成为助推企业到科创板上市融资的服务平台。第三，建立长三角

科创板后备企业数据库，为优质企业提供科创板上市的快捷通道。第四，筹建金融数据港。聚焦金融大数据，通过浦东的银行卡产业园、软件园、信息产业制造园"三园"融合发展，在海量数据归集存储、挖掘分析等方面突破一批关键技术，形成面向电子信息、金融服务、商务流通、智能装备等重点行业，以及电子政务、民生服务、城市管理等重点领域提供数据服务的产业集聚区。第五，结合金融法院建设，引领国际金融司法保护新规则。建立金融风险防范机制。例如，建立长三角银行业机构风险评价指标体系，建立《长三角地区金融稳定报告》等风险信息公布制度，建立应对金融市场突发事件的快速反应机制和处置预案。

三是以"飞地"产业园为载体，输出园区品牌和成熟的经验。一方面，在异地建立"飞地"产业园。鼓励和扶持浦东的开发公司"走出去"，在长三角区域内探索一区多园的建设模式，将资源聚焦到核心优势上，在园区管理、招商、改革、政策等多方面达成合作，形成有效的品牌输出。这也为开发公司自身产业结构调整服务，缓解浦东发展面临的空间瓶颈。这些园区可不仅仅限于制造业领域，也可拓展到现代服务业、公共服务业等领域。例如，南汇医学园区与长三角的医药科技园区、大型医院、医药企业等合作，建设创新药品、医疗器械示范应用基地和培训中心，形成"示范应用—临床评价—技术创新—辐射推广"的良性循环。同时，也可鼓励开发公司和园区联合长三角地区企业一同"走出去"。积极尝试探索，突破地域和体制的限制，联合苏浙皖企业，主动而为优势互补，在国内其他地区寻求开展产业合作的机会。利用自贸区平台，不断提高企业对外投资便利化水平，打造长三角知名企业和产业基金"走出去"对外投资的重要平台。在有条件的情况下，进行海外园区开发建设模式的探索。另一方面，积极探索"反向飞地"模式，吸引长三角地区优质资源，服务浦东产业升级。首先，鼓励外地省市政府或园区在浦东设立办事处、联合研发中心、研发孵化中心等。打通长三角其他地区对创新资源的迫切需求和浦东高端资源充沛供给的通道，实现需求链与供给链的有效对接。以"优势互补、资源共享、利益分享"为原则，叠加各地政策，通过体制机制的创新，共筑跨省市合作科技创新和转化平台，强化浦东科创和研发功能。其次，以"反向飞地"为契机，精准导入优质资源。依托强大的专业服务业功能，优质的创新生态，吸引战略性新兴产业入驻，提升浦东科技创新能级，同时，促进长三角地区产业结构调整，实现区域创新资源与产业结构的优势互补。利用有限城市空间，共建"反向飞地"，吸引增量资源进入浦东，盘活浦东存量经济动力，为长三角地区资源流动增加新的选择。

四是以科创功能性平台为抓手，推动协同创新。首先，共享共建大科学装置。发挥大科学装置在长三角区域制造业转型升级的"智脑"作用，鼓励长三角的高校、科研机构及企业深入参与在浦东的国家大科学装置的研究开发、技术指标研讨等活动，并将开放和共用水平纳入对装置的评估考核之内。其次，筹建各种类型的科创功能平台。浦东积极寻求从联系人向组织者的转变，可以初期以新区政府推动为主，以高校、科研院所为主体，通过成立联合研究室、合作研发共同公开关键性技术、联合推出科技创新项目、设立基金、合作培养和组建人才队伍等方式打造以上海为核心、覆盖新加坡、延伸全球的功能性平台网络。平台类型包括基础性研究平台、研发公共服务平台、企业信用平台、人才培养与交流、技术展示、交易和专利转让平台，等等。第三，充分发挥浦东科技金融服务平台的作用。例如，牵头成立基金，为长三角企业服务"一带一路"沿线国家和地区提供金融支持。例如成立母基金，由各省市入股设置并委派专人管理，引入国资平台、大型民企、国家级开发机构等。下设基础设施发展基金、产业发展基金、科创基金等，以产业或功能导向配置资金和资源。再如，发挥上海科创板的作用。利用科创板落户浦东的优势，开展长三角中小科创企业的上市辅导、融资等服务。

四、以自贸区试验为契机，进一步试点跨区域的体制机制创新

上海自贸区面临再扩区，并确定向长三角区域延伸，浦东应以此为契机，在已有的经验基础上，进一步发挥自贸区各类政策和机制创新的"试验田"作用，拓展"溢出"效应，聚焦市场准入、市场监管和公共服务三大领域，积极推动各项举措集中落实、率先突破，形成更多可推广、可复制的经验，探索区域整体体制机制创新，为区域一体化经济发展提供助力。首先，探索自贸区之间联动交流机制。建立自贸试验区联动机制，利用联席会议制度，互相借鉴，优势互补，共同发展，聚焦政策瓶颈和体制

障碍等问题进行合力攻关。促进人才交流，包括探索公职人员常态化交流机制，以及优化高端人才的服务工作，建立跨区域专业人才市场，促进人力资源有效流动。其次，着力推进自贸区制度创新经验推广复制。在长三角地区推进以负面清单管理模式为主的外商投资管理制度改革，推动海港、空港、陆港、信息港（四港）联动发展，形成有效的政策互动机制，推广自贸区经验，输出体制机制突破方面的创新成果。最后，推动上海自贸区功能向长三角延展辐射。探索将"区内经营、区外注册"推广至长三角地区，允许注册企业可以在自贸区外更大区域内开展经营业务，更好地利用政策延展性。以市场机制为主导，以各地产业条件为基础，加强区内区外联动，促进特色产业集群发展，提升整个区域的经济活力和发展效率。

（单位：上海市浦东改革与发展研究院　执笔：徐建、纪慰华、王凯民、刘子源、施俊峰等）

| 第十章 |

江苏融入长三角区域一体化发展的目标定位和实现路径研究[①]

---

① 本报告为2019年度江苏省委省政府主要领导圈定课题的研究成果。

作为长三角区域重要板块的江苏，改革开放四十多年来，始终走在开拓创新的最前沿，在产业集聚、经济国际化、创新驱动、城乡发展等诸多领域形成了富有特色的发展模式和令人瞩目的发展成就，为长三角总体的发展能级和区域影响力的提升进行了积极探索并作出巨大贡献。进入新时代，长三角区域一体化发展和高质量发展，是国家赋予长三角地区的时代使命。江苏必然需要扛起新的责任和担当，积极融入长三角区域一体化发展和高质量发展的时代主题中，加速转型升级，突出创新引领，在高质量产业体系的培育方面、在科技创新领域、在对外开放领域形成新的优势，切实发挥头雁作用；并且，通过与龙头城市上海以及与相邻区域的协同与融合发展，共同打造具有世界级影响力的城市群。

第一节　江苏融入长三角区域一体化发展目标定位的确立

一、长三角区域一体化发展的总体目标定位

作为长三角的重要成员，江苏负有重要的"为国担当"使命，结合江苏自身和长三角的发展历程、现实基础和国际国内环境等各方面综合考虑，江苏融入长三角一体化发展和高质量发展的定位和路径，无疑应从产业、创新和开放三大方面发力。

一是高质量产业体系引领区。江苏制造业在全国具有突出优势，制造业整体收入和利润连续多年位居全国第一，江苏收入规模前20的细分行业均位居全国前4位。在制造业31个细分行业中，江苏有8个行业收入排名位居全国第一、6个行业位居第二、6个行业位居第三、

四位。①总体上,江苏具有产业集群多、产业规模大、产业链完整、行业高地多、隐形冠军多等鲜明而突出的优势,这是构建自主可控的现代产业体系、坚实高质量产业体系引领区的坚实基础。

二是高层次科技创新聚集区。教育发达、人才集聚、科技创新资源丰富是江苏的又一个鲜明优势。在融入长三角区域一体化发展的过程中,江苏需进一步整合科技资源、激活创新动能,打造基础研究原始创新的策源之地、产业技术创新的蝶变之地、创新人才集聚的凤栖之地、创新活力奔涌的丰沃之地,形成高层次科技创新的聚集区。

三是高水平对外开放先行区。在上一波全球化浪潮中,江苏很好地抓住了机遇,实施经济国际化战略,打造出一大批高水平开放的开发区和产业园区,开发区数量众多、类型丰富、经济规划完善、产业特色鲜明、行业集聚度高,是江苏对外开放的突出优势。江苏是我国开发区兴办时间早、发展速度快、经济实力强的省份之一,截至2017年末,有国家级开发区46家、省级开发区85家,国家级经济技术开发区26家,国家级高新技术产业开发区17家,均居全国第一。各级各类开发区成为优质的开放前沿和产业载体,形成了独特的外向型经济高地。当前,江苏还以"一带一路"交会点建设为总揽,扩大全方位对外开放,在打造高水平对外开放的先行区方面具有得天独厚的优势和基础。

二、江苏融入长三角区域一体化发展的产业基础

长三角区域由于地理相邻、文化相近、市场结构互补,有效降低了企业交易成本,提高了企业资源配置效率。从中国近代工业化发展初期便在长三角地区形成了企业多而强的制造业密集区。2018年,江苏的GDP在长三角所占份额为43.82%,江苏的工业在长三角所占份额为52.32%,江苏的产业发展状况对长三角的区域一体化有着重要影响。

从历史角度看,我们将长三角地区产业一体化发展分为五个时期。第一个时期,从19世纪中期上海开埠到中华人民共和国成立前,上海金融业十分发达,民族资本也建立了大型棉纺织、丝绸、面粉、卷烟等工业。这一时期,江苏与上海的产业联系是通过上海以纺织和食品为主的轻工业

---

① 李忠海:《大数据告诉你:江苏何以成为全国制造业"带头大哥"?》,载《苏宁财富资讯》,2017-07-31。

向周边地区的扩散和苏南商品经上海出口的业务联系在一起的。以棉纺织为工业主体的南通、常州，以棉纺织、丝绸、面粉工业为主的无锡，以丝绸为工业主体的苏州，与上海连成了轻工业城市群。第二个时期，中华人民共和国成立初期的1952年至20世纪70年代末，上海经济由消费型调整为生产型，轻工业的发展受到限制，形成以冶金、纺织、石化和机械电子为主的工业体系。这一时期，由于上海经济自成体系，内部循环，长三角地区的产业联系弱化了。第三个时期，改革开放至1991年，苏浙两省的民营企业和乡镇企业持续发展壮大，这一时期苏浙沪的产业结构趋同，而上海的所有制结构以全民和集体为主，原有的综合配套能力优势逐渐消失，新的产业优势未能及时形成，长三角各地的产业形态和地位有所调整。第四个时期，1991年国家实施浦东开发开放政策后，上海的产业发展加快，并且带动了苏浙两省的快速发展。长三角地区政府在招商引资、基础设施建设、政府服务方面竞争加大，促进了长三角内部的要素流动和产业转移。上海的第三产业比重上升，服务业逐渐替代了中心城市和中心城区的工业基地职能，周边城市逐步发展形成了制造业集聚区。随着开放程度的扩大，外资进入长三角产业发展，外资的流入对长三角区域生产力布局和区域内的产业分工与合作体系产生了新的作用。三资企业在市场的作用下从整个长三角地区考虑生产布局，促进了长三角地区生产采购链条的形成，使各地区的产业和企业得到整合，这一时期产业和人口的集聚使城市间的规模经济和外部经济相互渗透，联系越来越紧密。产业上，江苏主要集中在基础工业和重化工产业，浙江集中在轻纺和食品产业，上海集中在装备产业。苏浙沪三地在电子信息、纺织、石油化工等产业上存在一定的竞争。经济发展模式上，江苏外资、民营和国有三足鼎立，浙江以民营经济为主，上海以外资和国有为主。第五个时期，2016年5月，随着国务院批准《长江三角洲城市群发展规划》，长三角城市群正式扩容，安徽省加入长三角，长三角"一市三省"将协调产业布局，避开同质化竞争，形成统一的市场，努力打造世界级城市群的产业基础。

近年来，长三角经济运行的总体特征是经济增长速度趋缓，但在预期目标内实现了平稳增长。2018年，长三角"一市三省"GDP约占全国总量的23.48%。整体走势上，长三角"一市三省"的GDP增速略高于全国。其中，安徽的表现突出，高于全国增速的 1 个点左右；江苏的 GDP 增速近年来有所回落，从 2010 年的 12.7% 降至 2018 年的 7.1%。从同比增速看，2018 年，上海、江苏、浙江、安徽仍然保持较高速增长，增幅分别为 6.6%、6.7%、7.1% 和 8.0%，均高于或等于全国增速 6.6%。

近年来，长三角地区产业结构调整进一步加快，三次产业结构得到优化。2010 年，上海产业结构为"3-2-1"型，其他三省结构均为"2-3-1"型，至 2016 年，沪、苏、浙两省一市的产业结构均调整为"3-2-1"型，安徽的第三产业比重也在持续增加，有望在未来一两年优化为"3-2-1"型。2018 年，长三角"一市三省"第三产业增加值突破 10 万亿元，达到 10.08 万亿元，增速均值达到 9.12%，服务业内部结构均有所优化（见表 10-1）。上海的产业体系中，培育了汽车、电子信息、装备、钢铁、石化、生物医药等六大制造业支柱产业，集聚了金融、航运物流、现代商贸、信息服务、文化创意、旅游会展等一批高端服务业，集成电路、工业机器人、智能网联及新能源汽车等成为上海工业投资重点。《江苏省"十三五"现代产业体系发展规划》中明确了江苏省十大战略性新兴产业发展方向，分别为：新一代信息技术产业、高端软件和信息服务业、生物技术和新医药产业、新材料产业、高端装备制造产业、节能环保产业、新能源和能源互联网产业、新能源汽车产业、空天海洋装备产业、数字创意产业。未来产业发展方向涉及纳米材料、量子通信、智能机器人、可穿戴设备、智能驾驶、新型健康等领域。浙江的九大主导产业分别为：食品制造业及烟草加工业，造纸印刷及文教用品制造业，通用专用设备制造业，化学工业，金属冶炼及压延加工业，金属制品业，纺织工业，电气机械及器材制造业，通信设备、计算机及其他电子设备制造业。未来产业发展重点分别为：机器人与智能装备、新能源汽车与现代交通装备、高端船舶与海洋工程装备、新能源和节能环保装备、通信网络与智能终端、专用集成电路与新型元器件、物联网云计算大数据和工业软件、生物医药和高性能医疗器械、新材料、绿色石油化工、时尚轻纺业。安徽产业优势在智能家电、电子信息、新能源汽车、工业机器人等方面，优先发展以装备制造业为代表的先进制造业，加快发展电子信息等为代表的新兴产业，并积极开拓新材料、现代医疗医药、环保技术装备等产业潜力。

表 10-1　2010—2018 年长三角地区产业结构比例

地 区	三次产业结构比例/%			
	2010 年	2013 年	2016 年	2018 年
上海	0.7∶42.0∶57.3	0.6∶37.2∶62.2	0.4∶29.8∶69.8	0.3∶29.8∶69.9
江苏	6.1∶52.5∶41.4	5.8∶48.7∶45.5	5.4∶44.1∶50.5	4.5∶44.5∶51
浙江	4.9∶51.1∶44	4.7∶47.8∶47.5	4.2∶44.8∶51	3.5∶41.8∶54.7
安徽	14.0∶52.1∶33.9	11.8∶54.0∶34.2	10.6∶48.1∶41.3	8.8∶46.1∶45.1

资料来源：相关年度《上海统计年鉴》《江苏统计年鉴》《浙江统计年鉴》和《安徽统计年鉴》。

在长三角"一市三省"中，江苏实体经济发展成绩显著，制造业在全国具有突出优势，产业转型升级明显加快，新兴产业成绩斐然。实体经济主要包括以制造业为主体的工业、农业和部分生产性服务业，江苏实体经济规模大，水平高，门类齐全，实体经济占江苏经济总量超过 80%。近年来，江苏产业发展规模持续扩大，2017 年，工业总产值占全国比重 13.30%，制造业规模连续 8 年保持全国第一，对江苏经济增长的贡献率在 50% 左右，整体收入和利润连续多年位居全国第一。2015 年，三次产业总值构成中第三产业首次超过第二产业，三次产业比例为 5.6∶46.3∶48.1。新兴产业创新性强、增长速度快、发展潜力大，江苏在全部 11 个战略性新兴产业子行业收入份额稳居全国第一，新材料、节能环保、新一代信息技术和软件、光伏、海工装备、生物医药等产业规模居全国领先地位。在新能源、智慧物流、高性能计算机、石墨烯、物联网、纳米科技等新兴技术领域位于全国前列，培育了一批专精特新、科技小巨人企业，行业"隐形冠军""单打冠军"企业达到 2 000 多家，在包括新材料领域的 T300 碳纤维量产、国家大飞机工程配套的镍基高温合金技术、石墨烯电池研发等诸多关键技术上实现了突破。

江苏的产业空间布局逐步优化。主体功能区规划实施取得阶段性成效，基本形成沿沪宁线、沿江、沿东陇海线和沿海"四沿"生产力空间布局。苏南转型发展、创新发展取得积极成效，苏中融合发展、特色发展加快推进，苏北新型工业化、城镇化成效明显。江苏产业园区集聚能力大幅提升，已形成了 100 家省级特色产业基地、20 家省级先进制造业基地、125 家省级现代服务业集聚区，省级以上开发区已占全省 2% 的土地，创造了 1/2 的 GDP、贡献了 2/5 以上的地方公共预算收入、吸纳了 3/4 以上的实际到账投资，成为引领全省产业转型升级和创新驱动的先导区和核心区。

在工业结构变化的过程中，江苏工业第一、二、三类产业占比分别由 1985 年的 33%、29.4% 和 25.9% 变化为 2016 年的 16.6%、29.9% 和 41.1%，发生了较为显著的结构升级效应。2017 年，江苏工业中规模居前的行业为计算机、通信和其他电子设备制造业，电气机械和器材制造业，化学原料和化学制品制造业，所占份额分别为 13.47%、12.52%、10.43%。2018 年 6 月 25 日，江苏省政府印发《关于加快培育先进制造业集群的指导意见》，遴选出新型电力（新能源）装备、工程机械、物联网、前沿新材料、生物医药和新型医疗器械、高端纺织、集成电路、海工装备和高技术船舶、高端装备、节能环保、核心信息技术、汽车及零部件、新型显示等 13 个基础较好的先进制造业集群作为重点培育对象，以点带面，大幅提升江苏制造业水平。

总体上，江苏具有产业集群多、产业规模大、产业链完整、行业高地多、隐形冠军多等鲜明而突出的优势，这是构建自主可控的现代产业体系、建设高质量产业体系引领区的坚实基础。

三、江苏融入长三角区域一体化发展的科技创新基础

一个国家或地区竞争力的发展，通常要经历从要素驱动、投资驱动向创新驱动、人才驱动的跃升过程。中共十八大以来，特别是十九大以来，面对推动经济转型升级、实现新旧动能转换的巨大压力，创新驱动成为江苏的最强音，也是发挥江苏特色与优势、推动江苏融入长三角区域一体化发展的闪亮名片。其科技创新基础主要表现在两个方面：

一是全省科技基础位于全国前列。作为人才大省、科教强省，江苏拥有雄厚的科技创新基础，区域科技创新能力连续 8 年位居全国第一。国家技术预测调查显示，我国 15.1% 的领跑技术分布在江苏。[①]

[①] 《我国 15.1% 领跑技术分布在江苏 "厚家底" 渐成发展新优势》，载扬子晚报网，https://www.yangtse.com/zt/17qglh/gdbd/2017 - 03 - 05/1211654.html。

二是继续深入厚植创新驱动战略。据统计，2018 年江苏全社会研究与试验发展（R&D）活动经费占地区生产总值比重达 2.64%（新口径），研究与试验发展（R&D）人员 78 万人。全省拥有中国科学院和中国工程院院士 98 人。各类科学研究与技术开发机构中，政府部门属独立研究与开发机构达 466 个。建设国家和省级重点实验室 171 个，科技服务平台 277 个，工程技术研究中心 3 404 个，企业院士工作站 326 个，经国家认定的技术中心 117 家。①

四、江苏融入长三角区域一体化发展的对外开放基础

2014 年，习近平总书记视察江苏时指出，应主动服务中央对外工作大局，创新对外开放思路举措，增创开放型经济新优势，拓展对内对外开放新空间。开放是江苏发展的鲜明底色，江苏也始终处在开放的前沿。改革开放四十多年来，江苏经济发展先后经历了"农转工""内转外""创新驱动"、高质量发展等不同发展阶段。对外开放，始终是推动这一系列转型的重要动力。无论是"苏南模式"，还是遐迩闻名的"昆山之路""园区经验"等，都得益于我国开放的大门越开越大、得益于江苏省经济社会与国际接轨的程度不断加深。2000 年以来，江苏外贸一直位居全国第二。截至 2018 年 10 月底，全省已累计引进各类外资企业 12.4 万家，实际使用外资 4 470 亿美元。其中，2003 年到 2014 年，江苏实际利用外资连续保持全国第一。最新统计表明，全省 1/4 的固定资产投资、1/5 的税收、超过六成的对外贸易额、超过七成的高新技术产品进出口、三成以上的就业岗位来自外资。②

江苏具有较高水平的开发区集群。在 2018 年国家级经济技术开发区综合发展水平前 30 强中江苏占席 7 位。江苏开发区优势主要体现在：一是开发区规划先行、统领全局，如苏州工业园区、南京江北新区等都在开发建设初期就形成了严密完善的规划体系。二是产业高度集聚，开发区集中了江苏 90% 左右的先进制造业、70% 左右的生产性服务业，外商在江苏投资的高新技术企业 90% 以上设在开发区，全省引进的 1 亿美元以上的大项目 90% 以上落户开发区。三是高新企业聚集效应明显，以苏州为例，

---

① 《2018 年江苏统计公报》。
② 戴翔：《看清大势坚定迈向开放强省》，载《群众》（决策资讯版），2019（2）。

75%以上的高新技术企业、95%以上的技术先进型服务企业、80%的外资独立法人研发中心落户在开发区。四是产业特色和产业集群明显，全省开发区内共设立162个特色产业园区，形成了南京软件和信息服务、苏州纳米材料、无锡物联网、常州石墨烯、泰州生物医药、徐州工程机械、盐城汽车制造等重点产业和企业集群。

2018年是江苏对外开放迈出新步伐的一年。制定出台了高质量推进"一带一路"交会点建设的意见，着力打造连云港战略支点，高标准建设中哈物流合作基地、上合组织（连云港）国际物流园，实施国际综合交通体系拓展等"五大计划"。据统计，当年新增"一带一路"沿线对外投资项目230个、同比增长50%；对"一带一路"沿线国家出口增长9.6%以上（人民币计价），占比提升到24%以上。进出口增长9.6%（人民币计价），其中出口增长8.6%，实际使用外资255亿美元，同比增长1.6%。精心组织参与首届进口博览会，累计成交金额58.9亿美元，居全国第二位。

第二节 江苏实现三大目标定位需要突破的主要障碍

在长三角区域一体化发展已经上升为国家战略的背景下，江苏未来要在产业、科技创新和对外开放方面承担更大责任、发挥更大作用，还存在着一些突出障碍。

一、江苏建设高质量产业体系引领区的主要障碍

一是长三角内部各区域间江苏相对优势不足。先进制造业、战略性新兴产业、生产性服务业是江苏产业发展的特色和方向。江苏的产业发展虽然在长三角内部总量大，但经济总量、产业水平、产业结构地区差异较大，发展不均衡，新经济发展不突出，基础研究不足限制了重大科技创新能力，在长三角地区的产业带动作用有限。上海依然优势明显，是长三角的经济中心、金融中心、贸易中心、航运中心与科创中心。浙江的"互联网+"经济发展势头迅猛，信息经济走在全国前列，有阿里系为代表的一

大批优秀互联网企业为引领带动技术和产业升级。安徽的科技创新成效显著，合肥综合性国家科学中心等创新平台发展在重大科技基础设施体系建设、关键核心技术攻关方面取得重大成果，培育出了一批战略性新兴产业龙头企业和新兴产业集群。在长三角各地区加快发展速度、提高发展质量、加大创新力度、优化结构升级的情况下，江苏保持相对优势的压力很大。

二是产业链"植根性"不足，面对趋于持久化的中美"贸易战"以及随之而来的"全球化"，尚未形成有效的应对能力。江苏企业过去在出口导向战略性下，长期从事"两头在外"的代工生产，多处于全球价值链的低端环节。在中美贸易战和逆全球化的背景下，中国制造业面临发达国家"高端回流"和发展中国家"中低端分流"的双向挤压，产业国际竞争日益加剧。得益于上一波全球化，江苏在 IT 产业、通信、互联网、AI 等多个新兴产业领域的加工制造环节，形成了明显的产业优势。并且，快速构建了相应的全产业链和产业集群，建立了深度参与全球价值链和产业链的产业体系，其基本形态为：美欧日链主企业—港台代工大王企业—本土供应链企业。这种全产业链的特征是，链主居主导性和决定性地位，代工大王发挥传递、链接和整合作用，本土供应链企业借力跟进并发挥支撑作用。因此，江苏对于拥有国际前沿科技和品牌的跨国公司、对于拥有各类中间产品的国际企业、对于发挥链接传导作用的国际代工龙头企业、对于全球市场都具有很高的依赖度。逆全球化试图阻断全球化时期形成的全球产业链格局。前两者在中国大陆特别是在江苏，尚未形成牢固的植根性，对政策波动、国际政治经济和贸易环境的变动都极为敏感。在这些新兴产业领域，长三角尤其是江苏的产业链有可能因为链主和代工大王的抽离而快速散失。

三是制造业领军企业和行业隐形冠军数量不够多、地位不够高，核心和原创技术研发力量不足。江苏制造业门类齐全，战略性新兴产业发展具有一定的产业基础，其中很多产业规模很大，但存在大而不强的问题，领军企业还不够多，缺乏关键领域的核心技术和原创技术。应注重在江苏重点发展的新型产业和未来产业中掌握关键技术，向上延伸产业链，培育全球价值链上的隐形冠军。

四是新兴产业领域还未形成绝对优势，还不能有效形成关键技术突破，独角兽企业发展程度在长三角地区处于下游。早在 2015 年，江苏 11 个战略性新兴产业子行业以整体 16.2%的收入份额超过山东（12.8）和广东（12.4），稳居全国第一。但近年来广东、浙江等省份新兴产业发展势头迅猛，成效突出。相比而言，江苏在战略性新兴产业的发展层次和市场竞争力上还有待提升。在一些新兴产业中的技术成熟领域，江苏的产业化程度较高；但在一些前沿技术领域，虽然在个别环节有所突破，但关键技术、核心制造设备和上下游产品尚未整体突破，尚未形成规模化的完整产业链，现阶段制约了新兴产业在国际上和国内形成绝对优势。独角兽企业在新兴行业占比超过一半，代表了新兴产业的发展方向，在经济增量上作出很大贡献，为产业结构优化注入了新兴产业活力。但根据网易大数据的统计，截至 2018 年末，全国共有 185 家独角兽企业，江苏的独角兽企业共有 10 家，远远落后于京（83 家）、沪（34 家）、粤（25 家）、浙（22 家）的独角兽企业数量，独角兽企业估值规模上，没有一家位于前 20 名。

二、江苏形成高层次科技创新聚集区的主要障碍

当前，影响江苏融入长三角区域一体化、形成高层次科技创新集聚区的主要障碍大致有：

一是内部高层次科技创新的基础尚显薄弱。从国际产业分工格局来看，江苏大部分产业处于产业链中低端，研发设计和工艺技术主要来自国外，主要行业关键设备大多依赖进口，知识产权创造能力还不强，创新要素高端化水平有待提高。如，江苏核心关键技术对外依存度高达 50%，远高于世界创新型国家或地区 30%的标准。

二是高层次科技创新的结构体系呈现不平衡。虽然省内高校众多、人才密集，但是，从结构上看，大部分科技创新集中在传统优势产业领域，如纺织行业，而与国际先进水平相比，面向战略性新兴产业的基础性科技创新则明显不足，如，太阳能光伏、新型显示等领域缺少支撑和重大研发机构，尤其缺乏站在科技前沿引领创新、作出开创性贡献的科技领军人才。

三是制约高层次科技创新集聚的体制机制障碍明显。不仅表现为省内各创新主体间缺乏有效的创新主体协作机制，尚未形成高效的创新主体协同发展模式，而且从地域上看，地区间基础设施分布不均衡或政策壁垒，

导致创新要素流动在企业、人才、技术、中介和金融等层面受限，影响了创新溢出效应。

四是外部宏观环境变化的不容乐观。特别是受贸易保护主义、逆全球化的影响，以制造业为主的江苏经济，面向海外的出口市场受阻，同时，西方国家对敏感技术、战略产品的从严出口管制，也阻碍了江苏集成创新、系统创新的外部支持。

三、江苏打造高水平对外开放先行区的主要障碍

当前，对于江苏来说，打造高水平对外开放先行区，既面临前所未有的机遇，也面临重重困难与挑战，大致来说主要有：

一是全球性国际贸易面临的严峻挑战。基于比较优势下全球分工的国际贸易体系正在遭遇个别强权的侵蚀与脆弱。旧的国际经济秩序摇摇欲坠，而新的国际经济秩序依然尚未清晰可辨。贸易体系与贸易秩序的急剧震荡，意味着江苏融入长三角区域一体化、打造高水平对外开放先行区充满不可预测的变数。

二是对外开放空间格局亟须深刻重构。改革开放四十多年来，在对外开放方向上，主要以发达国家、向东开放为主，面向发展中国家的对外开放相对薄弱。"一带一路"倡议是我国重构对外开放格局的探索，也是江苏健全对外开放体系的机遇。国家层面的对外开放格局的巨变，内在呼唤江苏积极对接国家战略，构建与之相适应的对外开放新格局。江苏积极参与"一带一路"建设，但对于相关国家的政治、文化、宗教、法律规制、社情民意等方面的情况，了解和掌握得还很不透彻，对企业走出去的投资活动，尚未形成有力的智力支持和服务能力。

三是支撑江苏对外开放的传统优势正在式微。随着发展水平的不断提升以及新兴市场的崛起，支撑江苏高速增长的生产要素成本低、中外技术落差大、资源环境承载能力强等比较优势明显减弱，传统发展模式已经走到尽头，急需在扩大开放中加快培育新的国际竞争优势。

四是高水平开放呼唤更高水平的开放型经济新体制。打造高水平开放先行区，需要在开放中积聚和配置生产要素，需要营造具有竞争力、吸引力的营商环境。与之相比，无论是在营商的法治环境上，还是在市场准入、清单管理上，都与高水平对外开放的要求有较大差距。

第三节 江苏融入长三角区域一体化发展的实现路径

一、构筑全产业链，建设高质量产业体系引领区

高质量发展的现代产业体系，是实体经济、科技创新、现代金融、人力资源协同发展的产业体系。建设高质量产业体系的关键在于按照中共十九大报告提出的"必须把发展经济的着力点放在实体经济上"的要求，充分发挥市场在资源配置中的决定性作用，更好发挥政府作用，努力推动质量变革、效率变革、动力变革，提高全要素生产率，增强产业核心竞争力。江苏是制造业大省，实体经济发达，要发挥制造业集群规模和水平全国领先的优势，推进供给侧结构性改革，促进产业链与创新链双向融合，加快构建自主可控的现代产业体系，建成代表和引领长三角、具有国际竞争力的先进制造业基地。

一要重构产业链，培育以本土企业为主体的企业集群和全产业链，切实提升本土企业的竞争力和植根性。一方面，推动园区转型升级。园区经济是长三角经济增长的主引擎，也是外向型经济的主要载体，具有良好的工业基础设施，产业集聚能力强大。应对逆全球化，需要在园区导入各类新企业和新兴产业，并以产城一体融合发展提升园区品质和服务能力。另一方面，也是更为重要的，是要积极培育并发展各类产业联盟。培育研发产业联盟，集中资源进行产业共性技术的攻关，打造具有强大竞争力的产业链。培育产业链联盟，打造以创新产品为核心的有竞争力的产业链。培育市场合作联盟，共享产业基础设施降低创新成本与风险，联合采购降低成本，联合开拓创新产品市场。总之，通过培育新型产业生态重构兼具竞争力和良好植根性的本土产业链。

二要努力向全球产业链中高端迈进，加大对知识产权的保护，推动产业链创新链"双向融合"。大力发展智能制造，不断培育制造业竞争新优势，并在长三角区域建立营销渠道与网络，逐步在全球产品分工网络中实现价值链的攀升，提升在全球价值链分工体系中的地位与话语权，从而推动区域经济转型升级与发展。江苏高校云集，科研实力雄厚，制造业基础

强大，具备良好的"双向融合"基础。应充分挖掘江苏科教资源的潜力，支持科技市场的发展，培育科技中介主体，通过中介体系融通产业链与创新链之间的协同关系。建立多元化、多层次的风险投资体系，通过资本市场的盈利性引导，将有潜力的科创项目引导到资本市场，支持产业创新，为"双向融合"提供条件，缓解"双向融合"中的融资压力。主动引导科技创新向产业运营转化，拓展"双向融合"的市场空间。最终达到优势产业链主动融合科技创新、提升产业附加值，实现产业链、创新链融合发展，推动产业链向中高端迈进。

三要优化区域布局，构建自主可控的现代产业体系。建设自主可控的产业体系，就是建设不受外国支配而由我们自己独立做主决策的、由我们自己把控的产业体系。自主可控产业体系的一般特征：① 产业技术对国外的依赖度要低于30%，即技术的自给率达到70%；② 对掌握产业关键技术、关键材料、关键环节的公司，在产权上要能够处于绝对的控股地位。江苏构建自主可控的现代产业体系要集中资源对关键产业和核心技术进行攻关。现代产业的发展不是孤立的，它与其他产业之间具有相当的协同性，在新兴产业之间，一个产业的发展可以带动其他新兴产业的发展，一个产业的瓶颈，可能也将制约其他新兴产业的进步。在发展重点产业、主导产业的同时推动现代产业体系之间的协同发展。应着力优化现代产业体系空间布局。发挥苏南自主创新示范区的突出作用，同时，发挥梯度效应，引导企业向苏北地区实施产业转移。除了先进制造业，江苏在零售、传统制造、房地产等领域也有不少全国领先、具有相当实力的企业，要引导这些企业运用资本、管理方面的能力投身到自主可控的现代产业体系中来。

四要构建区域价值链体系，大力发展新兴产业，培育领军企业和行业隐形冠军，建成全球领先的先进制造业基地。江苏建设自主可控产业体系的突破口，在各战略新兴产业的隐形冠军造就上。长三角未来要通过提升自主创新能力，发展先进制造业、战略性新兴产业和现代服务业。江苏应分析研究可能在哪些关键产业的重要节点的关键技术上实现原始创新掌握核心技术，发挥政府在现代产业顶层设计作用，有意识地挖掘和培育领军企业和行业隐形冠军，以市场需求和国家需要带动企业创新活力，在政策上和资金上支持这些企业进行研发，实现关键技术创新。建设具备较强国际竞争力的先进制造业基地，逐步提升在全球产业价值链中的地位，实现一些产业在国内形成完整的产业价值链，进而在长三角乃至全国进行布局，形成各区域在产业价值链上的分工与合作。

二、打造创新链，形成高层次科技创新聚集区

作为全国科技人才大省，在融入长三角一体化发展的过程中，打造充满活力的创新生态链，形成高层次科技创新集聚区，是江苏的担当与责任，也是发挥江苏在区域中比较优势的内在要求。具体来说，包括下述方面：

一是建立健全体制机制，撬动政产学研协同的创新杠杆。创新有自身的机理与逻辑，离不开体制机制的支撑。一旦体制机制符合科研规律、创新机理，那么就可以成为撬动高质量发展的杠杆，发挥出乘数效应。大致来说，影响创新的主要要素集中在政产学研金等方面，这也是体制机制创新的主要重点领域：要以高校、科研院所为主体，建设产学研合作创新平台、产业技术创新基地、产业技术创新联盟等载体，为攻坚重大基础研究、突破关键领域技术提供基础。要深化高校科技成果审批、科技成果转化、高校实验室资源共享等方面的改革，从源头打通高校科技成果转化渠道，释放科技人员创新活力。要规范补贴方式，转变创新激励机制，推动创新激励主体由政府激励向市场激励转变、创新激励方式由事前激励向事后激励转变。以成果论英雄取代以愿景换补贴的做法，对经过事后确认的真实创新、重大创新，在市场激励之外予以政府物质或精神激励。要积极鼓励社会资本进行风险投资、金融投资、天使投资，催化协同创新。

二是遵循市场规律，促进创新要素的自由流动。中共十九大报告强调，要发挥"市场在资源配置中的决定性作用"。这一定位要求尊重各类市场主体的意愿，由他们来配置创新资源要素，即要打破地区间的各种障碍，促进创新要素的自由流动。主要包括：坚持人才流动自由。要消除户籍限制，降低地区准入门槛，建设省域范围内的人才统一标准，推动各地市人才互认，直至最终与长三角其他城市或地区接轨。坚持技术转让自由。可以考虑建立高校及科研院所科技成果转化绿色通道，推进区域知识产权证券化。坚持企业迁徙自由。支持企业按照市场规则在苏南、苏中、苏北区域内自由迁移，保持企业原有的各类资质、资格，为支持双创开拓

"绿色通道"。坚持金融支持自由。统筹支持科技金融政策，实现地区担保、融资租赁、科技保险等金融业务的互通有无，深化消费金融、科技金融、普惠金融、绿色金融等方面的改革。坚持中介发展自由。全面清理限制性地方保护政策，打破市场壁垒，鼓励各类第三方科技服务机构开拓跨区域市场。

三是坚持法治保障，全面深化政府放管服改革。中共十九大报告明确要求，要"更好地发挥政府作用"。在推动创新发展、建设科技创新集聚区上，离不开政府有形之手，但不仅要谨防有形之手的"缺位"，更要谨防其"错位""越位"。为此，要坚持法治思维，在法治保障的前提下，全面深化放管服改革。要继续做好"放"的文章。厘清政府和市场边界，用政府权力的"减法"换来市场活力的"加法"，要继续取消、下放、调整一批"含金量"高的审批事项，推进行政审批标准化建设，加快公共服务事项进驻政务大厅，将部门分设的办事窗口从"多头受理"变为"一口受理"。要切实提升"管"的质量。通过在承接能力、制度建设、监管体制、监管手段等方面的完善，推动高效执法，全面推行"双随机、一公开"监管，推进营商环境市场化和法治便利化。要不断增强"服"的效能。为项目建设、创新创业等提供优质服务，积极推行一站式办理、上门办理、预约办理、自助办理、同城通办、委托代办服务，推进权责清单全覆盖、标准化，加快建立"互联网+政务服务"体系，加快推进线上线下深度融合，打造政务服务"一张网"。

四要积极建立包容性政策体系以激发创新活力。创新驱动，既是中国现代化进程中必须完成的课题，也是未来能够对冲逆全球化负效应、实现自主的、可持续发展的关键。但长三角目前不少政策包容性不足，抑制了社会的创新力。2013年末，苏州常住人口仅比深圳少5万，但2018年末，苏州与深圳常住人口规模的差距已经扩大到230万。因此，当前长三角迫切需要建立包容性的人口政策和人才政策体系，充分吸纳全国各地人口来到长三角就业创业、安居乐业，改变近年来长三角迁入人口规模不足的状态；建立包容性人才政策体系，广泛吸纳来自全球的各类人才，对于那些因为逆全球化而回流国内的各类科技人才，更应有相关政策，在住房、子女就学、社会保障、税收减免、创业等各个方面给予支持，广揽人才。其次，需建立包容性的城市政策体系。长三角城市过于注重表面景观的靓丽与有序，对于城市多样性缺乏必要的包容，中下层人口的生活空间和就业空间被大幅度压缩，以改善城市品质之名使城市经济生态单一化。应提高城市的多样性、包容性和弹性，在城市中保留必要的低成本生活空间，以此作为城市空间结构规划和功能建构的准则，激发城市活力。

三、拓展开放平台，打造高水平对外开放先行区

不断创新对外开放的思路举措，拓展对内对外开放新空间，努力增创开放型经济新的优势，在长三角区域一体化发展中打造高水平对外开放先行区是时代对江苏的要求，也是江苏更好地利用国际国内两个市场、两种资源的要求。具体来说，主要有：

一是不断扩大开放领域，拓展开放空间。要全面实施《外商投资准入特别管理措施（负面清单）（2018年版）》，对外商投资实施准入前国民待遇加负面清单管理制度。负面清单之外的领域，按照内外资一致原则实施管理。要大幅放宽市场准入。认真执行国家关于放宽服务业、制造业、采矿业、农业等领域外资准入限制政策，落实放宽银行业、证券业、保险业和汽车等制造业企业外资股比限制等规定。鼓励引入合格的海外战略投资者，鼓励符合条件的外资金融机构在省内设立外商独资或合资金融机构。

二是以"一带一路"倡议为总揽，主动融入对外开放国家战略。要充分发挥"一带一路"交会点优势，扩大向东开放，引领向西开放，推动形成全面开放新格局。要发挥连云港"一带一路"倡议中的战略支点作用，打造新亚欧陆海联运通道标杆，建设国家级上合国际物流园、中哈物流基地等载体。要按照"打造特色、分类集中、巩固中亚、拓展欧洲"的发展思路，推动全省中欧班列线路整合优化。要发挥江苏的园区经验与园区优势，加大支持境外园区建设，鼓励引导有条件的开发区、走出去企业在境外建设产业集聚区。

三是增创外贸竞争新优势，培育开放发展新动能。要继续推动对外开放市场多元化，巩固传统市场份额，加大新兴市场的开拓力度。要积极扩大进口，把国外先进的产品与技术全方位"引进来"。要不断提升自主品牌产品国际竞争力，推动江苏企业更多更快地"走出去"。要着力推动服务贸易创新发展，推进南京、苏州深化服务贸易创新发展试点。要重点推

动跨境电子商务、外贸综合服务企业和市场采购贸易方式。要创新引资引智引技相结合的招商机制。支持外资参与江苏全球产业科技创新中心建设。

四是建设更高能级的开放载体平台，满足高水平开放需要。要推动开发区向现代产业园区转型。打造各具特色的改革开放试验田，鼓励在推进投资贸易便利化、金融国际化和管理体制高效化等方面先行先试。重点支持苏州工业园区、南京江北新区、中韩（盐城）产业园、连云港等有条件的重点区域，依法有序推进自贸试验区有关改革举措的叠加复制与集成创新。要优化海关特殊监管区域功能政策。

五是打造法治化、国际化、便利化营商环境。把建设公平公正、透明可预期的国际一流营商环境，作为对外开放的基础性品牌性工作来抓，努力打造全国最好的政务服务环境、最完善的知识产权保护和服务体系、最友好的创业宜居环境。

（单位：江苏区域现代化研究院　执笔：徐琴、何雨、关枢）

|第十一章|

长三角区域一体化
视角下的江苏商务
高质量发展研究

2018年11月5日，习近平总书记在首届中国国际进口博览会开幕式上宣布支持长三角区域一体化发展并上升为国家战略。江苏作为长三角地区的一个重要极点，应始终把参与长三角一体化战略作为商务部门的使命担当，全面贯彻、主动参与、深入推进。鉴于此，本研究报告致力于从长三角区域一体化视角出发，重新审视江苏商务高质量发展。

第一节 长三角"一市三省"商务经济发展概况

长三角是我国商务经济最发达的地区之一，2018年长三角"一市三省"社会消费品零售总额占全国1/5以上，货物贸易进出口总额占全国1/3以上，实际使用外资占全国近2/5，对外投资中方备案额（暂缺安徽省）占全国1/3以上，均领先于珠三角（广东）地区、京津冀地区。但是，长三角"一市三省"间商务经济发展差距仍较为明显。因此，有必要通过对标在找差距上下功夫，进而对江苏商务发展情况有更直观、清晰的认识。

一、消费方面

从社会消费品零售总额来看，2018年江苏社会消费品零售总额达到33 230.4亿元，是长三角地区社会消费品零售总额唯一超过3万亿元的省份，遥遥领先于长三角其他省市。安徽社会消费品零售总额仅接近于上海（见图11-1）。从社会消费品零售总额的增速来看，2018年仅安徽的增速（11.6%）高于全国（9%），浙江（9%）与全国持平，上海（7.9%）和江苏（7.9%）均低于全国。纵向比较，长三角"一市三省"社会消费品零售总额的增速相对上年均有不同程度的回落。在限额以上企业商品零售额中,江苏以智能手机、平板电脑等为代表的通信器材类商品零售额增速最高,达 30.8%;浙江石油制品类销售成为拉动社零增长的主要力量,增速较上年提高 3.1 个百分点。上海化妆品、金银珠宝类消费活跃,大型零售企业快速增长,服装类商品强力拉动全市零售额。安徽文化娱乐体育健康类商品零售额较上年增长 12.6%,增幅创 4 年来新高。①

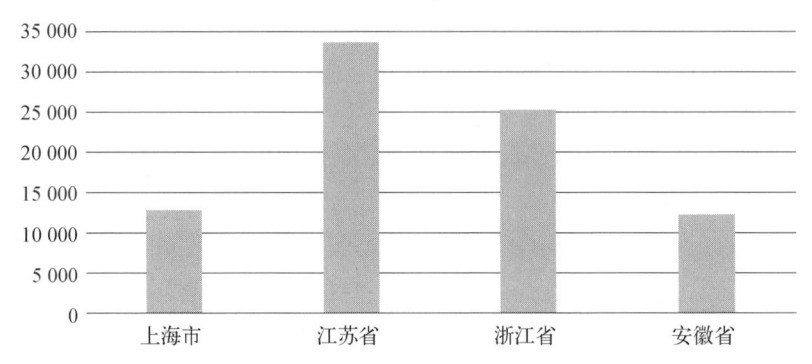

图 11-1 2018 年长三角"一市三省"社会消费品零售总额(单位:亿元)
资料来源:国家统计局网站,http://www.stats.gov.cn/。

从城乡消费来看,江苏居民人均消费支出、城镇居民人均消费支出、农村居民人均消费支出均低于上海和浙江,略高于安徽。城乡居民消费支出差距较大,以江苏为例,城镇人均消费支出 29 461.95 元,农村居民人均消费支出为 16 566.97 元,两者相差 12 894.98 元(见表 11-1)。

表 11-1 2018 年城乡居民人均消费支出(单位:元)

	上海	江苏	浙江	安徽
居民人均消费支出	43 351.30	25 007.44	29 470.68	17 044.64
城镇居民人均消费支出	46 015.21	29 461.95	34 579.92	24 522.72
农村居民人均消费支出	19 964.73	16 566.97	19 706.83	12 748.08

资料来源:国家统计局网站,http://www.stats.gov.cn/。

---

① 方晓,王嫣娜,吴长权:《长三角地区商务发展情况比较研究》,载《党政论坛》,2019(9):39-41.

二、进出口方面

长三角"一市三省"2018年货物进出口规模继续扩大,上海、江苏、浙江、安徽分别比上年增长5.5%、9.5%、11.4%、16.6%。如图11-2所示,从货物进出口总额和出口额来看,2018年江苏货物进出口总额、出口额分别达到6 640亿美元、4 040亿美元,遥遥领先于长三角其他省市。从进口额来看,2018年上海进口额达到3 085亿美元,也遥遥领先于长三角其他省市。从依存度来看,2018年上海、江苏、浙江、安徽的外贸依存度分别为104.1%、47.3%、50.7%、13.9%,出口依存度分别为28.8%、37.7%、41.8%、8.0%。综合来看,上海外贸依存度大幅领先,进口贸易优势明显,其国际贸易中心地位较为突出。此外,江苏、浙江的外贸出口稳增长贡献较大,出口总额占全省进出口总额比重分别达60.9%和74.3%。

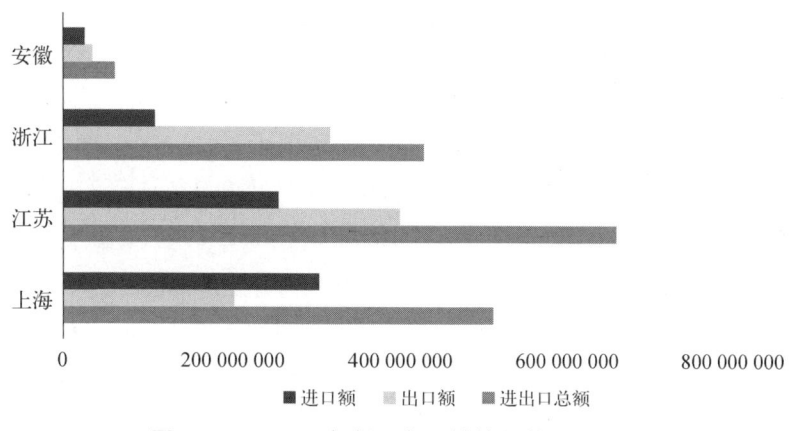

图11-2 2018年长三角区域按经营单位所在地分货物进出口额(单位:千美元)

资料来源:国家统计局网站,http://www.stats.gov.cn/。

在对外贸易规模日益扩大的同时,长三角地区的对外贸易商品结构也在不断优化。2018年,上海、江苏、浙江、安徽一般贸易进出口总额占比分别为51.9%、48.7%、79.0%、71.1%,分别同比增长8.0%、10.9%、11.0%、14.4%。其中,浙江省贸易方式趋向多元化发展,保税物流方式进出口额1 208.7亿元,市场采购方式出口额2 039.4亿元,跨境电商进出口额275.6亿元。从货物出口主要分类情况来看,机电产品和高新技术产品是"一市三省"外贸出口主要产品。如表 11-2 所示，从绝对值来看，2018 年江苏机电产品和高新技术产品出口额分别达到 17 624 亿元和 10 126 亿元，遥遥领先于长三角其他省市。从增长速度来看，安徽后发优势较为突出，2018 年机电产品和高新技术产品出口分别比上年增长 23.0%、31.1%。从出口占比来看，2018 年机电产品和高新技术产品出口占比最高的是上海，分别为 69.4% 和 42.0%。浙江机电产品和高新技术产品出口占比相对较低，特别是高新技术产品，2018 年仅占全省出口比重的 6.6%，远低于长三角其他省市。

表 11-2　长三角"一市三省"机电和高新技术产品出口情况

指　标	绝对数/亿元				比上年增长/%			
	上海	江苏	浙江	安徽	上海	江苏	浙江	安徽
机电产品	9 481	17 624	9 214	1 388	2.1	8.9	9.6	23.0
高新技术产品	5 742	10 126	1 408	664	0.8	8.5	11.5	31.1

资料来源：2018 年长三角"一市三省"的国民经济和社会发展统计公报。

进一步分析发现，上海、江苏外贸进出口以外资企业为主。江苏、上海外资企业进出口额占全省（市）总额比重分别为 61.5% 和 64.1%，均超六成。相较而言，浙江省民营经济优势明显，对外贸进出口贡献大。2018 年浙江省民营企业进出口额占全省进出口总额的 71.7%。安徽省进出口总额首破 4 000 亿元人民币，其中民营企业全年增长 29.2%，增速明显。此外，南京海关综合统计处课题组对省内企业的抽样调查显示，2018 年上半年有 61.2%—65.4% 的企业表示综合生产成本在上升，其中以劳动力成本上升最为明显，有 57.3%—59.1% 的企业反映劳动力成本上涨。部分传统制造业竞争优势有所下降，出现了向中西部地区或越南、印度尼西亚等低成本国家转移的趋势。

三、利用外资方面

自从实施开放型经济发展战略以来，长三角地区在不放弃自主发展的同时，大力吸引外资。如图 11-3 所示，2018 年长三角地区实际利用外资额达到 785.3 亿美元，其中最高的是江苏 255.9 亿美元，其次浙江 186.4 亿美元，上海和安徽相近，分别达到 173 亿美元和 170 亿美元。

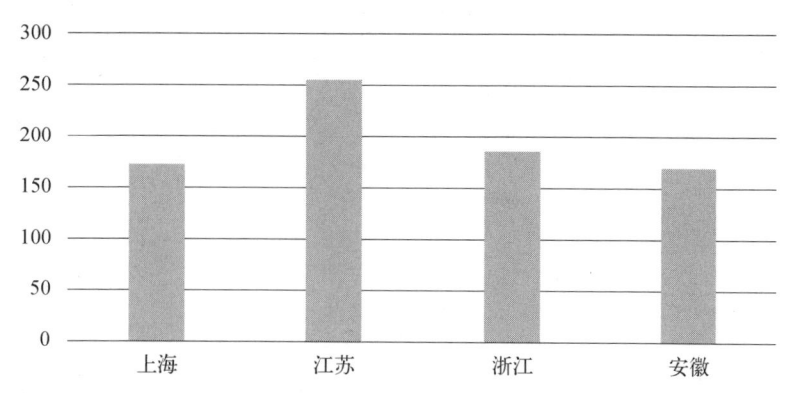

图 11-3　2018 年长三角"一市三省"实际利用外资额（单位：亿美元）
资料来源：2018 年长三角"一市三省"的国民经济和社会发展统计公报。

与此同时，长三角地区利用外资的质量也日益提升。主要表现在两方面：第一，在长三角地区投资的跨国公司总部越来越多。截至 2018 年末，在上海投资的国家和地区达 182 个，在上海落户的跨国公司地区总部累计达 670 家。2018 年内新增跨国公司地区总部 45 家。江苏省对引进跨国公司功能性机构也非常重视，开展了跨国公司地区总部和功能性机构认定工作，截至 2018 年底共认定 225 家。浙江新批世界 500 强投资企业 35 家，投资总额 28.9 亿美元，合同外资 13.2 亿美元，其中新引入世界 500 强企业 3 家。安徽省新引进 4 家世界 500 强企业。[1]第二，外资企业投资的效益越来越好。其中，上海、江苏外资企业工业生产总体规模水平较高。上海、江苏外资企业工业产值分别为 16 213.8 亿元和 25 385.3 亿元，占工业总产值比重的 44.9% 和 63.2%，总体规模水平高于浙江、安徽。上海、江苏外资企业税收贡献大。上海、江苏外资企业承担了长三角地区近 800 亿元主营业务税金及附加税金。此外，服务业是长三角"一市三省"利用外资的重要行业，除安徽以外，上海、江苏、浙江服务业实际利用外资占比均高于制造业。在全省（市）实际利用外资方面所占比重分别为 69.9%、50.1%、64.4%，而制造业所占比重分别为 9.8%、43.6%、32.0%。

---

[1] 方晓，王嫣娜，吴长权：《长三角地区商务发展情况比较研究》，载《党政论坛》，2019（9）：39-41。

四、对外直接投资方面

据《2017年度中国对外直接投资统计公报》显示，沪浙苏对外直接投资走在全国前列。如图11-4所示，2017年上海、浙江、江苏对外直接投资流量分别为129.9亿美元、106.6亿美元、43.6亿美元，分别位于全国的第1、3、7位。截至2017年末，上海、浙江、江苏对外直接投资存量分别达到1 120.0亿美元、983.9亿美元、403.2亿美元，分别位于全国的第2、3、6位。2018年我国境外直接投资中方备案额1 266.8亿美元；苏浙沪境外直接投资备案额分别为94.8亿美元、183.8亿美元和168.7亿美元，继续走在全国前列。进一步分析发现，民营企业是对外直接投资的主力军。浙江省对外直接投资中98%以上是民营企业。上海和江苏民营企业对外直接投资比重分别为62.4%、80.8%，国有企业对外直接投资比重分别为31.8%、9.2%，可见民营企业也是两省市对外直接投资的主力军。

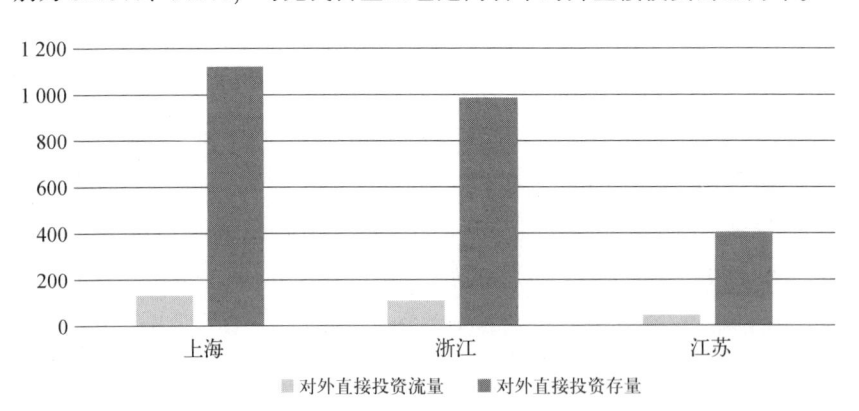

图11-4 2017年沪苏浙对外直接投资（单位：亿美元）
资料来源：《2017年度中国对外直接投资统计公报》。

此外，我们也必须清晰地认识到，虽然长三角"一市三省"的对外直接投资取得了长足的发展，但相比于同样作为开放经济的进出口贸易和外商直接投资，其规模仍然较小，且法规制度等还很不完善。而随着现阶段对外直接投资需求的扩大，一些问题凸显并亟待解决。企业办理对外直接投资手续的繁琐、境外国家和相关企业信息的不完善、对外直接投资的保险和担保机制不健全、处理对外直接投资东道国的国家风险和国际争端的解决机制还未建立等，都对企业"走出去"带来负面影响。因此，政府需要有全局性的眼光，系统地、有针对性地解决这些问题。

五、开放平台方面

上海、浙江、江苏自贸试验区建设稳步推进。上海、浙江、江苏自贸区分别列入第1、3、4批试点，成为对外开放的龙头，并进一步对标高标准国际经贸规则改善营商环境，充分利用自身资源禀赋优势与区位优势，形成以制度创新推动科技创新、兼具地区特色的试点格局，打造中国领先、有世界影响力的自贸区"金三角"集群。

根据《中国开发区审核公告目录》（2018年版）公布，目前全国共2543家开发区，其中国家级开发区552家。长三角地区"一市三省"共有470家开发区纳入公告目录，其中国家级开发区共150家，占比27.2%，经济开发区共65家，高新区共32家，海关特殊监管区共43家。其中，江苏省国家级开发区数量全国领先，共有71家，较位居第二的浙江足足多了33家，占全国比重高达12.9%。浙江省经开区共21家，占全省国家级开发区比重大，达到55.3%，但海关特殊监管区相对较少，共8家。上海、安徽国家级开发区则数量相当，分别有20家、21家（见表11-3）。

表11-3　2018年长三角"一市三省"开发区数量（单位：家）

	上海	江苏	浙江	安徽
国务院批注设立的开发区	20	71	38	21
经济技术开发区	6	26	21	12
高新技术产业开发区	2	17	8	5
海关特殊监管区域	10	21	8	4
其他	2	3	1	0
省（自治区、直辖市）人民政府批准设立的开发区	39	103	82	96

资料来源：《2017年度中国对外直接投资统计公报》。

与此同时，我们也应该意识到，开发区过多过滥、布局不合理、产业定位不清、体制机制创新不足等问题逐渐显现，导致"先行先试"的功能日益衰减。首先，许多开发区没有明确的发展方向和准确的产业定位，导致开发区主导产业不突出，低水平重复建设、恶性竞争等问题较为严重，产业发展带动能力偏弱，产业链延伸空间狭窄。其次，大多数开发区面临着土地资源短缺的局面，有些地方打着开发区建设的旗号，大量圈占土地大搞房地产开发，导致大量土地长期抛荒、土地利用率低下。再次，开发区内设机构不断增多，失去了精简高效的特点，且上级主管部门除了组织参加招商会外，业务指导能力有限，缺乏对开发区进行考核、协调、统筹等有效管理手段，服务水平有待提高。最后，开发区普遍存在科技产业创新有效供给不足，应用技术研发体系发展滞后、科技成果转化体制机制不畅、应用技术型人才不足等困难和挑战。

第二节 长三角一体化促进商务高质量发展的新机遇

长三角区域一体化发展强大了国内市场、优化了产业结构、激发了经济活力、强化了合作交流，有利于扩大内需、促进外贸升级，推动全球价值链和国内价值链的协同发展，有利于稳定外资增长、推进对外合作以及平台升级，实现更高层次、更高质量的开放。

第一，促进形成国内强大市场。中国作为超级规模国家，并没有真正形成全国统一、竞争、开放、有序的大市场体系。然而，建设全国统一大市场的任务不可能一蹴而就，必须分区域、分步骤、分阶段推进。如果在中国各个区域统一市场建设和一体化发展基础上，再通过鼓励各区域市场的竞相开放，那就完全可能形成全国统一市场。相比国内其他区域，长三角地区完全有条件和能力试点以国家战略推动区域统一市场建设的使命与任务，率先探索示范全国统一市场的形成机制，并成为中国实施基于内需的经济全球化战略、实现更高质量开放的重要推动力量。

第二，提升产业在全球价值链的地位。目前，长三角许多产业仍处于全球链分工中的低端环节，技术含量和附加价值偏低，处于"被俘获"的地位。推动长三角区域一体化发展，有助于激发区域科技创新潜力，增强自主研发创新能力，提升高科技成果转化服务水平，促使"干中学"式的技术进步转化为产业的竞争优势，刺激产业效率的提高，进而影响产业发展的方向和速度，推动产业链不断向高端攀升，在新一轮经济全球化中展现出强大的市场竞争力和较高的附加值，从加入全球价值链转向嵌入全球创新链，塑造"中国标准"，建立以"我"为主的全球价值链。

第三，推进经济高质量发展。经过长期的率先工业化过程，长三角现有的资源环境问题突出，已经构成了对经济长期增长的制约，依靠自然、劳动力资源和资本投资为主的发展方式已经变得不可持续。新时期要实现长三角地区高质量一体化发展，必须要培育经济增长的新动能，最根本在于创新驱动，提高劳动生产率和全要素生产率。推进长三角区域一体化发展有助于激活创新资源，促进科技创新资源跨区域优化配置和高效利用；有助于激发创新潜力，增强整体自主创新能力；有助于优化创新环境，促进协同创新和科技合作，为经济高质量发展提供日益强劲的内生动力。

第四，加强区域间的分工交流与合作。推进长三角区域一体化发展有助于打破区域生产要素资源配置的边界，实现生产要素资源的自由流动，有助于将区域空间内的各种生产要素资源进行整合、分配、使用和管理，避免造成区域间生产要素资源的无序竞争和重复建设，增强区域对生产要素资源的集聚和利用能力。推进长三角区域一体化发展突破行政区划的制约，从根本上消除不同地区间对外和对内合作与交流的政策壁垒，促使区域间经济联系由传统的条、块合作逐渐向多元化、市场化、网络化的方向发展，以充分发挥区域内部不同地区自身的比较优势，形成生产活动的空间集聚以及分工协作格局。

第三节　江苏商务高质量发展的基本思路

通过上述分析，我们不难发现，在长三角"一市三省"中，江苏消费能力较强、消费规模较大，城乡居民消费支出差距明显；对外贸易结构持续优化，外贸传统竞争优势弱化；利用外资保持领先地位，质量日益提升；对外直接投资区内优势不明显，法规制度亟待完善；开发区建设全国领先，"先行先试"的功能有所衰减。推进江苏商务高质量发展应该有针对性地采取措施弥补短板，并发挥长处扩大优势，具体可以从以下五个方面着手。

第一，深挖消费潜力。一是培育和发展新的消费热点。在巩固扩大传统消费的同时，加快推动消费升级，重点发展服务消费、信息消费、绿色消费、时尚消费、品质消费等。创新商业模式，促进数字家庭、远程定制、体验分享等消费新业态发展，满足消费者多样化的消费需求。培育一批重点服务业电商平台，引导居民生活服务行业通过电商平台扩大服务消费规模。完善部门联动机制，整合商业、展会、旅游、文化、体育、交通等相关资源，促进多业态融合、商旅文体协同、购物体验结合。二是加强城乡市场流通体系。积极完善城乡商业设施，鼓励和支持连锁企业开办社区便民店，推进标准化菜市场建设，加快农副产品物流中心、租赁市场和二手商品市场建设。推动农副产品交易市场利用网络营销平台开展定点配送服务。完善公益性流通基础设施，加快推进城市智慧商圈、社区邻里中心（街区）和农产品批发市场建设。三是营造安全放心消费环境。加强企业诚信体系建设，建立"黑名单"制度，引导企业树立质量安全意识，建立健全质量管理体系，切实保证产品质量安全。加强消费维权基层组织建设，建立健全消费纠纷多元化的消费者纠纷调解机制，切实保护消费者权益。充分发挥消费者协会、行业协会、法院和仲裁机构的作用，加强消费纠纷快速处理与和解效率，切实降低消费者维权成本，畅通维权渠道，提升服务效能。四是调整收入分配政策。改变农民收入增长结构，从主要依靠工资性收入调整为工资性和非工资性收入同步增长，赋予农民对集体资产股份占有、收益、有偿退出及抵押、担保、继承等更多财产权利，发展农村第三产业、增加对农民教育投入，扩大农民就业，不断拓展农民收入的渠道和途径，提高即期消费能力。

第二，促进外贸升级。一是推进对外贸易转型升级。运用"互联网+"、大数据、云计算等现代技术，通过智能化改造，不断提升纺织、服装等劳动密集型产业，推动传统产业迈向中高端。充分发挥江苏产业基础、科研实力、劳动力素质、营商环境、物流配套等方面的优势，实施外贸主体培育计划，吸引行业龙头企业，培育具有规模效应的产业链条和产业集群。深入研究市场需求并紧跟市场变化，扩大高级消费品、高端装备、新能源、新材料等方面的有效供给，提升加工贸易供给结构对需求结构的适应性。借助海关特殊监管区域等载体的政策功能优势，发展与加工贸易相关联的贸易业态，向保税加工、保税物流、保税贸易和保税服务并重拓展。

支持企业开展全球维修、技术研发、融资租赁等生产性服务业，推动加工贸易向产业链高端延伸。促进服务贸易与货物贸易协调发展，提高服务贸易在全省对外贸易中的比重，打造一批具备较强国际竞争力的服务贸易企业和服务品牌。二是促进对外贸易"优进优出"。积极培育发展国际品牌，强化企业、行业与区域出口基地品牌建设，扩大优质品牌产品的出口效应。设立外贸专项资金，鼓励外贸企业和制造企业开展跨境业务，提升出口产品档次，积极抢占国际市场份额。以市场采购、跨境电子商务等新型贸易业态进一步扩大劳动密集型产品出口优势，帮助高附加值传统产品拓宽出口渠道。加大对先进技术、高科技制造业设备及关键仪器材料进口的扶持力度，助推企业进口转型升级所需的技术和设备。三是提升外贸综合服务能力。加快整合通关、收汇、退税、物流、融资、保险等资源，进一步完善和提升外贸综合服务平台，促进线上贸易和线下贸易共同发展。鼓励传统外贸流通企业拓展服务功能，开展外贸综合服务企业试点，并给予出口退税、检验检疫、融资服务等便利化措施。四是有效应对中美经贸摩擦。密切关注国际贸易摩擦的动态和发展趋势，建立健全"订单+清单"预判和管理制度，建立覆盖省市县三级的企业出口订单管理系统，加强监测预警和提前研判，建立贸易摩擦事前、事中、事后应对体系。强化政策储备，根据经贸摩擦变化情况及时出台，并强化对企业的指导和政策支持，将贸易摩擦的影响降到最低。

第三，稳定外资增长。一是提高引资质量。改变传统重数量轻质量的外资引进策略，建立绿色的、可持续发展的引资理念，实现引资、引技、引智有机结合。吸引海外知名大学、研发机构、跨国公司在江苏设立全球性或区域性研发中心，探索支持外商投资企业参与江苏科技计划项目，鼓励外商把更高技术水平、更高附加值含量的生产设计环节和研发机构在江苏布局，支持跨国公司区域总部和各类功能性机构落户江苏，带动江苏企业嵌入全球产业链、价值链、创新链，提升外资对江苏聚力创新战略的贡献度。二是推动制造业与服务业开放协同并进。鼓励外资更多投向高端装备制造、新一代信息技术、新材料、生物医药等先进制造业领域。积极破除服务业利用外资"玻璃门"，加强与江苏高端制造业配套的商贸物流、知识与信息服务、金融服务、国际市场服务等相关的现代生产性服务业的引进，提升产业链服务水平。三是鼓励本土企业海外并购后进行逆向投资。利用好发达国家再工业化、吸引外资的机遇期，鼓励本土企业走出去，并购海外优质资产，整合上下游产业链，逐步成为价值链的控制者，"虹吸"国际上先进的高级生产要素。同时，利用内需市场吸引力，将国外的高端生产要素、生产环节和总部经济引入省内，为江苏高水平引资提供支持，实现"引进来"与"走出去"的良性互动，提升江苏在全球价值链和创新链中的地位。四是创新招商引资体制机制。组建优化省、市、县新型投资促进机构，建立新型招商引资政策体系，进一步强化高端人才、产业用地、项目引荐等政策保障和激励措施。支持各市、县、开发区（园区）在国家政策允许范围内因地制宜制定出台地方招商引资政策，形成更多制度创新成果。加快外资领域"放管服"改革进度，全面实施外商投资准入前国民待遇加负面清单管理制度，全面对接国际高标准市场体系，提升外商投资和服务水平，打造稳定、公平、透明、可预期的法治化、国际化、便利化营商环境，实行外资重大项目"一企一策"，推动一批外资大项目、好项目落地，着力将江苏省打造成为最佳利用外资省份。

第四，加快企业走出去。一是鼓励创新型企业拓展国际市场。遵循"扶大扶优扶强"的原则，确定一批具有一定经营规模和品牌知名度、拥有自主核心技术和研发能力的企业，在"走出去"扶持政策及重大项目等方面给予倾斜，以获取技术、品牌、销售网络和战略资源为导向，鼓励企业到境外收购专利技术、设立研发机构、建设营销网络和生产物流基地，带动江苏高新技术产品、关键设备、技术、劳务和技术服务等创新资源拓展国际市场，增强内外联动，引导企业将总部等价值链高端环节留在江苏，优化产业链、价值链、供应链全球化布局。二是支持企业建立国际运营网络。支持企业建立国际研发合作网络，加强国际技术、创新和人才交流合作；支持企业建设各类国际营销网络和服务网络，促进国际品牌的建立与发展；支持企业参与国际资源合作开发网络，建立稳定高效的资源和原材料海外基地；支持企业在境外建立生产加工网络，打造培育产业集聚区或工业集中区。三是深化境外投资管理制度改革。逐步完善对外直接投资登记备案制度，进一步优化配套的境外投资的外汇管理政策、财税政策、融资优惠政策等，为企业更好更有效率地"走出去"提供政策支持和引导。支持企业完善与跨国经营相适应的经营管理制度和现代产权结构，提高企业的积极性和主动性，形成正向激励。政府联合中介机构、跨国公司和国际机构等建立信息网络，完善服务系统平台，为企业提供有力的信息支持，减少投资的无效或低效。

第五，提升开发区创新功能。一是深化开发区整合提升。发挥大企业、大项目在园区建设中的龙头作用，对具备条件的领军型或独角兽企业，鼓励其瞄准世界主流产业发展方向，增加研发投入，成立专门的研发部门，引进专业的研发团队，加强对世界前沿技术的研发攻关，为开发区其他企业提供技术支撑服务。支持企业与科研院所合并重组或者对接融合，通过多方主体联合攻克关键核心技术，生产知识产权产品。在现有基础上，改造或升级一批高新区、新型应用技术研发机构、制造业创新中心等，整合建立综合性科技产业创新中心，所成立实体是非盈利性法定机构，在运营上采取市场化方式，在政策上享受税收优惠等。二是发展多层次资本市场体系。鼓励开发区企业通过新三板开展融资、重组，支持通过债券市场融资；鼓励发展集合类融资工具，对开发区科技创新企业直接债务融资给予财政补贴和财政信用支持。探索建立适应科技产业创新发展的企业信贷风险补偿机制，组建政府性质的科技产业创新担保机构，建立政策性担保和商业银行的风险分担机制，支持保险机构创新科技保险产品，为开发区科技创新企业提供创新风险保障。三是完善科技成果转化体系。改革科技产业创新项目立项和财政拨款的机制，以企业为主体，联合高校或科研院所申请科技计划项目立项，高校或科研院所协助企业完成项目，并获得企业认可后，财政科技拨款再下达到高校或科研院所。建立以科技成果转化为导向的激励机制，考虑将成果转化净收益的70%作为奖励经费给予科研团队，充分调动和发挥创新型人才及其所在单位从事科技产业创新及转化运用的积极性、主动性和创造性。建立资本化交易和限时转化制度，完善技术交易市场，构建互联互通的技术交易网络，形成面向产业、面向市场、面向产品需求的产业与技术融合的有效模式。四是健全绩效考核评价体系。建立主要由市场评价科技产业创新能力的机制，加强以标准、计量、检验检测、认证为主要内容的质量基础平台建设。完善高校和科研机构考核，逐步加大应用成果研究、成果转化、专利研究、服务企业的科技活动等在职称评定和工作量计量中的权重。完善绩效评估，委托第三方机构定期组织开展开发区科技创新能力评价工作，对达不到标准和要求的开发区予以警告并提出整改要求，严重的甚至予以摘牌。

第四节　长三角一体化视角下江苏商务高质量发展的对策建议

抓住长三角区域一体化发展的历史机遇，实现江苏商务高质量发展，可以从以下四方面着手：

第一，推进市场体系一体化发展，打造"满意消费长三角"。一是打通产业链全链条的供应链平台。加快现代供应链建设，引导传统流通企业向供应链服务企业转型，共同推进供应链创新与应用试点建设，大力发展平台经济，在长三角范围内培育一批跨省市的网络化、平台化、打通产业链全链条的高能级市场，体现为线上线下打通、全面整合产业链、融合价值链，技术新、辐射强、资源配置显著优化。二是推进长三角农产品市场一体化发展。落实乡村振兴战略，加快城乡市场一体化，打造一批商贸发展示范村、现代商贸特色镇，推进电商专业村建设，鼓励苏北地区建设长三角网上农产品销售平台。加快公益性农产品流通市场建设，推进农商互联，线下办好长三角农产品对接会，线上建好农产品流通公共服务平台。推进主要农产品批发市场等流通企业管理系统升级和相关信息平台建设，实现长三角内部城市之间蔬菜主供应基地追溯系统、视频监控系统对接功能，提高农产品供应链产品质量水平。三是打造"满意消费长三角"。建立长三角实体店异地异店退换货联盟，大型商超、跨省连锁、厂方直营店对适用七日无理由退货的商品，实行跨区域异地异店退换货。在长三角区域内联合推进消费维权统一热线号码、统一运行平台等，建立长三角地区缺陷产品联合召回制度，指导淘宝、天猫、携程、网易、苏宁易购等一批长三角地区电商平台开展"放心消费电商平台"创建。共同打造长三角"满意消费"示范区，全面开展重点行业和新兴领域满意消费建设，建立健全促进放心消费机制，鼓励江苏各城市着力打造"长三角放心消费示范城市"。四是成立跨区域协调机制。完善应急调控机制，健全省市县三级储备制度，加强应急货源、投放网络及骨干企业队伍建设，探索建立长三角内部跨区域应急协作机制。形成基于长三角地区协调发展的共同事务处理机制，协调地方政府在区域合作进程中的冲突和纠纷，确保经济秩序的正常运行。比如，在长三角范围内打通信用、双打、追溯、预付卡管理四大平台，建立健全市场秩序工作大数据；加强信用建设，开展长三角区域、部门、政企合作，推动信用结果互信互认。

第二，深化贸易一体化改革，支持加工贸易企业梯度转移。一是深化长三角沿江沿海港口一体化改革。统筹考虑经济转型升级和区域协调发展的战略需要，加强对江苏省港口建设的整体科学规划，优化功能布局，进而推动与长三角其他省市的沿江沿海港口实现错位发展，发挥特色优势，减少同质竞争，提升资源利用效率，推动江苏省港口有序健康发展，提升港口整体竞争力。同时，鼓励江苏企业采取置换、赎买、合并等方式，优化长三角区域码头设置，向高效能、集约化、智能化方向发展。二是加强长三角"放管服"改革联动。优化通关作业流程，推进通关流程"去繁就简"，压缩货物整体通关时间，提高通关便利化水平。推动江苏与长三角其他省市部门数据联网，重点推进国际贸易"单一窗口"自贸区特色板块、跨境电子商务综试区"单一窗口"等建设，为企业提供更优质的服务。三是支持加工贸易企业梯度转移。一方面调研梳理江苏省内重点加工贸易企业需求，形成助推苏南和苏中、苏北地区产业对接、梯度转移的一揽子措施，充分发挥苏中、苏北地区的资源禀赋优势，引导加工贸易在江苏省内实现梯度转移；另一方面鼓励江苏省与长三角其他省市建立加工贸易产业转移协调机制，并完善承接加工贸易配套措施，通过共建特色产业园区等方式，成为承接加工贸易企业梯度转移的重要载体。四是鼓励长三角联合建设境外营销网络、贸易中心。支持江苏企业联合长三角其他相关企业拓展海外营销渠道，并购销售网络，在重点国家（地区）设立长三角境外经贸代表处、长三角商业中心。积极做好外贸企业参展工作，引导长三角企业在境外设立展示中心（商品城）、分拨中心（海外仓）、批发市场、零售网点和售后维修服务中心，推动与境外经销商直接对接。

第三，建立区域利用外资协调机制，引导企业"抱团出海"。一是建立区域利用外资协调机制。以长三角一体化发展战略为导向，加强利用外资的顶层设计，建立区域利用外资的协调机制，分类指导优化国家级新区、开发区、高新区、海关监管区等利用外资高端平台，建立跨区域利用外资合作平台，包括产业合作平台、人才培养平台、技术研发平台、成果转化平台等。打造吸引外资的"强磁场"，把沪苏浙皖发展的梯度扭转为吸引外资的新优势，推动形成外资在长三角打造产业链集聚发展的新态势和产业圈协同发展的新模式，实现外资在长三角的深耕发展。二是联合设立境外产业合作园区。在长三角范围内建立分类别分梯队的本土跨国公司培育名单，推动江苏与长三角其他省市的优势企业强强联合，在全球范围内进行对外投资和兼并重组，推动电子信息、机械装备、生物制药等优势企业设立境外产业合作园区，开展国际产能合作，带动境外技术和营销网络并购建立境外产业园区。三是共建长三角对外投资合作发展服务联盟。借助上海领事馆、金融、会计、律师等机构优势，推动江苏与其共建长三角对外投资合作发展服务联盟，着力提升对外投资合作便利化水平，加强对外投资事中事后监管，加强境外经营安全风险防控，规范企业海外经营行为，推动对外投资合作有序发展。

第四，合理推进异地产业园区合作共赢，促进自贸区协同发展。一是输出品牌园区开发管理标准和品牌。鼓励江苏品牌园区开发商加强与长三角园区共建，积极探索以"轻资产"为主打的模式，输出江苏品牌园区开发管理标准和品牌，通过与当地政府密切合作，有序推动产业转移和生产要素双向流动，推动产业深度对接和产城融合发展，进而提升长三角各类园区的开发建设和管理水平。同样，鼓励江苏品牌园区开发商联合长三角其他省市品牌园区开发商共同创建国际产业合作园，加快在"一带一路"沿线节点国家、城市布局建设一批经贸合作区，创建开发区海外产业创新综合服务体，推广"资本孵化+招引回国+国内成长"模式，带动海外高端项目在开发区落地和专家团队引进。二是创新园区合作的体制机制。积极盘活江苏省园区资源，推动国家高新区扩容，支持专业性园区、产业转移工业园区转型升级为高新区，同时引入各类资本参与园区建设和管理，摒弃过去的"拉郎配"模式，制定异地合作共建产业园区的统计和政绩考核办法，解决好异地合作共建产业园区的GDP统计、税收分成、经营收益分配等收益共享机制，走好"一区多园、一园多基地"的园区互动合作的新路子。三是促进自贸区协同发展。善于汲取兄弟省市自贸试验区先行先试成功经验，紧扣制度创新这个核心，结合江苏自贸试验区战略定位和特点特色，开展差别化探索，尽快形成一批可复制可推广的制度创新成果。发挥江苏、上海、浙江等地各自优势，探索共同建设中国特色自由贸易港，打造最能体现国家战略意图、实现整体利益最大化、能够辐射带动全国的高能级平台。

（单位：长江产业经济研究院　执笔：孔令池）

| 第十二章 |

发挥轨道交通枢纽在
长三角一体化发展中的
作用研究

交通，是现代社会的血脉，是城市发展的命脉。21世纪以来，我国一直将高铁建设作为拉动国内需求的重要途径，现已形成世界上规模最大、运行速度最高的高铁网。高铁建设不仅缩短了地区间的时间距离，同时也促进了沿线地区的经济发展。有关研究表明：高铁以"核心—核心"逐步向"核心—网络"空间链接模式过渡，产生上海、北京、广州与深圳4大高铁"国家服务中心"，天津、武汉、重庆、南京、杭州、沈阳6个"大区域服务中心"，成都、哈尔滨、长沙、济南与郑州5个"区域服务中心"，形成"多中心"高铁服务格局与日益庞大而复合的高铁特质空间集群。长三角地区是我国经济发展最活跃、开放程度最高、创新能力最强的区域之一，在国家现代化建设大局和全方位开放格局中具有举足轻重的战略地位，2018年全国经济总量90.03万亿元，而长三角以占全国3.7%的土地面积和16%左右的人口，贡献了全国GDP的近1/4。全国16座GDP"万亿俱乐部"城市，6座坐落于长三角。国际经验表明，交通对城市群区域经济一体化发挥着重要的支撑和促进作用；城市群交通模式与城市群发展阶段、资源环境、人口密度、交通需求等密切相关；综合交通枢纽与中心城市功能结合布局有助于促进各城市之间的经济联系并有效缓解城市地面交通压力；轨道与土地一体化综合开发有助于建立可持续的交通基础设施投融资模式。

杭州西站枢纽是新一轮《杭州铁路枢纽规划（2016—2030年）》的核心项目，是"轨道上的长三角"的节点工程，是2022杭州亚运会的配套项目，站场总规模11台20线，采用全高架站场方案，站房及站区综合配套设施工程总建筑面积约51万平方米，站房共分九层，其中地下四层地上五层，同时配套站城综合体项目，总建筑面积130万平方米，并按"TOD模式引领，枢纽复合开发，用地组团布局，空间大疏大密，城景有机结合"的理念，整体开发建设西站周边约13平方公里区域的杭州西站科创新城（云城）。

第一节　梳理机遇挑战

杭州西站枢纽将引入新建的商合杭、沪乍杭、杭温、杭临绩、镇杭、湖杭连接线等铁路，可通达长三角区域内的上海、江苏南京、安徽合肥等特大型城市，也能通过联运、转运等衔接方式达到其他中心城市，并连接长江经济带沿线武汉、南昌等重要城市。

向外，能够对接上海国际经济、金融、贸易、航运和科技创新"五个中心"建设外溢效应，承接上海服务、上海制造、上海购物、上海文化"四大品牌"的全面输出。能够吸收江苏制造业发达、科教资源丰富、开放程度高等优势，吸收安徽创新活跃强劲、制造特色鲜明、生态资源良好、内陆腹地广阔等优势，推动南京、合肥、苏锡常都市圈之间的合作互动、紧密对接、分工合作、协调发展。向内，能够释放浙江本省数字经济领先、生态环境优美、民营经济发达等特色优势，能够构建杭州都市圈内快速便捷的通勤圈，实现都市圈内教育、医疗、文化等优质服务资源共享。

与此同时，高铁虹吸效应也伴随存在，就空间维度而言，基于规模经济的极化理论，会强化城市群成员城市之间"核心—边缘"的降维模式，基于专业分工的互补发展理论，会形成"多中心化"的离散模式。就时间维度而言，综合交通枢纽客观上存在着孕育阶段、发展阶段、成熟阶段，而2022年亚运会形成的倒逼时限，又势必会产生人民群众对美好枢纽的期盼与规划、建设、经营周期现实的矛盾。长三角跨区域共建共享共保共治机制尚不健全，阻碍经济社会高质量发展的行政壁垒仍未完全打破，全面深化改革还没有形成系统集成效应，与国际通行规则相衔接的制度体系尚未建立。城市化价值的裂变期、社会治理现代化的考验期、干事创业破难突围的决战期等多重叠加，"钱从哪里来、地从哪里来、人从哪里来、手续怎么办"四大难题不容回避，投资力度保障、土地需求保障、人才政策保障、运行机制保障刻不容缓。

面对挑战，时代赋予了独特的机遇。后疫情时代，中央政治局常委会会议提出加快 5G 网络、数据中心等新型基础设施建设进度，有利于稳投资、稳增长，实现经济高质量发展；国务院印发《国务院关于授权和委托用地审批权的决定》下放"农转建"审批权，提升土地利用效率；浙江省印发《高质量加快推进未来社区试点建设工作的意见》要求"集约高效利用空间"，按照公共交通导向开发（TOD）理念，有效进行疏密有致、功能复合开发。杭州市在疫情防控期间展现出的现代城市治理体系和治理能力备受关注、广受好评，为城市发展赢得了美誉度和品牌度。

第二节　分析发展战略

遵循 TOD 发展理念，杭州西站枢纽及其周边地区坚持站城一体、综合配套、三生融合。一是高标准打造"轨道上的长三角"的新枢纽、新节点，以规划设计创新，建设模式创新，技术应用创新，管理模式创新，实现高速铁路、普速铁路、城际铁路、市域（郊）铁路、城市轨道交通"五网融合"，成为长三角协同发展新引擎；二是高能级打造独特韵味别样精彩世界名城的新门户、新名片，以生态绿色的未来社区，以智能优质的医疗教育，以暖心善治的公共服务，构筑吸引人才的新场所、汇聚人才的新基地、留住人才的新机制；三是高层次打造数字经济科创产业的新中心、新平台，着眼全球产业链的高端布局，全球创新链的高端定位，全球新经济策源地的高端支点，构筑数字赋能文化旅游、科创引领智慧经济的服务、展示、交流一体化、融合型平台。

第三节　界定发展特色

城市定位是引领城市发展的核心，决定着一座城市的发展取向和发展模式，杭州西站枢纽高铁新城意象定位为：杭州（西站）云城。

一是就地标形象而言，以建筑风格、空间尺度、造型样式、色彩强度的营造，塑造云开见日、行云流水的整体风貌，成为毗邻"实证中华 5 000 多年文明史的圣地"良渚古城的文明之光。二是就创新印象而言，以科技创新、数字经济、文化创意的产业门类为主导，由云计算"即开即用""弹性伸缩"的特性延展创新，展现现代产业发展壮志凌云、风起云涌的典型特征。三是就文化想象而言，以风、云、雾、雨、雪、霜等自然现象和文学、绘画、音乐、舞蹈、雕塑、戏剧、建筑、影视等人文艺术结合，以绿色生态、天人合一的文化表达予以渗透和呈现。四是就活力景象而言，以交互、共享、开放的品质生活场域，构建云游四方的新一代生活方式，打造适合全龄段人群、全时段运营的多元生活空间。

坚持"以人为本"，以"道路、边界、区域、节点、标志物"五种基本元素的有机结合和系统规划，让人由通道进入节点，由节点访问街区，便捷划定城市边界，道路穿插其中，标志点缀其间，彰显城市美学、提升城市品位，通过编制城市设计方案，挖掘与保护传统建筑风格和环境特点，注重把自然风景、历史文化遗迹与城市现代化建设相结合，注重保持具有纵深感和层次感的城市立面，塑造富有文化品位和艺术个性的城市景观，通过城市设计，使城市布局、建筑、景观等方面，体现出"精致和谐、大气开放"的城市特色，形成具有独特性、唯一性、避免"千城一面"的城市意象。

第四节　厘清功能层次

一、站的层次："轨道上的长三角"的新枢纽、新节点

交通枢纽地区身兼两重功能，既是交通网络上的"节点"，又是组成城市形态的"场所"，是城市对外交流的重要门户。

（一）交通网络的"节点"

"TOD（Transit Oriented Development）"模式，即以公共交通为导向的城市空间开发模式。该模式最早指的是以公共交通为中枢、综合发展的步行化城区发展模式，是一种交通导向的"紧凑开发"模式，是基于土地利用的交通战略开发模式。进入 21 世纪，在以传统公共交通[主要是公交汽（电）车站、地铁站、轻轨站等]为导向的 TOD 模式基础上，开始出现向以机场、港口、高速公路节点、高铁站等高速交通为导向的新型 TOD 模式（大 TOD 模式）。诸如高铁组团、空港组团等应运而生，如北

京新东站、上海虹桥站、杭州东站就是TOD模式应用的典型案例。

所谓"节点",交通枢纽是交通网络与社会生活、经济生产的重要结合点,通过对外部资源的整合利用,对延伸功能的开发,可以大大增加对人流、商流、信息流及相关经济活动的集聚力量,促使交通区位与商业区位、居住区位等经济区位紧密耦合,进一步增强交通枢纽的区位优势。

就浙江省域而言,商合杭、沪乍杭、杭临绩三条线路建设是城市群、大都会区串联的重要线路,其他杭绍台、杭温、金甬、衢宁、金台等铁路项目的加快建设,沪苏湖、通苏嘉甬、甬台温福、黄山—金华、温武吉、衢丽、沪甬、甬舟等铁路项目的持续推进,杭丽、金龙等铁路以及沪嘉、沪平、环太湖、杭绍、杭德、宁象等都市圈城际项目的长远谋划,都将推动杭州西站枢纽构筑长三角省际省会城市和浙江省省域、市域、城区一小时交通圈的重要节点。

就杭州市而言,湖州至杭州西至杭黄铁路连接线、杭温铁路杭州至义乌段、杭武高铁杭临绩段是都市圈、中心城市串联的重要段落,杭衢铁路建衢段建设的推进,沪杭城际(沪杭二通道)、金建铁路等项目的推进,宁杭高铁二通道的谋划,杭州与长三角主要城市间多点、多通道快速连接,也都与杭州西站枢纽形成强关联。

就杭州西站枢纽自身而言,能够打造高速铁路、普速铁路、城际铁路、市域(郊)铁路、城市轨道交通"五网融合"的示范典型。发挥高速铁路速度快、正点率高、安全性好、载客量大、能源消耗低等特点;发挥城际铁路客流需求量大、连通都市圈性能强、经济效益性价比好等特点;发挥城市轨道交通舒适方便性、网络连通性、环境友好性等特点,特别重视机场轨道快线与地铁线网串联,将成为枢纽集散快线、城市通勤快线、高效商务快线。

"五网融合"下的现代综合交通枢纽将以运输组织功能、中转换乘功能、吸引疏散功能为起点,提高交通网络效率、提升交通区位优势、促进经济社会发展,增强空间经济辐射带动和扩散趋势,既面向东部地区中心城市,形成商务服务圈层,又连接中西部内陆省份主要城市,形成人才吸引圈层,推动城市群不同产业在空间上的优化组合与调整,促进城市群经济发展的同时,形成新的经济增长点,推动产业结构调整,进而改变区域空间结构形态。

（二）城市发展的"场所"

TOD引导城市发展包括：① 实施混合用地策略；② 构建多级区域中心；③ 围绕站点开发建设；④ 加快公共交通建设；⑤ 沿着通道两侧开发；⑥ 土地开发配套公交；⑦ 完善交通管理措施。在对外交通上，坚持以"大TOD"理念为指导，构建集城市道路、高速铁路、高速公路、水上交通、现代空港为标志的"五位一体"的现代化、综合型、立体式交通体系，加快高铁、城际铁路、轻轨建设；在市域内，要以"TOD"理念为指导，注重轨道交通沿线土地开发，按照"线跟人走"与"人跟线走"相结合的模式，以"线跟人走"解决城市繁华地区的交通拥堵问题，以"人跟线走"疏散城市核心区的密集人流，使地铁出行真正成为百姓出行的重要选择。要以空港、高铁、高速公路为骨干，以各种交通运输方式深度衔接为重点，着力构建水陆空、"铁公基"一体的大交通格局。

所谓"场所"，是指由西站枢纽地区遵循TOD发展理念而形成的复杂适应系统，系统演化的动力本质源于系统内部，微观主体的相互作用可以生成宏观的复杂性现象，表现出宏观系统中复杂的演进过程，主体之间的各种正负反馈作用交互影响的复杂关系，使枢纽地区处于持续的动态变化过程中，进而出现新的空间形态和结构。杭州西站枢纽以云城的意象设计和高楼层高密度的开发利用方式，将成为国内首屈一指的TOD典型，从站房到综合体将充分体现"场所感"。

1. 可识别性

杭州西站枢纽以"云"的总体形象，塑造一个可识别性的物质空间实体，给人带来明确的印象特征和清晰的方位辨认，既包括空间形态造型的可识别性，也包括内在使用模式的可识别性，两者相互作用，让人易于感知。

2. 可达性

杭州西站枢纽主要高铁线路通达，轨道交通零换乘，都增强了行为可达性与视觉可达性，前者取决于到达的便捷性和可选择的路线数量，后者主要体现在构建城市外部的自然环境、重要的公共空间节点时，强化视线引导以及留出视线通廊。

3. 多样性

杭州西站枢纽高密度、大体量的配套建筑提供了功能的多样性、活动的丰富性，能在各个时间段上吸引各类人群以及呈现更加精彩的活动，由此辐射周边地区，让城市更具个性特色。

4. 活力

杭州西站枢纽将以公共空间中的装置艺术、景观家具、尺度大小，激发城市的人群活力，促成产业投资、商务交流、文化娱乐、生活休闲等生产、生态、生活的交融而形成"涌现现象"，形成圈层式扩展、轴向式扩展、网络式扩展以及混合式扩展的空间发展方式。

5. 文脉

杭州西站枢纽毗邻良渚古城遗址，传承交汇千年文明，以社会文化的荟萃、建筑精华的凝聚、科学技术的结晶，在历史环境中注入新的生命，超越建筑物质本身的需要，创造能产生共鸣的精神世界。

杭州西站枢纽地区作为复杂自适应系统，通过回声模型将个体进化和系统演化连接起来，从孕育、发展到成熟，以"整体大于部分之和"的内涵塑造"站中之城"的外延。

二、城的层次：独特韵味别样精彩世界名城的新门户、新名片

（一）以独特韵味的文化环境吸引人才

随着高铁速率的不断提升，交通枢纽到达周围区域的时间越来越短，交通成本越来越低，长三角相邻城市将进入同城发展阶段，城市的兴起，在于核心竞争力的形成；城市的衰落，在于核心竞争力的丧失；城市的持久繁荣，在于能级和核心竞争力的不断提升。

交通枢纽可以通过串联起周围区域，将整个区域的文化资源紧密结合起来，以有形的站点线路串起无形的文脉精神。以文化吸引力、感召力和文化创意产业竞争力为主要标志的文化"软实力"，是城市软实力的核心因素，是城市综合竞争力的重要组成部分。

1. 文化服务的功能

杭州西站枢纽高铁站点及其综合体，坚持 COD（Cultural facilities Oriented Development）模式，以兼容性博物馆的手法建设"铁路博物馆"，以"阅读浙江"为主抓手，打造"全开放图书馆"，推动音乐厅、美术馆、博物馆、图书馆和多用途展示场馆区域联动共享，在高铁站、高铁

车厢、高铁综合体率先实现城市阅读一卡通、公共文化服务一网通、公共文化联展一站通、公共文化培训一体化，建设云环境下的公共文化智能服务系统，加强文化政策互惠互享，推动文化资源优化配置，全面提升区域文化创造力、竞争力和影响力，共筑文化发展高地。

2. 文化遗产的串联

杭州西站枢纽以"实证中华5000多年文明史的圣地"良渚古城遗址为起点，串联西湖、大运河遗产、南宋皇城大遗址等历史文化遗产，将通过高铁线网推动建立长三角世界遗产合作交流机制，形成多层次、全方位的保护、管理、展示和利用体系，共同打造世界遗产群落，以历史文化遗产的保护、传承和可持续发展为题，讲述好跨湖桥文化、马家浜文化、良渚文化、吴越文化、南宋文化、运河文化、钱塘江文化、新安文化的中国故事。

3. 文创产业的引擎

发挥高铁枢纽引流与输出的辩证功能，高水平支撑打造杭州国际文化创意中心，吸引更多人才来杭深耕数字内容、动漫游戏、影视创作、网络文学、创意设计、现代演艺等优势领域，通过长三角文化产业联动发展，推动建立长三角文化科技基地、文化出口基地联盟，以轨道交通网络联动之江文化产业带、横店影视文化产业集聚区等重大文化产业发展平台，联合推动沿运河文化创意产业走廊特色发展，共同打造钱塘江诗路文化带、浙东唐诗之路，打造一批数字文化产业合作载体。

4. 文化传播的利器

以"在西站"为品牌，打造一批对外文化展示交流的文化产品、文化地标和文化品牌，促进长三角城市媒体间深度合作交流，开展版面内容互换、节目资源互播、新媒体联合采访，共推城市文化国际交流，深化发展友好城市和友好交流城市，加强与联合国教科文组织、国际知名智库等机构对接，用好全球创意城市网络、全球学习型城市等国际文化交流合作平台，参与长三角文化出口基地联盟建设，联合打造长三角海外推广平台。

（二）以别样精彩的宜居环境吸引人才

高铁枢纽地区是基于综合交通枢纽的功能，借助交通、信息等基础设施网络，集聚各种资源要素，形成以综合交通枢纽为中心的商务办公、会展服务、文体娱乐、居住等城市功能区，实现生产、生活、生态融合的高铁组团。作为人流、物流、资金流等集聚的节点，政府通过制定规划、颁发政策予以规范和引导，给交通枢纽地区带来要素流，促进要素的空间流动和配套设施的增长，形成若干个城市功能聚集体。城市功能集聚体分布在枢纽地区不同位置，通过交通线路、信息传递设施相互联系形成集聚体网络。城市集聚体的发展吸引更多的要素流流向枢纽地区，要素流的集聚和流动反过来促进城市功能集聚体的发展。

杭州西站枢纽打造"绿水青山园中站"，遵循大 TOD"大疏大密"的规划设计规律，通过"一心、一园、一带、多组团"（一心：最具价值的城市核心；一园：最具特色的两山公园；一带：联山融水的人文生态带；多组团：宜居宜业的复合型社区），实现枢纽地区系统与外部环境系统之间的联系与交换，促使绿色生态空间结构新特质的涌现。在空间结构演化过程中，主体的作用差异导致枢纽地区系统内部结构的非线性变化，进而引起系统与外部环境系统联系的非线性变化，促使城市功能集聚体差异化发展。以高密度的高铁组团置换山水林田湖草生态自然保护的空间，以退二进三、优二兴三的现代产业体系构建推进生态资源保护与利用，从而推动生态宜居共享空间的构建。

（1）杭州西站枢纽可成为长三角教育合作发展的先行者注重高品质教育服务供给体系，坚持 EOD（Educational facilities Oriented Development）模式，提升区域整体教育质量，引进建设优质幼儿园、中小学校，鼓励中小学开展多层次、宽领域的国际合作交流。共同支撑长三角研究型大学联盟，共建一流学科联合体，共享优质高等教育资源，推动共建基础教育校长及教师培训联动平台，搭建现代教育培训一体化协同发展平台。

（2）杭州西站枢纽可成为共同打造健康长三角的先行者，开辟空间打造长三角城市群医院协同发展战略联盟，推动长三角区域医疗卫生与健康事业协同发展，实现区域性分级诊疗和远程医疗医联体等模式，推动跨区域医疗联合体发展，协同扩大优质医疗资源供给。先人一步实现长三角区域居民健康信息共建共享，推动长三角智慧医疗发展，开展远程网络会诊、遥感超声检查和远程机器人手术等。

（3）杭州西站枢纽可成为长三角公共服务共享的先行者，结合未来社区建设，建立共享式的公共设施配置体系，聚焦人本化、生态化、数字化三维价值，按照"5、10、30 分钟出行圈"要求，健全社区公共服务与基础设施配套，突出自然资源禀赋、城市特色风貌和历史文化传承。建立以家庭为基础、社区为依托、机构为补充的婴幼儿照护服务体系，创新发展家庭照护、社区统筹、社会兴办、单位自建、幼儿园办托班等多样化、多层次的服务模式。提供老人异地养老服务平台，实现市民卡及老人卡互认互用。鼓励知名品牌养老服务机构在区内布局设点或托管经营，建立跨区域养老服务补贴制度。建立健全标准体系，促进基本公共服务均等化、普惠化、便捷化，加快建设公平包容的社会环境，满足人民日益增长的美好生活需要。

三、产的层次：数字经济科创产业的新中心、新平台

杭州西站枢纽地区是杭州实施国际化战略的主要抓手，以"数字经济"为统领，打造互联网创业创新中心展示台、国际会议目的地、国际重要旅游休闲中心中转站、东方文化国际交流中心会客厅。

1. 数字赋能文化旅游

高铁枢纽所体现的枢纽经济是一种特殊的经济发展模式，其产业具有网络化的张力。文旅作为全球最大的聚集型产业，包括直接为游客提供出行、住宿、餐饮、游览、购物、娱乐等服务活动的集合以及为游客出行提供旅游辅助服务和政府旅游管理服务等活动的集合，涉及200多个行业。数字文旅高质量发展，智慧化管理、数字化产品、在线化营销、大数据营销方式加速成型，嫁接高铁线、高铁站、高铁综合体、高铁新城，将重塑文旅产业的商业逻辑。

杭州西站枢纽依托高铁网络和沿线站点，可率先推出"高铁+美食"，结合浙江省"百县千碗"工程，通过旅游美食文化传承、创新、发展，助力文化浙江、诗画浙江建设，助力打造全国文化高地、中国最佳旅游目的地、全国文化和旅游融合发展样板地。以人工智能、虚拟现实、物联网为基础支撑，实施"文化+""旅游+"战略，推动文化、旅游及相关产业融合发展，不断培育新业态，同步推出"高铁+数字门票""高铁+云端酒店"等快捷旅游线路和产品，加强与长三角区域沿线城市合作，探索长三角文旅一体化联盟运作模式，推出"畅游长三角""惠民一卡通""旅游云护照"等产品，改善游客旅游体验。

（1）发挥区位优势，共同策划跨区域国际旅游产品，联通以名城、名江、名湖、名山、名园、名镇、名村为特色的国际黄金旅游线，着力打造

杭黄世界级自然生态和文化旅游廊道，开展浙皖闽赣生态旅游协作。坚持从"旅游城市"向"城市旅游"转变。

（2）面向省域圈层，开展环太湖文化、旅游、体育等多领域合作，共同打造具有国际影响力的环太湖生态文化旅游圈。串联乌镇、西塘、南浔等江南水乡古镇，共同打造江南文化等区域特色文化品牌。依托大运河诗路文化带、钱塘江诗路文化带，连接浙东唐诗之路文化带、瓯江山水诗路文化带和海湾海岛旅游带，整合省域内红色旅游资源，开发互联互通的红色旅游线路。

（3）面向杭州圈层，以良渚古城遗址公园为核心，辐射杭州都市圈，联合挖掘太湖流域和钱塘江流域的良渚文化遗址资源，高水平研究和发掘良渚文化的独特价值，共建长三角大良渚文化旅游圈；挖掘千年古韵、江南丝路、通江达海、运济天下的大运河文化带旅游价值，串联统筹区域历史建筑、工业遗存、特色街区、旅游景点等元素，共同打造世界级旅游黄金大走廊。

2. 科创引领智慧经济

高速铁路能够缩短区域空间距离，在增加资本投入、促进人口迁移、提高全要素生产率TFP（Total Factor Productivity）和产生城市集聚效应等方面对地区经济增长产生积极作用。

杭州西站枢纽可以发挥地处城西科创大走廊的优势，为之江实验室、阿里达摩院、浙大超重力离心模拟与实验装置等科研重器建设的高端人才引进提供便捷生活条件，挖掘大走廊"创新基因"，以大走廊串联科技城、特色小镇、众创空间等创新平台，串联起杭州未来科技文化中心、南湖科学中心、城西枢纽门户中心、紫金港科技城，以世界互联网大会、世界浙商大会、联合国世界地理信息大会、云栖大会、世界旅游联盟湘湖对话等重大国际会议和活动的客流量为基础，打造具有全球影响力的数字科创中心、长三角重要科技创新策源地和展示未来科技创新的重要窗口。

（1）发挥高铁的连接效应。依托创新链提升产业链，围绕产业链优化创新链，为龙头企业跨区域整合科研院所研究力量提供便捷，为科研人员深度参与产业创新活动提供舞台空间，以枢纽经济整合平台经济、共享经济、体验经济，为大数据、云计算、区块链、物联网、人工智能、卫星导航等新技术研发应用提供展示空间，构建"科创走廊会客厅"，共同打造长三角区域面向全球的国际科创要素对接服务平台，构建一流创新创业生态环境。推动物联网、大数据、人工智能和实体经济的深度融合，围绕城市公共管理、公共服务、公共安全等领域，建设基于人工智能和5G物联的城市大脑，推动长三角区域城市大脑集群建设，深化长三角数字经济领域开放合作，构建数字经济区域协同创新网络。

（2）发挥高铁的驱动效应。主动对接"上海服务"品牌建设，推动金融、信息、物流、会展等服务业向专业化、高端化和国际化发展。承接中国国际进口博览会溢出效应，以高铁枢纽的便捷性、就近性，强化进口博览会参展商对接服务，推进招商引资项目协同，共同策划和开展贸易投资配套活动。提升外商投资和服务水平，打造稳定、公平、透明、可预期的法治化、国际化、便利化营商环境，共同扩大长三角国际影响力，在高铁枢纽辐射区推进国际社区、外籍人员子女学校、国际医院建设，提升国际人才综合服务水平，加大国际人才招引政策支持力度，大力引进海外人才，提升国际高端要素集聚能力。

（3）发挥高铁的催化效应。充分发挥温台民营经济先发和集聚优势，积极开展民营经济跨区域发展政策协同试验，支持民营企业在枢纽地区设立"飞地"孵化器，柔性引进创业资源，搭建创新展示平台。加强民营企业参与长三角一体化的长效服务、政策协同和要素支持，使枢纽地区成为引领民营经济高质量发展、创造一流营商环境、弘扬新时代优秀企业家精神的先行区。在枢纽地区加快政府数字化转型，实现长三角政务服务线下异地办理和全流程线上办理。

（4）发挥高铁的引导效应。将高铁枢纽作为引流器，加强长三角人力资源协作，建立统一的人才一体化评价和互认体系，强化信息共享、政策协调、制度衔接和服务贯通，探索建立户口不迁、关系不转、身份不变、双向选择、能出能进的长三角人才柔性流动机制。推动生活性服务业向便利化、精细化和高品质提升，支持长三角品牌企业布局发展家政、文化旅游、体育等生活性服务业，加强重点领域智慧应用跨区域合作。推进长三角市场体系一体化发展。共同打造"满意消费长三角"，以"美食文化空间"为起点，全面开展重点行业和生活休闲新兴领域满意消费建设，建立健全促进满意消费机制，打造长三角满意消费城市。

（单位：杭州国际城市学研究中心　执笔：蔡峻）

| 第十三章 |

以智能化推进
长三角一体化更高质量
发展研究

党中央、国务院高度重视长三角一体化发展，习近平总书记2018年4月批示，对长三角一体化提出更高质量发展的新要求。[1]2019年12月，中共中央、国务院颁发了《长江三角洲区域一体化发展规划纲要》，我国学术界、企业界和政府部门对长三角地区如何推进更高质量一体化进行了热烈讨论，但什么是更高质量的一体化，长三角地区如何推进更高质量的一体化，讨论还需要深入。我们认为，更高质量的一体化是有特定要求的，长三角应走智能化道路推进一体化的更高质量发展。

第一节　如何理解长三角更高质量的区域一体化

区域一体化在中国已是很流行的概念，但学术界却有多种定义。习近平总书记提出，我国要"构建优势互补高质量发展的区域经济布局"[2]，从这个高度认识区域一体化，区域一体化就是区域间在资源禀赋差异基础上分工合作、共同发展的过程，从而形成优势互补高质量发展的区域经济布局。区域一体化应包括不可或缺的三个方面：一是产业发展差异化与协同化，体现区域资源配置的有效性；二是公共服务均等化与社会福利的共同增长，体现区域发展成果的包容性；三是经济与社会发展协调，人与自然和谐，体现区域发展的可持续性。这三个方面是相互影响、共同作用的，形成区域一体化的"三性"特征。显然，这样的区域一体化会形成优势互补高质量发展的区域经济新格局，缩小区域差距。

但是，区域一体化的上述"三性"又有质量高低之分。更高质量的

---

[1] 新华社记者：《长三角主要负责同志召开2018年度座谈会》，载《解放日报》，2018-06-02。
[2] 习近平：《推动形成优势互补高质量发展的区域经济布局》，载《求是》，2020（1）。

一体化是这三个方面处于最佳状态的区域一体化，包括过程最佳、结果最佳，并没有改变区域一体化的原有含义，但区域一体化的发展机制、动力和效率都在发生深刻变革。某个区域的一体化得到更高质量的发展不是一蹴而就的，需要较长时期的发展积累，长三角地区就是这样的区域。

包括上海、江苏、浙江、安徽一市三省在内的长三角地区，早在改革开放初期就以经济技术区域合作为起步探索区域一体化，在20世纪80年代中期成立了上海经济区，又以区域合作为基础发展区域一体化，后来上海经济区虽然撤销了，但区域一体化仍在持续推进，是我国区域一体化起步最早的地区。由于经过长时期的发展积累，长三角一体化已走在全国前列，2018年上升为国家战略。在建设社会主义现代化的新时代，国家对长三角一体化理应提出更高质量发展的新要求，这不仅是因为长三角一体化已有较好的发展基础，还是因为高质量发展目前已是对全国各地区的共同要求，而一体化也正成为各类区域发展的共同走向。在这种形势下，长三角一体化作为国家战略，就不仅仅只是高质量了，理应达到更高质量的水平，在全国起示范带动作用。因此，应从国家战略高度认识和推进长三角一体化的更高质量发展。

那么，什么是更高质量的一体化呢？这是需要认真推敲和科学把握的。我们认为，从国家的战略意图和长三角的实际出发，长三角更高质量的一体化在上述"三性"基础上，还应具有"四高"新特征：

第一，经济发展的高质量。即以上海为龙头，苏浙皖各扬其长，在资源禀赋差异和技术进步基础上，围绕产业链的现代化，推进地区间产业的更高水平协同发展，以现代化产业体系实现经济发展的高质量。这是长三角地区更高质量一体化发展的核心。

第二，空间结构的高优化。即提升长三角城市群核心城市上海的全球城市功能和宁杭合的副中心功能，推进核心-副中心的功能分工、传递与衔接，加快南京、杭州、合肥、苏锡常、宁波五个都市圈的同城化发展，构建多中心-网络化的空间结构，重塑长三角经济地理，高标准优化长三角地区的空间结构。这是长三角地区更高质量一体化发展的地域依托。

第三，市场机制的高效率。即打破行政区界限，完善一体化的交通网、信息网，构建要素流动畅通、网络完善的一体化市场，充分发挥市场机制的决定性作用，实现市场机制的高效率。这是长三角地区更高质量一体化发展的条件。

第四，区域政策的高集成。即以更高质量一体化为主题，进一步完善区域合作机制和政策体系，长三角三省一市政府的相关政策应在"最大公约数"的基础上一致起来，实现区域合作政策的高集成。这是长三角地区更高质量一体化发展的保障。

由此可以认为，长三角更高质量区域一体化应该是"三性、四高"的一体化，其中，"三性"是对区域一体化高质量发展的普遍要求，"四高"是对区域一体化更高质量发展的特定要求。因为具有"四高"特征的区域一体化，才可能是发展机制、动力和效率发生了深刻变革的更高质量的区域一体化。长三角三省一市应围绕"三性"的普遍要求和"四高"的特定要求，积极探索更高质量一体化发展的新路径。

第二节 以智能化开拓长三角更高质量一体化发展的新路径

进入 21 世纪后，正在勃起的第四次工业革命，实质上是智能化革命，快速发展的各种智能技术正有效地提升产业结构、改造社会结构，推进产业和社会的智能化发展。[1]这也是当今世界处于百年变局中不可忽视的重大变化，对人类社会发展会带来深刻影响。在新时代，长三角地区应以智能化开拓更高质量一体化发展的新路径。

智能化是生产力的概念，而生产力是人类社会发展的巨大动力，人类社会历史发展曾经历了采集狩猎时代、农耕时代和工业化时代，形成了生产力发展的几次伟大浪潮，为人类社会进步输入了巨大动力（见表 13-1）。在遥远的采集狩猎时代，人类学会使用石器工具，形成了石器化浪潮；在漫长的农耕时代，人类学会使用铁器工具，形成了铁器化浪潮；在第一次工业革命时期，人类学会使用机械工具，形成了机械化浪潮；在第二次工业

---

[1] 李彦宏：《智能革命》，北京：中信出版集团，2017（4）：5、62、130。

革命时期,人类掌握了电气技术,形成了电气化浪潮;在第三次工业革命时期,人类掌握了信息技术,形成了信息化浪潮。①而在 21 世纪初涌现的第四次工业革命,人类掌握了更为复杂的智能技术,正在掀起波澜壮阔的智能化浪潮。②可以说,智能化是人类社会在新时代发展的必然趋向,符合人类社会发展的客观规律。

表 13-1 技术进步推进人类社会发展的历史演进简表

社会分期		技术浪潮	时代	起始年代
远古社会		石器化浪潮	采集狩猎时代	公元前 21 世纪前
农业社会	前期	青铜器浪潮	农耕时代早期	起于公元前 21 世纪
	后期	铁器化浪潮	农耕时代后期	起于公元前 16 世纪
工业社会	第一次工业革命	机械化浪潮	机械化时代	起于 18 世纪中叶
	第二次工业革命	电气化浪潮	电气化时代	起于 19 世纪 40 年代
	第三次工业革命	信息化浪潮	信息化时代	起于 20 世纪 50 年代
	第四次工业革命	智能化浪潮	智能化时代	起于 21 世纪初期

我国抓住了第四次工业革命的机遇,科学技术快速发展,人工智能、信息技术等领域已领先世界,智能产业和数字经济发展尤快,推进中国社会向智能时代迈进。而长三角地区是我国智能化程度较高的地区,如据工业和信息部安全发展研究所发布的《中国云制造指数(2019)》,2018 年长三角地区互联网宽带接入端口达 16 669 万个,占常住人口的 73.97%,高于全国平均水平 18.4 个百分点,其中制造业企业上云指数达 55.4%,高于全国平均水平 11.5 个百分点。③企业是区域一体化的重要参与者、推动者、受益者,长三角地区越来越多的企业注重利用大数据,在"云"中进行决策、生产、销售、经营、为客户服务,出现了生产与服务精准化、客户关系稳定化、业务边界柔性化、经营业态多样化的新态势。智能化因素不仅会大幅度提升单个企业组织形式的敏捷程度,更会在整体上推进相

---

① 杨沛霆:《科学技术史》,杭州:浙江教育出版社,1986(3):90、138、169、210、252、383、407、508。
② 张江健:《智能化浪潮》,北京:化学工业出版社,2019(1):89、269、310。
③ 工业和信息部安全发展研究所:《中国云制造指数(2019)》,发布于 2019 年 9 月 20 日在合肥市召开的第二届世界制造业大会。

关线性产业链向智能化生态群的转变，在网络平台基础上打造集群化产业发展新格局，使关联企业在一体化的分工合作中分享发展红利，为区域一体化发展输入不竭动力，有效推进产业基础的高级化和产业链的现代化。如今，长三角地区经济社会活动数据资源越来越多地"入云"，已形成数据化的"云库"，市场主体和自然人的活动都可以利用"云"的智能化因素把距离缩短为零，有效配置资源与要素。显然，在企业的推动下，长三角一体化会形成更有活力的机制和动力，有更高的效率和质量。世界刚进入5G的应用时代，2018年11月30日5G视频电话便在长三角地区的主要城市上海、南京、杭州、合肥实现跨三省一市的互联互通，正快速向其他城市延伸，5G为智能化因素向经济社会领域的扩展提供可靠的技术支撑，会在更大范围、更多领域提升长三角一体化的更高质量发展。

因此，长三角地区有条件有能力走智能化道路，推进一体化由高质量向更高质量发展的战略升级，从而顺应人类社会的发展规律，率先向智能化时代迈进，为实现中共十九大提出的中华民族伟大复兴第二个"一百年"战略目标，作出长三角地区的时代新贡献。

第三节　以智能化推进长三角一体化"四高"发展

长三角更高质量区域一体化是"三性、四高"的一体化，而"四高"作为对更高质量区域一体化发展的特定要求，就更为重要。长三角地区应围绕这个特定要求，突出智能化，充分发挥智能化作为先进生产力因素的巨大作用，推进区域一体化的"四高"发展。

首先，智能化会有效推进长三角经济发展趋向更高质量。这是因为，地区经济发展质量的高低取决于生产力的先进程度，而智能化作为当今社会最先进的生产力，如把智能化因素广泛渗入长三角一体化的产业协同发展之中，会更有效地推进长三角经济的更高质量发展。因为一方面，智能化的显著特征是优先发展智能产业，而智能产业是更高质量的产业，长三角地区智能产业发展早，许多智能产业的行业相应成立了一体化产业联盟，以龙头企业为骨干，正有序推进长三角智能产业的协同发展，如自上海松江经浙江湖州、杭州和安徽宣城、芜湖、合肥的 G60 创新走廊的智能产业就成立了这样的产业联盟，正在成为智能产业密集带，带动长三角经济的更高质量发展。另一方面，智能化不是简单的"去工业化"，也不是重复的"再工业化"，而是对工业化的全面赋能，是在新的基础上的"升工业化"，突出表现是运用智能化因素改造和提升传统产业，发展战略性新兴产业，通过智能化因素推进产业基础高级化和产业链现代化，可从产业基础层面推进地区经济的更高质量发展。在长三角地区，最为突出的是传统制造业的智能化升级，三省一市的制造业普遍向高端制造、智能制造、精品制造、绿色制造和服务性制造转型升级，即使是经济实力弱于南京、杭州的安徽省会城市合肥，如今已成为智能制造发展高地，并于 2018年、2019 年成功举办了两届世界制造业大会，安徽省也由过去的农业大省发展为位居全国省区前十位的制造业大省。此外，着眼于长期发展，一些未来智能产业也在长三角地区研发、孕育，将会大幅度地提升长三角地区的经济发展质量。需要特别提及的是，2020 年初我国在应对突如其来的新型冠状肺炎疫情阻击战中，大数据、医疗服务机器人和无人配送物流等智能技术发挥了巨大作用，从中可以看到，智能化会极大地提升抗风险能力，减少社会资源损失，保护人员安全，也有利于保护和提升经济发展质量。长三角地区这方面的智能化力量很强，对保护和提升经济发展质量的作用会更明显。

其次，智能化会有效推进长三角空间结构趋向高优化。这是因为，区域空间结构的优化程度取决于城乡之间、城市之间、中心城市与边缘腹地之间能有效地缩短空间距离，形成一体化、同城化的都市圈和多中心、网络化的城市群空间结构，而智能化的最大优势正在于会更有效地缩短空间距离。因为一方面，智能化因素的引入会推进交通运输的高速化、便捷化、舒适化，以缩短行程上的时间距离，替代缩短自然空间上的地理距离，优化空间结构的效果非常显著。在长三角地区，三省一市积极推进重大交通设施一体化建设，正在形成广覆盖的高速公路、高速铁路、城际高速、动车和航空运输体系，以缩短城市之间的行程时间距离来优化区域空间结构，使要素流动更为便捷，资源配置更有效率。另一方面，也是更为重要的，智能化会以数据化的"云"替代地面上的自然地理距离，可以大幅度地降低相关要素穿越自然地理空间的难度，在更高层次上使空间结构更优，使经济活动更有效率。在长三角地区，已形成覆盖城乡的互联网，在"云"上消除距离，以新的方式优化空间结构。这样，地面上高速化的综合交通运输体系和"云"层上泛在性的互联网密切配合、相得益彰，既以时间替代空间而缩短距离，又以"云"覆盖城乡消除距离，会更高效地优化城乡之间、城市之间、中心城市与边缘腹地之间的空间结构，开辟更高质量一体化发展的新路径。

第三，智能化会有效推进长三角市场机制趋向高效率。这是因为，区域市场机制的效率高低虽然取决于多种因素，但在我国，打破行政区的分割程度则是最重要的因素，而智能化的最大优势正在于以"万物互联"打破行政分割，有效推进长三角市场机制趋向高效率。打破行政分割并不是取消行政区界，而是用穿透行政区界的方式与能力，使得要素流动更便捷、市场秩序更透明、企业的制度成本更低，而智能化广泛使用人机互动、万物互联，自然而然地打破行政区范围，迅速而高效地穿透行政区界，以极低成本优化资源配置，使经济活动的各个环节都体现市场机制的高效率。在长三角地区，互联网发展早，"万物互联"效率好，早在2014年11月，浙江省桐乡乌镇就成功举办了首届世界互联网大会，搭建了中国与世界互联互通的国际平台和国际互联网共享共建的中国平台，构筑起我国乃至世界"万物互联"的高地，乌镇也成为全球公认的世界互联网大会永久会址。当前，5G商业化应用正在长三角地区普遍展开，会推进形成要素流动畅通、网络完善的一体化市场。显然，这些都会加快长三角地区"万物互联"的发展，提升要素流动对行政区界的穿透力，智能化因素有助于充分发挥市场机制的决定性作用，推进长三角地区市场机制趋向高效率。

第四，智能化会有效推进长三角地方政府的区域政策趋向高集成。这是因为，我国推进区域一体化的必要条件是地方政府开展区域合作，要求地方政府的相关政策在"最大公约数"基础上一致起来，这个"最大公约数"应该是"公平均等"，在"公平均等"基础上的区域合作可以共建共享，才能调动地方政府区域合作的积极性，因而是促进一体化更高质量发展的政策保障。而智能化正是以普惠共享为价值导向，尽管区域间的经济发展水平存在着差距，但地方政府推行均等化的公共服务政策，会最大限度地实现社会福利的公正。更为重要的是，智能化会造就万物互联、人机互动的智慧时代，人人既会贡献信息，又会分享信息，在信息分享中获得机会均等和发展成果的普惠，又会推进地方政府区域政策在公平均等基础上趋向高集成，开拓更高质量一体化发展新路径。在长三角地区，2018年7月编发的《长三角一体化三年行动计划（2018—2020）》，对交通、医疗、社保、科技等领域公共服务的共建共享，作出了一系列可行的计划并顺利实施。如在交通领域，已开通了37条跨省域公交交通线，上海与周边20个城市实行交通同城卡；在医疗卫生领域，进行异地就医门诊费用直接结算试点，已试点两批，达及20多个城市；在社保领域，先对异地退休人员、异地长期工作人员、常住异地工作实行就地社保试点，取得经验后再逐步扩大；在科技服务领域，早在2008年就成立了"长三角科技发展联盟"，2014年又成立了"长三角科技发展战略研究联盟"，2018年9月，G60创新走廊9市联合建立了"一网通办"制度，优先服务科技型企业，科技服务一体化不断推进。[①]而且，长三角一体化取得的这些成效不仅是以普惠共享的区域政策推进公平均等，还大量地使用了智能化技术，使公共服务的普惠共享更普遍、更便捷、更精准。2019年5月以来，沪苏浙皖都认真实施中共中央、国务院颁发的《长江三角洲区域一体化发展规划纲要》，并推出了相应的实施计划，特别注重政策的协同，三省一市地方政府区域政策的集成程度会不断提高，智能化因素从"公平均等"层面对长三角区域政策高集成的推进力度会更大。

以上分析表明，智能化因素会从不同层面推进长三角一体化的"四高"发展，推进一体化发展由高质量趋向更高质量。显然，智能化是长三角更高质量一体化发展的新路径。在新时期，长三角地区应实施智能化战略，走智能化道路，以更高质量一体化的发展推进长三角地区向智能社会新时代迈进。

第四节 智能化推进长三角地区率先迈向智能社会

长三角地区目前在整体上已进入工业化的后期阶段，按照工业化阶段

[①] 《长三角一体化三年行动计划（2018—2020）》的实施成效，见长三角区域合作办公室官方网站。

性发展理论，下一阶段将进入后工业社会。但是，后工业社会是什么，人们的认识并不清楚。展望智能化推进长三角一体化更高质量发展的前景可以认为，长三角地区将要进入的后工业社会，应该是智能社会。

"后工业社会"是美国哈佛大学教授丹尼尔·贝尔首创的。1959年在奥地利萨尔茨堡的学术研讨会上，他第一次提出"后工业社会"概念。1973年，他出版了《后工业社会》一书，对后工业社会是什么作出专门的阐述，并很快被世界学界公认，成为迄今以来对"后工业社会"的最权威解释。丹尼尔·贝尔认为，后工业社会有五个主要特征：① 经济方面：经济发展会由产品生产经济转变为服务性经济；② 职业分布：在诸多的行业中，专业和技术人员阶级都处于主导地位；③ 中轴原理：理论知识处于中心地位，是社会革新和制定政策的源泉；④ 未来方向：科学技术会快速发展，但为防止技术对人类可能造成的损害，需要控制技术发展，特别是对技术的应用要先作出鉴定；⑤ 制定决策：政府更要注重激励人们创造新的"智能技术"。[①]如今看来，这五个特征的概括是有远见的，尤其是第五个特征提出的"智能技术"更有远见，在那个时期已出现了第一代计算机，但这种计算机所形成的智能技术，只用于处理"条理化复杂性"问题的统计技术和逻辑技术，能级是很低的。近半个世纪过去了，如今的智能技术已更高级了，在第四次工业革命蓬勃发展中已形成了智能化浪潮，快速发展的智能技术已成为推进人类社会发展的强大动力和主导因素。智能化对人类社会发展带来的深刻影响，使人们逐渐看清，后工业社会将是智能社会。

在第四次工业革命中孕育和快速发展的智能化浪潮，正对人类社会带来革命的影响，其巨大的历史贡献，从生产力角度看，是提升了工业化，带来了智能化；从社会发展角度看，是更新了工业社会，开启了智能社会，已经引起了人们的关注。尽管世界当前仍处于工业社会，但人们已经看到了智能社会的曙光，已有一些中外学者进行研究，对智能社会作出不同程度的描述[②]，这些描述不可能对未来的智能社会作出科学而完整的概括，而当前系统地回答智能社会是什么也为时过早，但从当前世界出现的

[①] 〔美〕丹尼尔·贝尔：《后工业社会的来临》（中文版），北京：商务印书馆，1984（12）：20、38。
[②] 高金波：《智能社会》，北京：中信出版集团，2016（8）：19、77。〔澳〕理查德·沃特森：《智能化社会》（中文版），北京：中信出版集团，2017（6）：95、143、221。

大量情境看，智能社会至少已显现出三个主要特征：一是表现在经济上，是智能化对工业化给予革命性的赋能，不仅会推进工业的整体升级，而且会促进工业与其他产业的跨界发展、实体经济与虚拟经济的融合发展，进而会形成智能化的现代经济体系，世界经济将更为发达。二是表现在社会上，是智能化已逐渐渗透到人们的出行、居住、穿戴、医疗、教育、文化、交往等各个领域，从人们的生活、社会交往到社会结构、社会管理等，都会发生深刻变化，社会结构趋向多元化，社会管理趋向现代化，会推进社会全面进步。三是表现在人的发展上，由于人工智能特别是机器人可以替代人的复杂性、重复性、艰苦性、危险性的劳动，促进了人的自身解放，而人人可以从万物互联和数据释放中获取发展红利，信息分享和发展成果普惠的价值理念会逐渐广播于世，使人的发展机会更公平，使人们的生活更丰富、工作更便捷、交往更广泛，又会促进人类自身的进步。[1]这三个主要特征表明，智能社会基于工业社会、又高于工业社会，是人类社会应该努力建设的美好社会。

就长三角地区而言，实施智能化战略，以智能化推进一体化的更高质量发展，也会出现上述三大特征。一是从经济发展层面看，长三角更高质量的一体化不仅会推进智能产业的优先发展，又会带动其他产业的智能化发展，更为重要的是，智能因素会广泛深入到产业链层次，企业在"万物互联"中会迅速而高效地穿透行政区界，高效率地配置产业资源，又通过在政府推动的更高质量一体化发展，会有效形成地区间产业的协同发展，可在更大的地域范围和更多的行业领域，推进产业基础的高级化和产业链的现代化，长三角地区经济就会形成持续更高质量发展的大趋向。二是从社会发展层面看，智能化因素在长三角地区社会领域的应用较早，范围也较广，在更高质量一体化发展中，不仅智能化因素会在社会领域得到更广泛的应用，推进社会管理的智能化、精准化和现代化，而且，由于更高质量的一体化会推进长三角地方政府区域政策趋向高集成，尽管长三角地区间仍存在着发展差距，但地方政府推行均等化的公共服务政策，会最大限度地实现社会福利的公正，更会推进社会的全面进步。三是从人的发展层面看，不仅是智能化推进长三角经济的更高质量发展，为人的发展创造了

---

[1] 程必定：《长三角更质量一体化发展新论》，载《学术界》，2019（11）：56—67。

丰富的物质条件，也不仅是智能化因素推进长三角地区社会的全面进步，为人的发展创造了良好的社会条件，而且，因为智能化是以普惠共享为价值导向，在智能化推进长三角一体化更高质量发展的过程中，人们会在万物互联、人机互动的环境下贡献信息又分享信息，普惠共享的先进价值理念会广泛深入人心，更会开辟人自身发展的广阔路径。以上三大特征目前在长三角地区已都有显现，今后会越来越成为主流，主导着长三角地区的发展。这种发展趋向展现出智能化推进长三角更高质量一体化的发展前景。

长三角更高质量一体化发展会率先迈向智能社会，具有重大的国家战略意义和促进时代发展的引领作用。展望我国的发展，在蓬勃发展的新一轮科技革命和产业变革中，我国在人工智能、新一代信息技术等领域已居世界第一方阵，在智能化方面加快了追赶发达国家的步伐，会推进中国社会向智能社会迈进。中共十九大提出第二个"一百年"的战略目标，是把我国建成富强民主文明和谐美丽的社会主义现代化强国，可以认为，我国要建成的强国，应该是后工业社会的智能社会强国。但我国又是区域差异显著的大国，各省区工业化处于不同发展阶段，针对这种国情，需要发达地区率先成为智能社会，再带动其他地区和全国走向智能社会。长三角地区就是这样的发达地区，以智能化推进一体化的更高质量发展而率先迈向智能社会，体现了长三角在实施国家战略中的区域担当，对长江经济带和其他地区的智能化发展和智能社会建设，发挥引领和示范作用，为实现中共十九大提出的中华民族伟大复兴事业作出长三角地区的时代新贡献。

智能化推进长三角地区率先迈向智能社会的前景展望也表明，后工业社会在我国已不遥远，智能社会也正悄然来临，我国的学术界现在应该关注后工业社会、智能社会，在当前情况下，可以通过对长三角地区以智能化推进更高质量一体化发展的实践考察，深入研究我国如何建设智能社会，把我国建成智能社会强国。长三角等发达地区以率先进入后工业社会的丰富实践，会为我国学术界研究智能社会提供丰富的素材，可以探索构建具有中国风格、中国智慧的智能社会建设理论，这可能是构建中国自己的社会主义发展经济学的重大选题，人们会期盼多有这方面的研究成果问世。

（单位：安徽省时代战略研究院　执笔：程必定）

| 第十四章 |

长三角一体化背景下
大企业竞争力分析与
协同发展建议

第一节 引　　言

以500强企业为代表的大企业在我国经济发展中占据了举足轻重的地位。2019年，中国500强企业合计实现营业收入79.1万亿元人民币，同时中国企业入围《财富》世界500强超过120家企业，可以说中国大企业在过去20年间发展迅速。但应该看到以往针对大企业的多数排名皆根据企业的销售额或者规模，可以称之为"500大"。由此可见，以营业收入为标准的500强排行及相关的分析，并不足以给予我们足够好的建议和选择的路径，甚至有可能将企业发展带入"盲目求大"的不归路。如何科学构建一个竞争力评价指标体系，并用以分析不同地区、不同行业、不同所有制企业的竞争力强弱程度，是一个很重要的现实课题。

与此同时，2019年12月1日，中共中央、国务院印发了《长江三角洲区域一体化发展规划纲要》，明确指出推动长三角一体化发展是我国经济高质量发展的重大战略。作为我国经济发展最活跃、开放程度最高、创新能力最强的区域之一，长三角在我国全方位开放格局和经济高质量发展中占据了重要战略地位。该区域包括上海市、江苏省、浙江省和安徽省全域35.8万平方公里的土地，经济总量约占到全国的1/4。长三角要实现更高水平的一体化发展，离不开企业的协同发展，尤其是区域内大企业，更要成为推进长三角区域高质量一体化发展的领头羊。

鉴于此，我们通过对长三角区域内中国500强企业发展竞争力进行分析，对大企业的协同发展提出建议。我们借助上海财经大学中国500强企业竞争力指数指标体系（以下简称上财500强指数），通过分析长三角中国500强企业作为一个整体在实现做"强"目标的过程中所存在的问题，为今后长三角大企业和区域经济结构协同发展的具体实施提供更为具体的着力点。

第二节 长三角中国 500 强企业发展现状

从 2011—2019 年长三角区域入选中国 500 强企业数量来看，2018 年达到最高为 141 家，2016 年最低为 128 家（见图 14-1），其中以江苏和浙江两个省份为主，每个省份每年均超过了 40 家，2018 年江苏达到了 52 家。从销售规模来看，2019 年 133 家 500 强企业销售总额约为 14.7 万亿元人民币，占整个 500 企业的 18.5%（见图 14-2）。从销售-数量比来看，长三角拥有 500 强企业中近三成的企业，但只贡献了不到 20% 的规模，所以相对于央企较为集聚的北京区域，长三角 500 强企业的整体规模并不大。

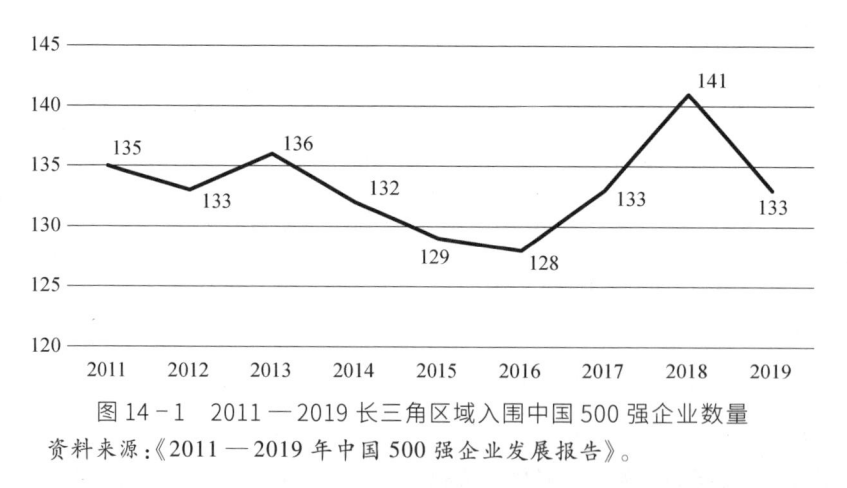

图 14-1　2011—2019 长三角区域入围中国 500 强企业数量
资料来源：《2011—2019 年中国 500 强企业发展报告》。

总体来看，长三角 500 强企业仍然处于一定的增长区间，营业收入和利润呈现了增长的趋势。但从入选企业的结构特征来看，四个区域还存在较大悬殊，并各具特色。例如苏浙两地上榜企业中，民营企业占据了主要份额，而上海和安徽以国企为主；安徽虽然上榜企业较少，但是多为科技密集型产业，与苏浙沪相比，安徽在科技、产业、人员等方面具有一定的比较优势。从产业结构来看，长三角 500 强企业依旧处于全球价值链的中低端，先进制造业比例相对较低，同时企业的收益情况也需要进一步提升。

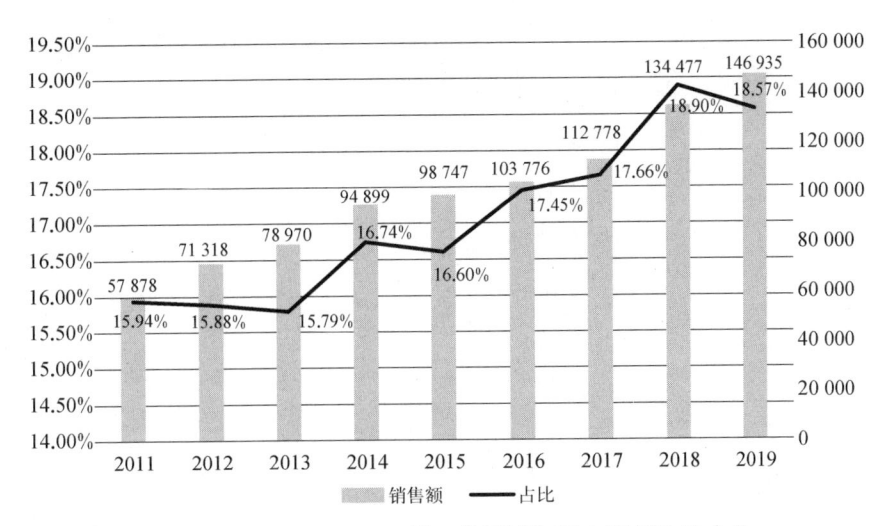

图 14-2　2011—2019 长三角区域入围中国 500 强企业
销售额总量与占比（单位：亿元，%）

资料来源：《2011—2019 年中国 500 强企业发展报告》。

第三节　"上财 500 强"竞争力指数构建

　　企业之强，在于核心竞争力、盈利能力、运作效率等。企业之大，在于资产、规模、营业额或销售收入及市场占有率等；在中国由于理念方面的原因，企业过分追求大。如从 2002 年起发布的中企联 500 强企业排行榜，就是以大为评价标准的，每年进出这一榜单的企业大约 80 至 100 家。这样的情况，一方面说明中国经济的快速发展，为企业快速扩张提供了机会和空间；另一方面说明了中国企业发展并不稳定，可持续发展已成为不可回避的问题。危机是企业生存和发展进程中的孪生物，是由企业的内外部原因导致的。强的企业由于机体的强大，能够安然渡过危机难关；大而弱的企业由于机体的免疫力差，难以渡过危机难关。因此，评价企业家的标准，不是看你在顺境中积累了多少财富，而是看你能不能建立一个具有可持续发展性的企业，并能够在危机中屹立不倒，继续前行。

　　竞争力是企业的一种综合实力，不同的企业提升竞争力的途径和方法可能会存在较大差异。但在目前的关键时期，中国企业应该在经营理念、发展方式、商业模式、体制机制、竞争手段等方面全方位地推动企业的战略转型,不断创造新的竞争优势,提升国际经营能力,只有这样,才能在国际舞台上立于不败之地,实现可持续发展。

上财 500 强指数具体构建过程如下:① 利用德尔菲法确定竞争力指标体系的构成要素及各要素的具体指标和权重;② 采用动态系数法对 500 强经营数据进行无量纲处理,同时对适度指标进行标准化处理;③ 构建上海财经大学 500 强企业竞争力指数(Shanghai University of Finance & Economics Top 500 Enterprises Competitive Power Index),简称"上财 500 强"(SUFE500),具体模型为:

$$SUFE500 = \alpha \sum_{i=1}^{n} x_i w_i^x + \beta \sum_{i=1}^{n} y_i w_i^y + \gamma \sum_{i=1}^{n} z_i w_i^z$$

其中,SUFE500 为上财 500 强企业竞争力指数,α 为盈利指数的权重 36.3%,X_i 为盈利指数第 i 项指评价值,w_i^x 为盈利指数要素第 i 项指标的权重;β 为成长指数的权重 32.4%,y_i 为成长指数第 i 项指评价值,w_i^y 为成长指数要素第 i 项指标的权重;γ 为规模指数的权重 31.3%,z_i 为规模指数第 i 项指评价值,w_i^z 为规模指数要素第 i 项指标的权重。

不难发现,上海财经大学竞争力评价指标体系由三个层次构成,即目标层、要素层与指标层。第一层为目标层,即"上财 500 强指数",经过无量纲处理与标准化处理的指数能够给出企业竞争力的具体数值;第二层为要素层,反映了作为复杂经济系统的企业的竞争力构成要素,即规模效应、盈利能力与成长速度。通过指数分析,能够深入剖析企业竞争力的强弱程度,能够比较不同行业、区域的竞争力差异,能够分析产权安排对企业经营绩效的影响系数。

第四节 长三角 500 强企业竞争力分析

通过上述竞争力指数的计算,我们对比了长三角区域、全国以及北京和广东等重点区域的竞争力指数变化情况,进而可以清楚地发现长三角大企业的发展轨迹与逻辑。

从综合的竞争力指数来看(见图 14-3),从 2011 年开始下降,2014、2015 两年虽有小幅上升,但 2016 年迅速下降到最低值 88.93。在中国经济发展新常态中，中国500强企业发展受到了国际和国内经济环境的影响，部分行业的大企业出现了大面积亏损（尤其是钢铁、煤炭、石油、远洋等行业），到了2017—2019年，中国经济运行总体稳中向好并好于预期。但应看到2017年以来总指数开始回升，中国大企业在旧常态向新常态转型中取得了初步效果。宏观经济的回升，大企业营收情况的整体好转，发展质量的改善，一些新的行业企业进入500强中，给经济发展带来新动力。特别是在中国经济增长减速的背景下，总竞争力指数的总体下降，体现出了我国企业发展中的深层次矛盾和问题，企业进行转型升级、提高自身经营效益已刻不容缓。

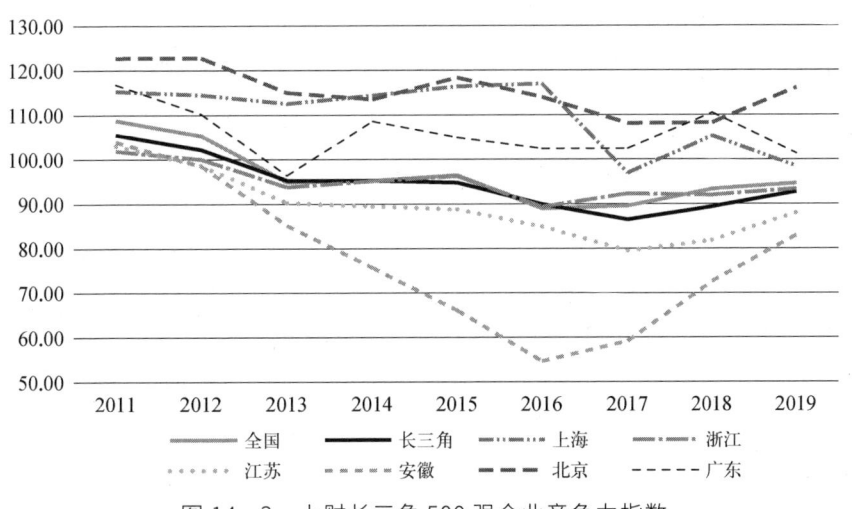

图14-3 上财长三角500强企业竞争力指数

资料来源：上海财经大学500强研究中心。

从长三角区域的发展来看，企业竞争力走势和全国平均水平走势颇为相近，在2017年为最低点，随后整体竞争力低于全国平均水平，这是值得长三角大企业关注的结果。从具体区域来看，北京、广东和上海大企业竞争力始终位于全国的前列，2011到2014年上海与广东逐渐赶上，两者在第二、第三位置相互竞争；2019年依旧由北京、广东和上海三个区域引领，广东和上海的竞争力得以提升。浙江和江苏处于第二梯队，安徽则相对落后，2012年以来安徽逐渐拉开了与上述城市之间的距离，2016年之后有所回升，2019年与江苏省大企业竞争力较为接近。

从盈利、成长和规模三个分指数来看（见图14-4），成长指数处于一个高水平位置，这得益于长三角大企业规模、资产、净利润、从业人数的持续增长。同时也应该看到，这些要素的成长使得企业规模进一步增加，但能否带来竞争力的增加值得思考，做精、做优、做强是成长的核心，可持续发展与竞争实力的提升是根本。所以必须研究解决相关行业存在的体制机制性问题，使得企业在经济下行的大背景下，寻找新的经济成长点，拓宽自身发展路径，逐渐向创新驱动型转变，以规模扩张偏好逐渐转向优化发展方向，实现企业长期可持续的高质量增长。另外，近些年来，盈利指数下降较为明显，从亏损的行业来看，主要集中在煤炭、钢铁和有色金属等行业。在新常态的经济影响下，传统行业虽然已经在扭亏为盈，但仍有不少企业还需要进一步发展。在"互联网+"经济模式的发展下，一些互联网公司盈利水平继续大幅度提升，如阿里巴巴集团控股有限公司盈利指数在所有企业中排名靠前。整体来看，对长三角传统大企业来讲，亟须进一步转型升级，盈利模式需要更大的创新和调整。

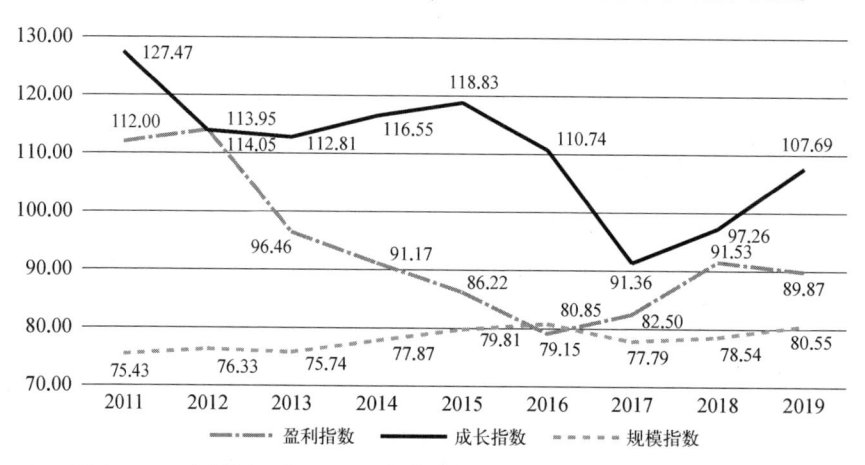

图 14-4 上财长三角 500 强企业竞争力指数（盈利、成长与规模）
资料来源：上海财经大学 500 强研究中心。

从产业结构来看，迈克尔·波特的竞争战略理论认为企业利润率高低取决于两个因素，其一是企业所选择的行业是否具有吸引力，其二是企业在该行业所处的位置。企业应能在该行业发挥自身优势，从而能够获取竞争优势。中国大企业正面临着结构性调整和新旧"动能"转换的时期，从整体行业发展来看也在不断发生着变化，这也代表了中国大企业发展中的结构性变化，以及是否能保持持续竞争力的关键。长三角入围 500 强大企业所属行业分布较为均匀，竞争力指数排名靠前的行业包括信息与互联网、银行业、电器商贸批发零售、房地产和保险业等。一个值得关注的现象是，2019 年长三角 500 强企业的黑色冶金及压延竞争力指数为 118.25，远远高于全国平均水平的 96.27。在经济新常态发展环境下，金融与新科技依然保持着较高的竞争力。长三角 500 强企业应该更多借助竞争优势内生论，从资源、能力、行为制度和战略选择的角度来获取持续的竞争优势。

从所有制角度来看，国有企业竞争力指数高于民营企业，而在 2013—2016 年间两者相差并不大，而在 2016 年之后差距有所拉大。但是从 2019 年的其他运营指标来看，民营企业的主要效益指标都超过了国有企业（见表 14-1），国有企业呈现出重资产特征，在资产运营能力方面显著低于民营企业，这一定程度上需要进一步加强国有企业的改革发展。从 2014 年开始，中央开始大力发展混合所有制企业，特别是国有参股的股份制企业。从这一点来看，未来将会更难对两类企业进行区分。对于混合所有制企业，其是否能够综合国有企业和民营企业的优势，我们将拭目以待。与此同时，国企改革也成为国有大企业面临的重大问题，国有企业如何进一步参与到市场竞争中是需要关注的问题。

表 14-1　2018 年长三角 500 强企业经济效益与效率情况

所有制类型	资产利润率/%	收入利润率/%	资产周转率/（次/年）	人均营业收入/万元	人均利润/万元
国有企业	1.25	4.13	0.30	203.81	11.36
民营企业	2.46	4.56	0.50	265.72	15.91

资料来源：《2019 中国 500 强企业发展报告》。

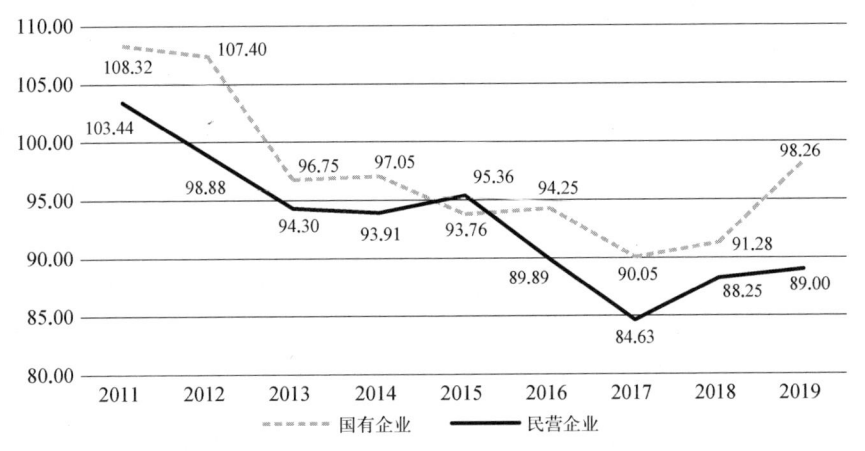

图 14-5　上财长三角 500 强企业竞争力指数所有制差异

资料来源：上海财经大学 500 强研究中心。

从创新发展来看，我们验证了大企业的竞争力指数和研发投入之间的关系（见图14-6），发现在控制了其他固定效应之后，每增加1万元的研发投入，会增加0.22%的竞争力指数，可以看出两者之间存在着显著的正向关系。另外，从2019年研发投入的情况来看，排名前10的企业在竞争力排名中均有一个较好的排名（见表14-2），如阿里巴巴研发投入在2019年排在所有大企业的第二位，所以从该角度来看，创新是企业建立核心竞争优势的重要途径，尤其是对于转型中的大企业，因为其多数将会有要素驱动的增长向创新驱动的增长的转变，而增加研发投入获得研发成果是唯一可行的策略。同时，大企业具备了一定的集成创新优势，应该把握住创新的关键时刻。

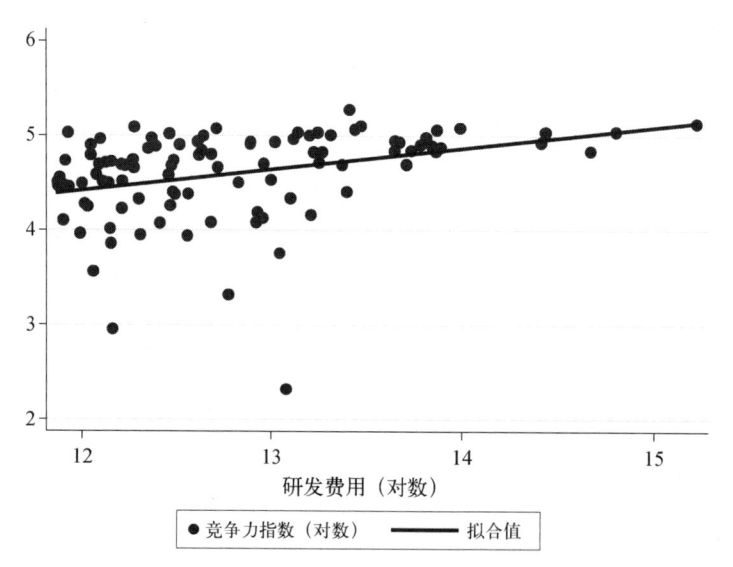

图14-6 研发投入与竞争力指数关系分析图
资料来源：上海财经大学500强研究中心。

表14-2 2019研发投入排名前10的企业竞争力指数与排名

企 业 名 称	研发费用/亿元	竞争力指数	竞争力排名
华为投资控股有限公司	1 105	179.64	9
阿里巴巴集团控股有限公司	374	177.38	10
中国石油天然气集团有限公司	277	123.25	112
中国航天科工集团有限公司	248	138.99	66

续表

企业名称	研发费用/亿元	竞争力指数	竞争力排名
中国航空工业集团有限公司	237	119.60	123
腾讯控股有限公司	229	185.70	5
中国移动通信集团有限公司	220	162.21	25
浙江吉利控股集团有限公司	210	164.80	23
百度网络技术有限公司	157	138.86	67
上海汽车集团股份有限公司	153	156.67	34

综上，长三角大企业的发展经历了一个较为完整的周期：大企业指数在2011年逐年下降，从2014年开始可能出现新的一轮成长。从企业经营、发展、成长的逻辑来看，大企业正从高盈利转向低盈利，规模逐渐趋于平稳，大企业的经营红利正在逐渐消失，需要新的资源配置方式、增长驱动力。随着中国宏观经济规模越来越强，增长速度放缓，人民文化水平和意识的提高，中国大企业的竞争力将迎来新的挑战。长三角大企业必须正视目前发展中所遇到的困难，能够接受来自国内外的挑战，坚持创新驱动，推进转型升级，加快高质量发展，从做"大"开始逐渐转向做"强"，努力成长为具有全球竞争力的世界一流企业，这也是长三角大企业未来的发展方向。

第五节 长三角大企业协同发展建议

一、面临的问题与挑战

第一，内外部环境的变化使得大企业面临着较大运营风险。从国际环境来看，由于国际贸易环境日趋复杂和中美贸易冲突的不断增加，使得长三角大企业在国际化发展过程中面临了较多的风险。从2001年到2019年，长三角的国内生产总值一直位于全国前列，区域经济发展与世界已有的成熟现代工业技术和自由贸易体系分不开，受惠于国际自由贸易，随着国际贸易环境的变化，将导致长三角大企业原有的生产、运营、销售等模式发生变化，未来的发展仍具有一定的风险。从国内环境来看，由于中国经济进入"新常态"，增长放缓导致大企业销售下降、成本上升、成长动力不足等问题出现，一些浙江民营大企业遇到了资金链紧张、融资难和融资贵等问题。中国向市场经济的转型仍未完善，营商环境优化、创新改革深化、缓解融资难题、运营降本减负等都是摆在长三角大企业发展前面的问题，大企业需要重新作战略布局，为未来可持续发展打好基础。

第二，创新力亟须进一步提升。长三角区域有较多的传统制造大企业，从上述分析来看，很多企业创新力不足，处于产业价值链低端，需要加大创新力度，突破"低端锁定"的困境。在互联网、信息技术、制药、汽车、军工、半导体和芯片领域的大企业，虽然有着应用端的天然优势，但在高端环节、在核心零部件方面都缺乏与全球先进企业竞争的能力，比如在制药、半导体等上海的优势领域，并没有一家国内的大企业能与西方跨国企业相提并论。同时，随着我国技术的不断进步，欧美国家的技术优越感逐渐消失，开始对我国一些技术发展进行打压，加强了对本国企业、科研机构与个人向中国转移技术的管制，以严格遏制长三角大企业从境外获得升级所需要的技术。所以，高科技企业如何进入创新高端，低端企业如何创新转型，这都是长三角大企业发展面临的关键问题。

第三，大企业需要进一步做精、做优和做强。在数字经济蓬勃发展的背景下，做大企业规模的吸引力在逐渐下降，在合适规模下的进一步做优、做精、做强并取得显著成绩才是大企业发展的趋势。绝大多数长三角大企业都倾向于继续优先快速做大企业规模，借助并购、重组等手段做大规模，这可能意味着企业综合实力的提升，但也可能只是产量和销售额的增加，并不会带来竞争实力的增长或收入与利润的增加，大企业需要将更多精力与资源投入到企业精细化发展中，以实现企业长期可持续的高质量发展。同时，很多长三角大企业的管理水平依然粗放，与国际先进企业有很大差距，管理层级多、股权结构复杂、管理成本高等问题突出，有着严重的"大企业"病。从整体来看，长三角大企业国际化水平依旧较低，真正的全球公司少之又少，这与长三角高质量的一体化建设是矛盾的。

第四，大企业需要进一步协同发展。在践行长三角区域高质量一体化发展的国家战略基础上，大企业的发展需要适应新时代的要求，适应高速度增长转向高质量发展的要求。从500强竞争力指数的分析可以看到，长三角大企业在产业结构上与世界级水平仍存在着一定差距，仍处于全球价值链的中低端，传统产业占比较高，区域产业的协同发展相对较弱。所以需要进一步瞄准国际高标准、最好水平，探索适合长三角产业集群发展的道路。

二、大企业协同发展建议

第一，全面提升综合实力，打造具有国际竞争力的全球一流企业。与中小企业相比，长三角大企业更具打造具有国际竞争力世界一流企业的能力与优势。美国专栏作家 Frick 在《哈佛商业评论》中写道，多数人高估了大企业的坏处，大企业能否产生影响的"权力"来源于经济和政治权力之间的某种交集，能够实现两者的最大化则能够使大企业获得持续成长的能力。除了创新之外，长三角大企业还可采取如下措施：一是在战略与策略上匹配，明确如何打造成国际一流企业，坚持以对标管理作为实施手段，以能力建设作为创建世界一流企业的载体；二是积极开展国际化经营，加大国际知名品牌建设力度，全方位提升品牌国内、国际形象，提高品牌价值与地位；三是完善企业治理水平，提高公司规范运作与管理水平；四是完善企业风控体系，加强合规管理，严控企业的全球性风险；五是梳理全球思维，加强国际化人才培养，真正打造全球化企业。

第二，积极适应数字经济发展，大、中、小企业协同发展。在互联网高速发展的时代，一些传统大企业开始试水平台模式，该模式可能对大企业发展带来颠覆式的影响。越来越多的大企业，尤其是互联网企业，都在朝着平台化方向发展，致力于将企业打造成功能各异的平台。任何一个活跃的大企业的背后，都有着成千上万的中小企业的支持，正是大量中小企业的成长，培育与支持了大企业的发展。因此，大企业除了谋划自身发展外，还应关注与引领中小企业的发展，谋求大、中、小企业协同发展，例如上海宝武钢铁就利用自身建设的销售平台促进了上下游中小企业的发展，从而也带动了自身发展。大企业可以做以下工作：一是积极担当企业协同发展的平台，完善产业生态圈的构建，不断为中小企业创造发展机会；二是引领中小企业的改革发展，在供给侧、动能转化、数字化转型等领域积极探索，加快总结可复制的经验；三是积极主动带领中小企业进行国际化经营，大企业做好"走出去"的同时，更好推动中小企业"走出去",培育更多国际化经营的中小企业。

第三,加强企业发展与创新深度融合。进一步推动大企业创新链与产业链的区域协同,围绕四个区域原有优势产业,针对先进制造业、高端服务业和互联网产业进行深度融合,提供更加便捷的服务。尤其在创新研究上,要逐渐开展跨组织、跨学科、跨领域协同攻关,逐步形成基础研究、技术研发、成果转化和产业应用的全流程创新产业链。支持企业科研人员跨区域深度参与创新活动,加快科研成果的转化。同时,推动数字化、信息化与制造业、服务业融合,发挥电商平台、大数据核心技术和长三角制造网络等优势,打通行业间数据壁垒,率先建立区域性工业互联网平台和区域产业升级服务平台。

第四,加强企业间要素流动。企业发展也要加快相关要素在不同区域间的流动。在企业要素转移过程中,核心技术、管理经验、生产方式与人才的交流与转移,要避免出现简单的厂房、设备搬家,应以提升企业技术工艺水平、管理水平和产品质量为目标。同时,要注重流入地与流出地的产业链分工与协同发展,避免出现块状经济格局。因此,政府部门也需要加强和完善区域合作机制,消除市场壁垒,促进要素流动,引导产业有序转移。

第五,弘扬企业家精神建设,带领大企业更好更快协同发展。企业家是经济活动的主体,企业家精神成为促进企业成长的主要推动力。"企业家精神是经济增长的发动机"(Holcombe,1998),高水平的企业家精神能促进企业生产率和产出的提高。大企业发展的高速增长阶段转向高质量发展阶段,增长动力亟须从要素驱动、投资驱动向创新驱动转换,市场经济体系尚未完全建立起来,此时企业的发展尤其需要借助企业家精神的引领作用。长三角大企业的企业家应当遵循市场发展规律,提升自身业务水平,在企业经营中充分发挥企业家精神,这对于国有大企业的企业家来讲尤为重要,需要全力克服企业体制机制弊端,推动企业治理水平与管理能力提升,加强与民营企业的协同发展。

(单位:上海财经大学上海发展研究院 执笔:江若尘、牛志勇)

| 第十五章 |

长三角地区特色
小镇高质量发展的
对策建议

中共十九大报告指出"我国经济已由高速增长阶段转向高质量发展阶段",将高质量发展作为我国目前和未来一个时期内的经济发展方针。作为高质量发展组合拳的重要组成部分,缘起于浙江省的特色小镇,其培育与建设是新常态下消解要素供给压力、再造产业优势的重要举措,也是发挥社会创造活力、促进全面共享发展成果的关键。

　　长三角地区是我国经济社会发展的重要区域,其特色小镇发展具有良好的经济基础和巨大的未来潜力。当前,在全球经济和政治格局发生新变化以及中美经贸关系剧烈波动的新环境下,长三角地区特色小镇的建设发展面临新的机遇和挑战。在课题组前期调研的基础上,我们系统梳理了长三角地区特色小镇存在的问题,提出了长三角地区特色小镇高质量发展的对策建议。

第一节　长三角地区特色小镇高质量发展的目标

一、特色小镇概念界定

　　2015年12月24日,习近平总书记批示:"从浙江和其他一些地方的探索实践看,抓特色小镇、小城镇建设大有可为,对经济转型升级、新型城镇化建设,都具有重要意义。"中央财经领导小组办公室在特色小镇调研报告中指出:"特色小镇是集产业链、投资链、创新链、人才链、服务链于一体的创业创新生态系统,是新型工业化、城镇化、信息化和绿色化融合发展的新形式。"

　　2014年10月26日,时任浙江省省长李强在考察首个云计算产业生态小镇——云栖小镇时,首次提出了"特色小镇"概念。2015年,浙江省人民政府在《关于加快特色小镇规划建设的指导意见》中将特色小镇定义为"相对独立于市区,具有明确产业定位、文化内涵、旅游和一定社区功能的发展空间平台，区别于行政区划单元和产业园区"。2016年1月，国家发展改革委在《关于加快美丽特色小（城）镇建设的指导意见》中指出，特色小镇主要指聚焦特色产业和新兴产业，集聚发展要素，不同于行政建制镇和产业园区的创新创业平台；特色小城镇是指以传统行政区划为单元，特色产业鲜明，具有一定人口和经济规模的建制镇。

无论从国家部委的角度还是从浙江建设实践的角度来看，特色小镇聚焦于特色产业，融合产业、旅游、文化、社区等功能，呈现出功能融合、产业特色、机制灵活等特点，是具有明确空间边界的功能平台。（特色小镇发展历程见图15-1）

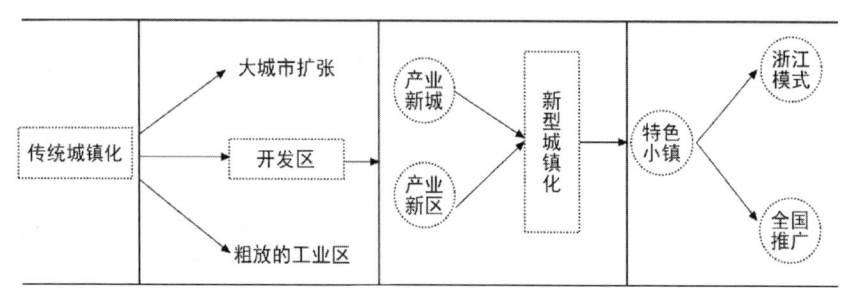

图 15-1 特色小镇的发展历程

二、特色小镇高质量发展的目标

判断特色小镇是否高质量发展，需要从区域和小镇两个层级、品质和可持续性两个维度思考（见图15-2）。可分成四种类型的高质量发展目

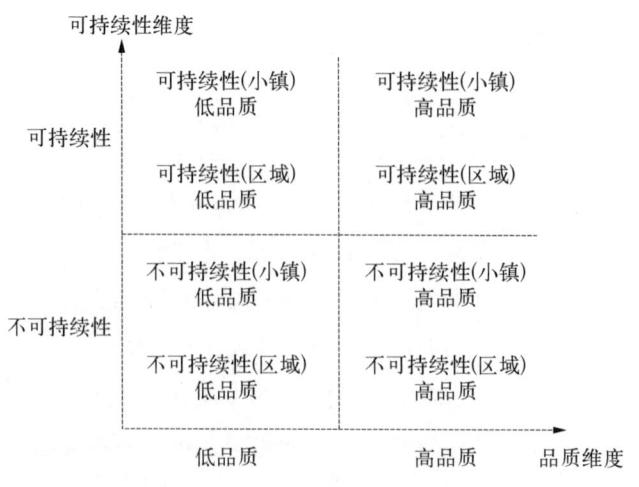

图 15-2 特色小镇高质量发展目标

标，即：小镇层面的品质；区域层面的品质；体现小镇层面的可持续性；体现区域层面的可持续性。本研究认为特色小镇高质量目标不是四类中的一类，而是四种类型的综合，即高质量的特色小镇应是既有小镇层面的品质，又有区域层面的品质；既体现小镇层面的可持续性，又体现区域层面的可持续性。

第二节　长三角地区特色小镇高质量发展的现状

一、长三角地区特色小镇建设实践

根据特色小镇的建设层级，长三角地区的特色小镇包括国家级特色小镇、省级特色小镇和市级特色小镇。考虑到特色小镇的建设周期和研究的可比性，本报告重点关注国家级特色小镇和省级特色小镇。

（1）长三角地区国家级特色小（城）镇情况。2016年10月，住房和城乡建设部公布了第一批127个特色小（城）镇名单；2017年7月，住房和城乡建设部公布了第二批276个特色小（城）镇名单，两批共计403个特色小（城）镇。长三角地区特色小镇的规划数量如表15-1所示。

表 15-1　长三角地区特色小镇规划数量

省　市	规划数量/个	规划年份/年
上海市	40	2020
江苏省	100	2020—2025
浙江省	100	2020
安徽省	80	2020

资料来源：根据相关资料整理。

长三角地区两批次国家级特色小（城）镇总共有69个（见图15-3），其数量占全国的17.1%，其中，浙江省23个，江苏省22个，安徽省15个，上海市9个。

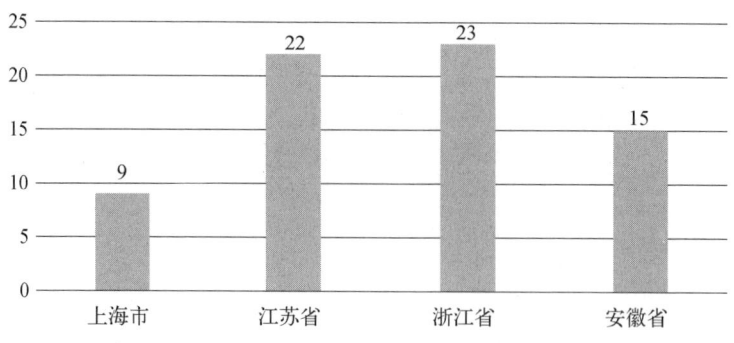

图 15-3　长三角地区国家级特色小（城）镇的数量（单位：个）

（2）长三角地区省级特色小镇建设状况。截至 2019 年底，浙江省已有 22 个省级特色小镇、110 个省级创建小镇以及 62 个省级培育小镇，目前浙江省"百镇"布局已形成。江苏省公布了两批次 56 家省级特色创建小镇，重点聚焦特色优势产业、特色小镇和旅游风情小镇。安徽省公布了两批次 31 个省级特色小镇，其中省级特色小镇（创建类）25 个，省级特色小镇（试验类）6 个，根据主导产业将小镇划分为产业类、文化和体育类、旅游类等。截至目前，上海市没有市级层面的特色小镇。

二、长三角地区特色小镇发展存在的问题

（一）特色小镇建设理念欠清晰

长三角地区特色小镇建设过程中，部分特色小镇在特色产业定位上不够清晰，特色不明，主要原因是对特色产业缺乏深入理解，忽视了新型城镇化的特征以及创新要素集聚的重要性，背离了国家和省市特色小镇的政策要求。某些地区在特色产业定位方面单纯追求"越新越好"，导致脱离地方实际，导致本来可以形成产业集聚的企业被排除在外，招商引资不顺畅则会导致"外来企业不进来，本地企业进不去"，直接影响特色小镇的建设进度。

在同类项目中扎堆投资是特色小镇建设理念的又一突出问题。部分地区没有从实际出发，竞相建设智能制造、互联网、基金领域的小镇，忽视了这些新产业发展的规律以及在本地发展的基础和潜力，导致特色产业选择上呈现出行业同构、层次雷同的现象。

（二）区域内特色小镇有效合作相对不足

长三角地区特色小镇存在多元分散、有效合作不足等问题。首先，长

三角地区特色小镇缺乏有效的合作平台，形成了明显的分散发展的区域空间格局，未形成完整的、就地化的特色小镇群。小镇虽然地理邻近，其特色产业也存在关联性，但却面临"多头在外"的局面，特色小镇之间缺乏有效合作，因而面临小镇要素市场互通难、特色产业有效对接难的现实困境，直接影响特色小镇的高质量发展。

（三）特色小镇功能有待完善

部分小镇依然囿于传统开发区模式。有的地方直接把过去的开发区、景区或者产业项目等"换个帽子"，将各种要素拼凑、强拉硬扯到特色小镇概念上去，本质上仍把特色小镇当作开发区或者景区建设。调研中发现，为吸引企业入驻小镇，部分小镇仍在采用税收优惠、用地政策优惠、租金补贴等传统招商引资模式。特色小镇的创建固然需要政策支持，但如果仅靠优惠政策来吸引投资，极有可能引发新一轮的恶性竞争，小镇的可持续性和品质则会打折扣，重蹈开发区模式的覆辙，优惠期后若没有产生足够的吸引力，那么企业则可能"用脚投票"选择离开。

从目前建设情况看，部分特色小镇对产业功能、社区功能、旅游功能、文化功能等有效集聚缺乏系统考量，简单硬拼导致小镇功能呈现出"散而弱"状态，而非"聚而合"状态，与特色小镇建设初衷相悖。特色小镇不同功能之间缺乏有效联动，直接导致小镇的运营成本居高不下。

特色小镇功能联动尚未形成。大多数地区把精力和资源重点向特色小镇倾斜，而未作全面系统的安排部署。多数特色小镇建设仅考虑小镇范围内的事情，忽视了特色小镇与周边的交通和生活联系，也没有将特色小镇作为区域或城市总体规划的组成部分，与都市区和中心城市建立起有机的功能联系。尤其是城乡接合部的特色小镇，交通和生活配套相对滞后，缺乏与城市其他功能区的组团联动发展，直接影响特色小镇品质和发展的可持续性。

第三节　长三角地区特色小镇高质量发展的路径

一、长三角地区特色小镇高质量发展的愿景路径

推进长三角地区特色小镇高质量发展，必须要有愿景路径。为此，一

要树立长三角地区特色小镇高质量发展的理念，不仅要重视小镇层面的高质量发展，还要重视区域层面的高质量发展；二要制订长三角地区特色小镇高质量发展的行动计划；三要落实长三角地区特色小镇高质量发展的组织保障。

二、长三角地区特色小镇高质量发展的区域层面路径

（一）编制长三角地区产业地图

组织编制长三角地区产业地图，实时发布长三角地区特色小镇产业发展的动态信息（产业现状、企业资源、创新资源、产业组织、产业结构等信息），促进小镇特色产业高质量发展；发挥长三角地区产业地图优势，积极为政府、运营者和投资商提供决策咨询和投资建议。

（二）加强特色小镇区域协同发展

推动长三角地区"一镇一策"的特色化发展指导（国家级特色小镇、省级特色小镇等不同类型的小镇），促进长三角地区小镇的学习借鉴；探索长三角地区同类小镇和不同类别小镇之间的常态化合作机制，促进区域内部不同特色小镇之间的协同发展；鼓励长三角地区特色小镇之间依据双方的比较优势进行分工协作，在科技、研发、人才、市场等方面提升合作规模和层次；支持长三角地区特色小镇搭建公共信息平台以及互设分支机构，促进特色小镇管理和服务机构的深入合作。

（三）推动特色小镇参与全球产业布局

推动长三角地区特色小镇逐步由低层次转向"优质量""高标准""大品牌"的高质量发展，是特色小镇高质量发展的核心问题。积极对接国家重大发展战略，紧密结合长三角区域发展定位和产业发展需求，积极引导特色小镇参与全球产业布局，重点支持特色小镇企业深度融入全球产业链、创新链、物流链。积极培育一批"专精特新"核心企业，尤其是能够引领全球价值链的核心企业。抢占全球产业链的制高点，瞄准全球高端产业和产业高端价值链，推动集聚更多重大创新型产业项目，加快培育引领未来发展的产业。

（四）成立特色小镇发展联盟

探索成立特色小镇发展联盟，针对特色小镇运营服务产业联盟的各类

机构制定服务规范、服务标准、合作机制以及评价机制；完善特色小镇发展联盟运营服务机构的准入机制和退出机制；推动特色小镇发展联盟成员年度评估和考核，积极宣传推介特色小镇发展联盟的成员。

三、长三角地区特色小镇高质量发展的小镇层面路径

（一）突出特色小镇差异化发展

结合特色产业和资源禀赋优势建设特色小镇，避免盲目竞争，在差异化发展的基础上，做大做强特色产业。落实多元化的评估机制，联合政府、企业、高校科研机构制定科学、规范、动态调整的长三角地区特色小镇评估指南，涵盖特色小镇的发展环境与发展条件、发展水平与建设质量、能力提升与社会影响等。以个性化需求为导向，不断完善小镇功能设施配套，提升小镇的品质，增强小镇对特色产业和人才的吸引力。

（二）提高特色小镇政策的含金量

提高小镇政策含金量，积极释放政策红利。提升小镇政策的匹配度，使得小镇政策更好地服务于建设实践。例如，科创类特色小镇突出注重资本市场运营，需要有基金公司的支持和创业的优惠政策；而对于前期投入资金大、产业投资回收周期长的小镇，根据建设需求设计替代政策（人才税收减免、行业重点企业引进的奖励等方面）。另一方面，建议出台小镇基层工作人员奖励政策，根据特色小镇的年度考核结果，对于考核结果为优秀的特色小镇，建议明确奖励标准和奖励范围，充分调动基层工作人员的积极性和主动性。

（三）完善特色小镇优胜劣汰机制

完善特色小镇淘汰机制，推动真正符合特色小镇的地方享受特色小镇政策。对于新建小镇而言，提高特色小镇的准入门槛，对未达到基本要求的特色小镇，及时予以淘汰；特别要摒弃"贪大求洋""大拆大建"的做法，因势利导，重视培育新兴产业和支持传统产业的转型升级，重点考核新建小镇的可持续性，针对缺乏造血功能的特色小镇，及时预警并根据情况予以淘汰。

对于存量小镇而言，积极探索建立主动退出机制，尊重产业发展规

律、城市建设规律以及市场周期规律，对于不适合继续建设的特色小镇，鼓励存量小镇及时主动退出；推动政府淘汰和市场淘汰的有机结合，对于不符合市场发展方向的小镇由市场淘汰。

（单位：浙江大学中国新型城镇化研究院　执笔：宋海朋、张蔚文）

长三角智库联盟简介

长三角智库联盟（Think Tank Alliance of Yangtze River Delta，以下简称联盟）于2019年10月25日第五届"上海全球智库论坛"上由多家参会智库机构倡议发起成立。

联盟是以长三角区域高质量一体化发展为共同目标、以区域发展重大议题项目为载体搭建的研究平台，在长三角区域合作办公室的指导下，按照一定的章程和规则制度，由沪苏浙皖"一市三省"若干家重要智库机构牵头发起、其他智库机构加盟而组建起来的智库联合体，具有开放性、公益性、服务型、特色化的交流平台，目前有成员单位30多家。

作为长三角加强思想对话、凝聚社会共识、促进政策沟通、提高政策研究咨询能力的桥梁和平台，联盟拟通过建立合作机制、加强资源共享、创新研究模式，实现区域内各类智库机构、智库专家、智库资源的有效使用，突出长三角智库集群化研究能力，加强长三角政、产、学、智、媒的信息交流和智力共享，凝聚更多智慧服务党和政府重大决策，为中国特色新型智库建设探索一条有效的发展路径。

联盟设有专家委员会、理事会和秘书处。秘书处为常设机构，由"一市三省"的理事长单位轮值，不定期组织举办"长三角智库联盟论坛"、智库沙龙、专家讲坛等活动，构筑发声平台，加强成员间常态化交流，推动智库间沟通协调。

长三角智库联盟成员单位名单

(排序不分先后)

1. 上海发展战略研究所
2. 长江产业经济研究院
3. 杭州国际城市学研究中心
4. 上海零点市场调查有限公司
5. 上海市经济和信息化发展研究中心
6. 中共安徽省委党校（安徽行政学院）
7. 万里智库（上海）市场咨询有限公司
8. 安徽省经济研究院
9. 上海福卡经济预测研究所有限公司
10. 上海社会科学院智库研究中心
11. 上海华夏经济发展研究院
12. 江苏区域现代化研究院
13. 安徽省发展战略研究会
14. 上海市浦东改革与发展研究院
15. 上海现代服务研究院
16. 江苏省社会科学院
17. 中共浙江省委党校
18. 澎湃研究所
19. 浙江省社会科学院
20. 上海市教育科学研究院
21. 上海市委党校智库中心
22. 华东师范大学中国城市现代研究中心

23. 上海张江平台经济研究院
24. 复旦大学泛海国际金融学院
25. 西交利物浦大学西浦智库
26. 嘉兴学院"长三角一体化发展研究中心"
27. 上海财经大学500强企业研究中心
29. 上海城市创新经济研究中心（华略智库）
30. 上海大学上海会展研究院
31. 浙江大学中国新型城镇化研究院
32. 上海文化旅游研究中心
33. 江苏长江经济带研究院
34. 上海中创产业创新研究中心
35. 启迪研究院
36. 华顿经济研究院